财政部"十三五"规划教材
高等学校经济管理类课程"十三五"系列教材

Simulation Experiment of
Human Resource
Management in Public Sector

公共部门人力资源管理模拟实验教程

李玉兰 ◎主编

中国财经出版传媒集团
经济科学出版社
Economic Science Press

图书在版编目（CIP）数据

公共部门人力资源管理模拟实验教程／李玉兰主编.
—北京：经济科学出版社，2018.3
财政部"十三五"规划教材 高等学校经济管理类课程"十三五"系列教材
ISBN 978-7-5141-9082-3

Ⅰ.①公… Ⅱ.①李… Ⅲ.①公共部门-人力资源管理-高等学校-教材 Ⅳ.①D035.2

中国版本图书馆 CIP 数据核字（2018）第 039465 号

责任编辑：齐伟娜 初少磊
责任校对：刘 昕
责任印制：李 鹏

公共部门人力资源管理模拟实验教程
李玉兰 主编
经济科学出版社出版、发行 新华书店经销
社址：北京市海淀区阜成路甲 28 号 邮编：100142
总编部电话：010-88191217 发行部电话：010-88191540
网址：www.esp.com.cn
电子邮件：esp@esp.com.cn
天猫网店：经济科学出版社旗舰店
网址：http://jjkxcbs.tmall.com
北京季蜂印刷有限公司印装
787×1092 16 开 17.25 印张 430000 字
2018 年 3 月第 1 版 2018 年 3 月第 1 次印刷
ISBN 978-7-5141-9082-3 定价：42.00 元
（图书出现印装问题，本社负责调换。电话：010-88191502）
（版权所有 翻印必究 举报电话：010-88191586
电子邮箱：dbts@esp.com.cn）

前　言

教育的竞争关键是教学质量的竞争，实践性环节教学又直接影响着教学质量，影响着人才培养目标能否实现。人才强国战略是实现国家强盛的第一战略，习近平总书记明确指出："人才资源作为经济社会发展第一资源的特征和作用更加明显，人才竞争已经成为综合国力竞争的核心"。公共部门人力资源管理是为实现组织战略目标提供强有力的人才支撑的体系。目前为深入贯彻落实《教育部关于全面提高高等教育质量的若干意见》（教高[2012]4号）、《教育部等部门关于进一步加强高校实践育人的若干意见》（教思政[2012]1号）、《教育部、财政部关于"十二五"期间实施"高等学校本科教学质量与教学改革工程"的意见》（教高[2011]6号）、《国家教育事业发展"十三五"规划》等文件的精神，继续推动和深化教育教学改革，提高高校教学水平、创新能力和人才培养质量，各高校均加大了实验教学示范中心的建设步伐。公共管理学科是财经类高校的传统学科，其学科主干课程——公共部门人力资源管理，也需要顺应形势，突破传统的以讲授为主的教学方式，引入实验教学方法，逐步构建本学科理论与实践有机结合的教学模式。以支撑创新驱动发展战略、服务经济社会发展为导向，在统筹推进一流大学和一流学科建设进程中，建设一流本科教育，全面提高教学水平和人才培养质量，切实增强学生的社会责任感、创新精神和实践能力。

本教材是公共部门人力资源管理的配套实验（实训）指导书，它与课堂讲授密切结合，配合理论教学共同完成教学大纲规定的教学任务。学生通过本书的学习可以更好地掌握公共部门人力资源管理的课程相关实验（实训）的原理、方法和技巧，从而更好地理解和掌握人力资源管理理论知识以及公共事业管理专业、行政管理专业和劳动与社会保障专业知识及技能，训练及培养公共政策鉴别能力、公共部门人力资源规划能力、招聘与甄选能力、公共部门胜任能力、绩效管理能力、培训与开发能力、职业生涯规划能力等综合技能和素质。聚焦当前公共部门人力资源相关热点涉及政府绩效评估、公务员胜任素质以及激励机制创新等内容，重视援引例证、剖析原因，同时也为课程学习、专业性实习和今后工作打下良好的基础。

本教材的编写是在对人力资源管理专业人才培养方案和教学内容体系改革进行充分调查研究和论证，并在充分总结实践教学经验与教学成果的基础上编写而成的。本教材突出应用性、创新性、系统性，可选性强。实验内容的编排从传统的验证性实验到设计性、应用性实验项目，并特别选编了一些实用性强的综合性实训项目，旨在进一步培养学生的实践动手能力。

本教材根据天津财经大学 2017 年版公共事业管理、行政管理以及劳动与保障专业本科专业教学计划编撰，安排相应实验（实训）学时。教学中可在教学大纲的基础上，根据具体情况，在实验内容上有所偏重。本教材也可广泛用于国内各高校公共管理专业研究生和 MPA 公共管理实验课程的教学。

本教材依托南京奥派信息产业股份公司的公共部门人力资源管理教学软件，通过在一个完整的人力资源管理信息化系统上进行模拟操作，让实验者在模拟实践中体会计算机和信息化给传统的人力资源管理带来的变革，掌握大量实际业务的操作技巧。

本教材共分为十七章。第一章到第十三章为本教材的核心章节，首先，从引导案例开始引出本章要讲的内容；其次，介绍本章所涉及的理论知识；最后，每个任务模块通过实验情景、实验目的、实验任务、实验数据、实验流程图和实验步骤的方式来安排学习内容。第十四章为系统介绍，主要介绍了实验软件的特点、模块和实践参数等内容。第十五章为外围框架管理，主要讲述了教师如何管理实验、学生如何查看成绩等内容。第十六章为系统配置，第十七章为其他功能模块的介绍，主要包括我的工作、HR 工具箱和软件的安装与卸载三部分。通过学习使学生能够正确理解并掌握公共部门人力资源的普遍规律、基本原理以及一般方法，初步具有解决一般公共部门人力资源开发与管理问题的实践能力。

本教材由天津财经大学经济学院财政与公共管理系李玉兰副教授担任主编。具体写作分工如下：李玉兰副教授编写前言、第一章到第十三章；财政与公共管理系助理研究员齐文编写第十七章的内容；天津财经大学硕士研究生崔哲、张静、李肃肃、陈佳伟和张莉共同完成第十四章到第十六章的编写。书中所用实验数据均为虚拟数据，如有雷同，纯属巧合。

本教材在编写过程中参考了部分同行的研究成果，编者在此表示感谢；对南京奥派信息技术有限责任公司对本书编撰提供的技术支持表示感谢。由于编者水平有限，教材不足之处还希望读者提出宝贵意见。

编　者

2017 年 12 月

目 录

第一章　人力资源战略和规划 ·· **1**
　　第一节　实验基础知识　/　1
　　第二节　系统综述　　/　10
　　第三节　实验指导　　/　11

第二章　公共部门组织结构和设计 ·· **22**
　　第一节　实验基础知识　/　22
　　第二节　系统综述　　/　25
　　第三节　实验指导　　/　26

第三章　招聘管理 ·· **33**
　　第一节　实验基础知识　/　33
　　第二节　系统综述　　/　36
　　第三节　实验指导　　/　38

第四章　人事管理 ·· **56**
　　第一节　实验基础知识　/　56
　　第二节　系统综述　　/　60
　　第三节　实验指导　　/　61

第五章　培训管理 ·· **69**
　　第一节　实验基础知识　/　70
　　第二节　系统综述　　/　74
　　第三节　实验指导　　/　75

第六章　考勤管理 ······ 87
第一节　实验基础知识　/　87
第二节　系统综述　/　88
第三节　实验指导　/　89

第七章　绩效考核 ······ 98
第一节　实验基础知识　/　98
第二节　系统综述　/　105
第三节　实验指导　/　105

第八章　奖惩管理 ······ 114
第一节　实验基础知识　/　115
第二节　系统综述　/　119
第三节　实验指导　/　120

第九章　保险与福利管理 ······ 125
第一节　实验基础知识　/　126
第二节　系统综述　/　130
第三节　实验指导　/　130

第十章　薪酬管理 ······ 142
第一节　实验基础知识　/　143
第二节　系统综述　/　147
第三节　实验指导　/　148

第十一章　成本中心管理 ······ 157
第一节　实验基础知识　/　157
第二节　系统综述　/　158
第三节　实验指导　/　159

第十二章　报表管理 ······ 164
第一节　实验基础知识　/　164
第二节　系统综述　/　165
第三节　实验指导　/　166

第十三章　职业生涯规划 ······ 170
第一节　实验基础知识　/　171

第二节　系统综述　/　175
第三节　实验指导　/　176

第十四章　系统介绍 ·· **184**
第一节　系统概述　/　184
第二节　模块参数　/　185

第十五章　外围框架管理 ·· **189**
第一节　管理员篇　/　189
第二节　教师篇　/　204
第三节　学生篇　/　209

第十六章　系统配置 ·· **216**
第一节　系统综述　/　216
第二节　实验指导　/　217

第十七章　其他功能 ·· **231**
第一节　我的工作　/　231
第二节　HR 工具箱　/　236
第三节　软件的安装与卸载　/　239

附录：背景案例及数据 ·· **249**

参考文献 ·· **266**

第一章

人力资源战略和规划

【学习目标】

深入了解人力资源战略和规划的含义和作用,理解战略和规划涉及的内容,可以对人力资源战略进行分类,掌握人力资源规划的步骤和预测方法,能够根据所学的理论步骤和方法制定人力资源规划。

【引导案例】

全球经济一体化的发展趋势下,伴随中国经济转型升级以及"一带一路"倡议的推进,国有企业积极践行"走出去"战略,实现对全球资源要素的优化配置与自身产业链的布局升级,其中,集团型国有企业依托国家政策的支持和雄厚的经济实力成为与跨国公司比高低、论伯仲的中流砥柱。然而,跨国并购往往存在巨大的风险和挑战,失败的案例不胜枚举,原因也错综复杂,其中,由于管理文化差异导致的人力资源整合问题尤为突出。

启发问题:
人力资源整合问题是人力资源战略的重要环节。
1. 海外并购人力资源整合可能会存在什么问题?
2. 应该如何制定人力资源战略来解决海外并购人力资源整合出现的问题?

➡ 第一节 实验基础知识

中国有句古语说得好,"凡事预则立,不预则废",意思是说在做任何事情的时候,如果想要取得成功,就必须提前做好计划,否则往往就会失败。人力资源管理同样如此,为了保证整个系统的正常运转,发挥其应有的作用,也必须认真做好计划。人力资源管理的计划是通过人力资源规划这一职能实现的。

一、公共部门人力资源战略的概念和分类

1. 公共部门人力资源战略的概念

公共部门人力资源战略是指公共部门为适应外部环境的变化和内部管理的需要,根

据组织的战略目标，制定出人力资源管理目标，进而通过各种人力资源管理职能活动实现组织目标和人力资源目标的过程。它强调人力资源对组织战略目标的支撑作用，从战略层面考虑人力资源的内容和作用。公共部门人力资源管理不仅要契合战略环境的变化，而且要服务于公共部门的整体战略，促使传统人事管理发生范式性的变革，由专注内部、专注过程的事务性工作转变为考虑环境、考虑长远目标、考虑资源优化配置的战略性工作。

2. 公共部门人力资源战略的种类

公共部门人力资源战略根据不同的标准划分为不同的类型，主要有以下两种分类方法：

（1）根据适用对象的不同，公共部门人力资源战略可分为诱引战略、投资战略和参与战略。

① 诱引战略。诱引战略是指组织自己不培养员工，而凭借丰厚的报酬去诱引人才从而形成高素质的员工队伍。在这种战略下，吸引员工的是高薪酬、高福利，从而可能使组织的人工成本较高。因此，组织往往严格控制员工人数，并力求诱引的员工都是高质量的，以减少对员工的培训费用。在这种战略下，组织与员工的关系主要是经济利益关系，工作报酬主要取决于员工努力程度，管理方法则采取以单纯利益交换为基础的严密的科学管理模式，组织强调员工对目标的承诺，员工往往被要求做繁重的工作，流动率较高。处于激烈竞争环境与危机状态下的公共部门常常采用此战略。

② 投资战略。这种战略通常被那些正处于发展中的组织采用。这类组织拥有一定的适应性和灵活性，强调通过自己培养来获取高素质的员工，如孟尝君之"食客三千"，储备了多种专业人才，管理人员注重对员工的支持、培训和开发，视员工为组织最好的投资对象，并力争在组织中营造和谐的组织文化和良好的上下级关系，组织除与员工建立雇佣关系外，还注重培养员工的归属感，员工流动率较低。

③ 参与战略。采取参与战略的组织大都有扁平、分权化的组织结构，能够在应对复杂环境做出快速反应的同时，有效地降低成本。为鼓励开拓创新，这些组织的人力资源管理政策强调人员配备、工作监督和报酬，员工多数是高技术水准的专业人员，可以达到组织人力资源战略目标。组织则为员工提供挑战性的工作，鼓励参与，把报酬与成果密切联系在一起，从而实现战略目标。在这种战略下，管理人员的工作主要是为员工提供咨询和帮助，组织注重团队建设和授权，在培训中也强调对员工人际技能的培养。

（2）根据组织变革程度的不同，公共部门人力资源战略可分为家长式战略、发展式战略、任务式战略和转型式战略。

① 家长式战略。这种战略主要运用于基本稳定、微小调整的组织，其主要特点是：集中控制人事的管理；强调秩序和一致性；硬性的内部任免制度；重视操作与监督；人力资源管理的基础是奖惩与协议；注重规范的组织架构与方法。

② 发展式战略。当组织处于一个不断发展和变化的经营环境中时，为适应环境的变化和发展，组织采用渐进式变革和发展式人力资源战略，其主要特点是：注重发展个人和团队；尽量从内部招募；大规模的发展和培训规划；运用内在激励多于外在激励；优先考虑组织的总体发展；强调组织的整体文化；重视绩效管理。

③ 任务式战略。这种组织面对的是局部变革，战略的制定采取自上而下的指令方式。

采取这种战略的组织依赖于有效的管理制度，其主要特点是：非常注重业绩和绩效管理；强调人力资源规划、工作再设计和工作常规检查；注重物质奖励；同时进行组织内部和外部招募；开展正规的技能培训；重视组织文化建设。

④ 转型式战略。当组织已完全不能适应形势发展而陷入危机时，全面变革迫在眉睫，组织在这种紧急情况下没有时间让员工较大范围地参与决策，彻底的变革有可能触及相当部分员工的利益而不可能得到员工的普遍支持，组织只能采取指令式与高压式的管理方法，包括组织战略、组织机构和人事的重大改变，创立新的结构、领导和文化。与这种彻底变革相配合的是转型式战略，其主要特点是：组织架构进行重大变革，职位进行全面调整；进行裁员，调整员工队伍的结构，缩减开支；从外部招聘骨干人员；对管理人员进行团队训练，建立新的理念和文化；打破传统习惯，摈弃旧的组织文化；建立适应经营环境的新的人力资源系统和机制。

从以上分析可以看出，公共部门人力资源战略有不同的分类方法，同时，不同的人力资源战略在人力资源获取渠道、采用的薪酬策略或管理方式等方面都有各自的特点，这就要求公共部门在管理实践中必须根据自身的具体情况来选择合适的人力资源战略或人力资源战略组合。需要指出的是，宏观上，大多数组织所采取的人力资源政策与主导的人力资源战略相符合；微观上，组织可能根据不同的员工而采取不同的措施。

二、公共部门人力资源规划的概念与分类

1. 公共部门人力资源规划的概念

公共部门人力资源规划，是指国家人事行政主管机构以及各级国家行政机关、国有企事业组织，根据一定时期内组织的发展战略与近期目标，运用科学方法和技术，了解和预测组织对人力资源的供求状况，制定出满足需求的具体内容、实施步骤、相应政策、经费预算等，确保组织对人力资源在数量、质量和结构上的需求的管理活动过程。

宏观的人力资源规划是从整个公共组织系统和公职人员队伍出发，在分析政府的机构和预算状况走势的基础上，确定一个时期内对公职人员的总体需求状况，以期政府的职位与人员数量、素质结构在总量上达到基本均衡。

微观的人力资源规划是指国家各级行政机关和工作部门、企事业单位，根据本部门工作岗位的需要、发展方向及部门预算情况，在工作描述和工作分析的基础上，确定本部门在一个时期或一个财政年度内对人力资源的需求状况，制定出其获取与分配的计划，为部门的其他人事管理活动奠定基础的过程。

公共部门人力资源规划由四个方面构成：组织发展与人力资源规划目标；现有人力资源状况分析；近期或长期人才需求状况预测以及人力资源规划的具体实施及评估等。

2. 公共部门人力资源规划的种类

除了宏观和微观的公共部门人力资源规划的分类外，人们通常把人力资源规划分为总体规划和具体规划两个层次，这同时也是人力资源规划的内容。

（1）总体规划。

总体规划以组织的战略目标和未来发展趋势为依据，围绕规划期内人力资源管理的总

目标、总方针和总政策，按照实施步骤、时间安排、经费预算等若干思路进行设计。具体包括：绩效、人员总量素质、人力资源供需状况。

（2）具体规划。

具体规划主要包括：①岗位职务规划。岗位职务规划主要解决公司定员定编问题。公司要依据公司的近远期目标、劳动生产率、技术设备工艺要求等状况确立相应的组织机构和岗位职务标准，进行定员定编。

②人员编制与晋升计划。人力配置规划是依据各级组织机构、岗位职务的专业分工来配置所需的人员，包括工人工种分配、干部职务调配、部门编制、人岗匹配、工作调动、员工职业生涯发展规划以及员工晋升标准等内容。

③人员补充规划。人员补充规划就是在中长期内使岗位职务空缺能从质量上和数量上得到合理的补充。人员补充规划要具体指出各级各类人员所需要的资历、培训、年龄等要求，明确需补充人员的类型、数量、层次、任职资格及招聘形式等。

④教育培训规划。教育培训规划是依据公司发展的需要，通过各种教育培训途径，为公司培养当前和未来所需要的各级各类合格人员。具体包括整体人员素质结构、培训需求调研和拟开发项目、培训对象、老师、方式及效果等。

⑤薪酬及福利激励规划。具体包括工资计划、福利规划、人才流失率和绩效管理等。

⑥员工关系计划。包括提升员工满意度、沟通改善计划等。

实际工作中，业务计划的内容很多，除上述内容外，还有团队建设计划、老职工安排计划等。

此外，按照人力资源规划的规划期长短，可以划分为短期的人力资源规划、中期的人力资源规划和长期的人力资源规划三类。短期的人力资源规划是指一年及一年以内的规划，这类规划由于时间相对较短，因此目标比较明确，内容也比较具体，更多地体现为操作性的东西；长期人力资源规划是指五年或五年以上的规划，由于规划的时间比较长，对各种因素不可能做出准确的预测，因此，这类规划往往是指导性的，在具体实施时要随着外部环境的变化而不断调整，具有强烈的战略性色彩；中期的人力资源规划介于短期和长期之间，一般是指一年以上五年以内的规划。对短期规划来说，中期规划具有一定的指导性；但是对于长期规划来说，中期规划又是它的具体落实，就好比是长期规划的阶段性目标，往往具有战术性的特点。

三、人力资源规划的目的

1. 规划人力发展

人力发展包括人力预测、人力增补及人员培训，这三者紧密联系，不可分割。人力资源规划一方面对目前人力现状予以分析，以了解人事动态；另一方面对未来人力需求做一些预测，以便对公共部门人力的增减进行通盘考虑，再据以制定人员增补和培训计划。所以，人力资源规划是人力发展的基础。

2. 促使人力资源的合理运用

在相当多的公共部门中，一些人的工作负荷过重，而另一些人则工作过于轻松；也许有一些人的能力有限，而另一些人则感到能力有余，未能充分利用。人力资源规划可改善人力分配的不平衡状况，进而谋求合理化，以使人力资源能配合组织的发展需要。

3. 配合组织发展的需要

任何组织的特性都是不断地追求生存和发展，而生存和发展的主要因素是人力资源的获得与运用。也就是如何适时、适量及适质地使组织获得所需的各类人力资源。由于现代科学技术日新月异，社会环境变化多端，如何针对这些多变的因素，配合组织发展目标，对人力资源进行恰当规划甚为重要。

4. 降低用人成本

影响公共部门结构用人数目的因素很多，如业务、技术革新、机器设备、组织工作制度、工作人员的能力等。人力资源规划可对现有的人力结构作一些分析，并找出影响人力资源有效运用的"瓶颈"，使人力资源效能充分发挥，降低人力资源在成本中所占的比率。

四、人力资源规划的制定原则

1. 内部外部环境的变化

人力资源计划只有充分地考虑了内、外环境的变化才能适应需要，真正地做到为组织发展目标服务。为了更好地适应这些变化，在人力资源计划中应该对可能出现的情况做出预测和风险变化，最好能有面对风险的应对策略。

2. 组织的人力资源保障

公共部门的人力资源保障问题是人力资源计划中应解决的核心问题。它包括人员的流入预测、流出预测、人员的内部流动预测、社会人力资源供给状况分析、人员流动的损益分析等。只有有效保证对组织的人力资源供给，才可能去进行更深层次的人力资源管理与开发。

3. 促进双方长期共同发展

人力资源计划不仅是面向公共部门的计划，也是面向公务员自身的计划。组织的发展和员工的发展是互相依托、互相促进的关系。如果只考虑组织部门的发展需要而忽视了员工的发展，则会有损组织发展目标的达成。优秀的人力资源计划一定是能够使组织和员工得到长期共同发展的计划。

五、公共部门人力资源规划的内容

人力资源管理的责任是要设法培养或管理发展等方式。因此，人力资源规划常常与发展是相提并论的。人力资源规划包括以下内容。

1. 预测未来的组织结构

一个组织经常随着外部环境的变化而变化，这些变化都将影响整个组织结构，即组织结构必须去适应组织策略的变化。组织策略的变化又因环境变化而产生。而组织结构的变化必然牵涉人力资源的配置。因此，对未来组织结构的预测评估应列为第一步。

2. 制定人力供求平衡计划

该计划应考虑以下三点：①因业务发展、转变或技术装备更新所需增加的人员数量及其层次。②因职工变动所需补充的人员数量及其层次，这种变化包括退休、辞职、伤残、调职、解雇等。③因内部成员升迁而发生的人力结构变化。

3. 制定人力资源征聘补充计划

征聘原则包括：①内部提升或向外征聘以何者为先？②外聘所选用的人力来源如何？有无困难？如何解决？③如果是内部提升或调动，其方向与层次如何？

4. 制定人员培训计划

公共部门人员培训计划的目的是为了培养人才，人员的培训内容可包括：①第二专长培训：以利于公共部门弹性运用人力。②提高素质培训：以帮助公务员树立正确的观念及提高办事能力，使之能担当更重要的工作任务。③在职培训：适应社会进步要求，以增进现有工作效率。④上级主管培训：进行管理能力、管理技术、分析方法、逻辑观念及决策判断能力方面的培训。

5. 人力使用计划

人力规划不仅要满足未来人力的需要，更应该对现有人力做充分的运用。人力运用涵盖的范围很广，而其关键在于"人"与"事"的圆满配合，使事得其人，人尽其才。人力使用包括下面几项：①职位功能及职位重组；②工作指派及调整；③升职及选调；④职务丰富化；⑤人力检查及调节。

六、公共部门人力资源规划的程序

人力资源规划的程序可分为以下五个阶段：

1. 确立目标

这是人力资源规划的第一步，主要根据组织的目标来制定，这一步相当重要。

2. 收集信息

需收集的信息主要包括组织内环境的变化趋势、战略方向、人力资源现状等，不仅要了解现实情况，更要认清潜力与存在的环境。

3. 预测供需

本阶段是人力资源规划中较具技术性的关键部分，是在上述搜集的人力资源信息的基础上，采取经验判断、统计方法及预测模型等进行预测。

4. 制定规划实施

在预测分析的基础上，组织根据人力资源规划，有计划、有步骤地对员工进行培训，使其在知识、技能、职业素质等多方面适应组织发展的需要。其中，在众多人力资源适用途径中，用以更新员工知识技能的教育培训是最为有效的方法之一，也是最为经济的捷径。

公共部门人力资源规划的实施主要包括：员工培训与发展，员工的选拔、录用、晋升、转任与离职、退休，员工职业生涯计划与发展，人力资源规划的评估等。

5. 评估与反馈

这是人力资源规划的最后一个阶段，组织将人力资源的总规划与各项业务计划付诸实施，通过一系列科学方法，根据实施的结果和影响对人力资源规划进行综合评估和分析判断，并及时反馈评估结果，修正人力资源规划。

人力资源规划评估依据的主要标准是：规划的充分性、规划的可行性、规划的效率、规划的效能等。

人力资源规划评估的一般内容是：①人力资源规划是否符合组织发展目标的总体要求，即在人力资源的总体结构上是否与工作性质、工作岗位的需求一致；②确定人力资源规划是否弥补了现有的人力资源的不足，解决了人力资源发展中存在的问题；③把握人力资源规划与组织绩效的相关度，即规划是否促进了组织的生产力水平，提高了对公众的服务质量；④在现有职位编制和预算额度的框架下，规划是否能被推行和落实，组织推动规划运行的动力是什么；⑤人力资源规划提供的各种人才发展途径是否在经济上合算，录用、培训等成本支出是否能得到节约；⑥评价公共部门人力资源规划对社会带来的影响或效益。

七、人力资源规划的精髓

通常在完成对组织人员需求和供给的预测之后，会考虑以下几个问题：
(1) "我们需要什么样的人力资源？"
(2) "我们拥有什么样的人力资源？"
(3) "我们如何寻求所需要的人力资源？"

经过比较，一般会出现三种人力资源供求关系：
(1) 供求平衡。是组织人力资源规划多追求的目标，无须采取行动。
(2) 供过于求。限制雇用、重新安置、减少员工规模、限制劳动时间、提前退休和降低人工成本。
(3) 供不应求。内部调整、内部招募和外部招聘、增加雇员物质奖励。人力资源供不应求的情况一般会发生在那些高技术含量、高技能的稀缺性人才当中（见图1-1）。

八、人力需求预测方法

1. 现状预测法

这是一种最简便的预测方法，适用于短期的预测。这种方法假定组织的员工总数与结构完全能适应预期的需求，管理者只需要安排适当的人员在适当的时间内去补缺即可，如替补晋升和跳槽者的工作岗位。

2. 经验预测法

这种根据以往的经验进行预测的方法简便易行。有些组织常采用这种方法做预测。

3. 微观集成法

组织的各个部门可根据自己单位、部门的需要预测将来某时期内对各种人员的需求

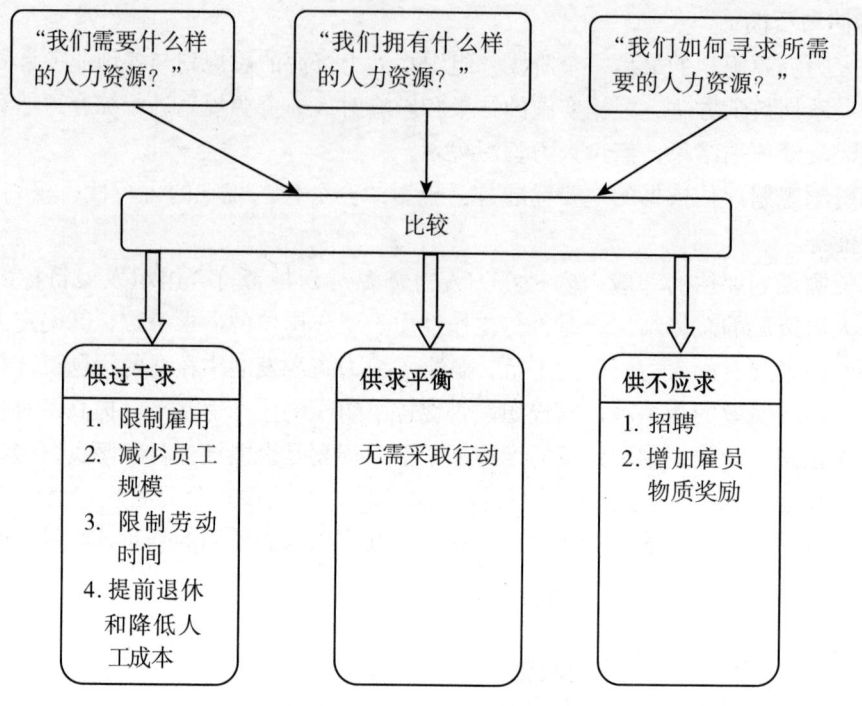

图 1-1 人力资源规划

量,人力资源管理的规划人员就可以把各部门的预测综合起来,形成总体预测方案。这种方法由上而下布置预测工作,再由下而上逐级进行预测和汇总。它属于管理人员评估法中的一种,叫由下而上预测法,适用于短期预测和组织的生产/服务比较稳定的情况。

顺便介绍管理人员评估法中的由上而下预测法。它是指上级管理人员先拟出预测计划,并逐级传达到下级,开展讨论和进行修改,上级听取并集中大家的意见后对总的预测和计划进行修改。这种方法适用于短期预测,在组织作总体调整和变化时尤其方便。

4. 描述法

人力资源管理的规划人员通过对组织在将来某一时期的目标和因素进行描述(假定性的)、分析和综合,预测人力资源需求量。由于这是假定性的描述,人力资源需求就有几种备择方案,目的是适应和应付环境与因素的变化。

5. 德尔斐法

这种方法也叫专家评估法,一般采用问卷调查或小组面谈的形式,听取专家们对未来有关因素趋向的分析意见和应采取的措施,并通过多次反复以达到在重大问题上取得较为一致的意见和看法。这种方法适用于长期预测,调查对象既可以是个人或面对面专家小组,也可以是背靠背的专家小组。面对面的方式,专家之间可能相互启发;背靠背的形式可以免除某一权威专家对其他专家的影响,而使每位专家独立发表看法。

6. 计算机模拟法

这是人力资源需求预测中最为复杂的一种方法,是指在计算机中运用数学模型按描述法中假定的几种情况对人力资源需求进行模拟测试，并通过这种模拟测试确定人力资源需求的预测方案。当然，也可以使用这种方法对某一种情况的几种备择方案进行模拟测试，以选择一种最佳方案。后一种应用带有评估和择优的意思，也就是说，可以用于评估人力资源政策和项目。

7. 外推预测法

外推预测法是数学中的一类计算方法，有着广泛的用途。最简单的形式是直线外推；也可以有曲线，如指数平滑法；还可以有更复杂的形式。这种方法适用于短期和中期预测。

8. 回归分析法

这是数理统计学中的方法，比较常用。它是处理变量之间相互关系的一种统计方法。这种方法中，最简单的是一元线性回归分析，也可以是多元线性回归分析和非线性回归分析。一般而言，人力资源需求量变化起因于多种因素，故可考虑用多元线性回归分析。

9. 人员比例法

这是根据已确定的各类人员之间、人员与设备之间、人员与产量之间各种科学的比例关系来预测人力资源需求的一种方法。

九、工作分析

工作分析是指通过一系列的程序和方法，找出某个职位的工作性质、任务、责任及完成工作所需的技能和知识的过程。工作分析的方法通常有以下几种。

1. 资料分析法

利用现有的一些文件资料，如责任制文本等对工作的任务、责任、权利、工作负荷、任职资格等，都有一个粗略的描述，可以为工资描述和任职说明提供许多有用的信息。

2. 工作实践法

是指工作分析人员亲自从事需要研究的工作，由此掌握工作要求的第一手资料。

3. 现场观察法

是指工作分析调查人员在工作现场运用感觉器官或其他工具，在不影响被观察公职人员正常工作的条件下，观察公职人员的工作过程、行为、内容、特点、性质、工具、环境等，并对结果进行记录，从而获取信息的一种方法。

4. 面谈法。

是指人力资源管理人员就某项工作与从事该工作的公职人员个人或小组，或其上级主管，或过去的在岗人员，就工作内容或要求进行交谈与讨论。

5. 问卷调查法

是指根据工作分析的目的、内容，事先设计好工作问卷，由被调查者填写，然后分析人员回答，据以确定工作的重要性和执行的难易程度，从而形成对工作分析的描述信息的一种工作分析方法。

第二节 系统综述

一、系统简介

人力资源规划是指根据组织的发展规划，通过对公共部门未来人力资源需求和供给状况的分析及估计，对职务编制、人员配置、教育培训、人力资源管理政策、招聘和选择等内容进行的人力资源部门的职能性计划。

人力资源战略常常是组织发展战略的重要组成部分，是指公共部门高层决策者根据公共部门的人才观、用人政策和对公共部门内外人力资源环境的分析，确定人力资源管理的目标与发展方向。人力资源战略与活动目标对公共部门总体战略目标的实现有极大的支持和促进作用。

奥派公共部门人力资源管理教学系统软件中，人力资源规划系统包含人力资源需求分析、人力资源供给分析、人力资源供需比较分析、人力资源规划和预算、人力资源规划方案等模块，结构清晰，功能齐全。确保公共部门各类工作岗位在适当的时机，获得适当的人员（包括数量、质量、层次和结构等），实现人力资源的最佳配置，最大限度地开发和利用人力资源潜力，有效地激励职工，保持智力资本的竞争优势。

二、实验流程

人力资源规划实验流程如图1-2所示。

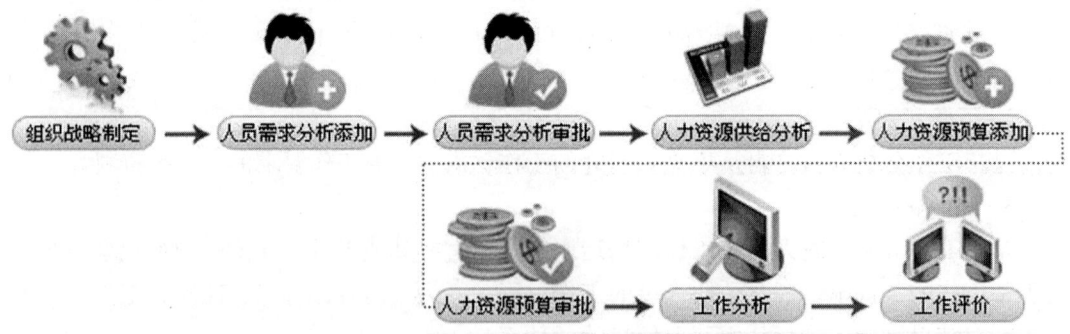

图1-2 人力资源规划实验流程

三、实验目的

根据公共部门在一定时期内的战略目标来确定组织对人力资源的需求，并确保组织在恰当的时间里、恰当的工作岗位上有恰当数量合格人员的过程，以实现公共组织资源的合理配置和有效利用。

第三节 实验指导

一、实验情景

鉴于该规划的草案提出以及具体实施,将出现人员需求,经过审批之后,财务部门需要对招聘需求做预算。预算经过审批之后,方可制定出具体的招聘计划。

二、实验数据

具体实验数据如表1-1至表1-5所示。

表1-1　　　　　　　　　　　组织战略制定

时间段	2018.10.01~2018.10.31
组织要实现的目标	建立起组织配置和市场配置相结合的公平、平等、择优的选拔用人机制,在人才选拔上人人平等,唯才是举;在日常工作中为组织成员创造一个良好的人才生存空间,倡导他们发挥自己的潜力和创造力,为组织多做贡献,这样我们的公共部门才会具有生命力
核心价值观	能力本位
组织的发展方向	建立以强调"以人为本""多元化""合作互助"为主要特征的现代公共部门
组织的发展计划	培养组织成员敢想、敢说、敢做的作风,鼓励组织成员提意见、提建议、参与组织决策;要因地、因时制宜,充分利用各种条件、扬长避短,调整其目标、组织结构和行为方式,满足环境提出的各种要求
指导方针	组织和成员形成一个责、权、利相统一的命运共同体,且在其中都有一种危机感、主体感和成就感
实施措施	指导、协助员工确定其职业发展目标、设计职业发展路径,并为员工实现职业目标不断提供帮助

表1-2　　　　　　　　　　　人员需求分析

人员需求分析名称	规划编制需求
部门	规划编制处
职位	默认职位
人力需求预测方法	现状预测法
需求人数	1

表 1-3　　　　　　　　　　　人力资源供给分析

人力资源供给分析名称	规划需求
预测方法	外部预测法
相关专业	经济学
毕业生人数	1

表 1-4　　　　　　　　　　　人力资源规划预算

预算名称	规划预算
预算年度	2018
年度预算销售额	100000 元
备注	规划预算

表 1-5　　　　　　　　　　　工作分析

基本信息	
职位名称	处长
工作分析方法	资料分析法
工作职责	1. 主持全处行政日常工作 2. 认真组织全处职工学习政治、时事、技术和业务，不断提高全处职工的政治、业务素质
工作内容	1. 负责组织项目的申报、立项、设计、报建、招议标、施工质量监控、主体和竣工验收、工程预决算的审核等工作 2. 主持召开处务会议，传达学习上级文件和指示精神，研讨解决带全局性的工作和问题，协调与基建处有关的横向关系
工作条件	75% 以上时间在室内工作，不受气候影响；因工作需要，需配备一台计算机、电话、传真机以及其他办公用具，无独立办公室
聘用条件	专业相关，工作经验符合，思想先进
转任与升迁范围	内部提升
培训机会	可获得计算机类、管理类、专业技术类等方面的培训
任职说明	
年龄	25~35 岁
性别	男
学历	本科
工作经验要求	曾从事此类工作 3 年以上
生理要求	身高：1.70~1.80 米；体重：与身高成比例，正常范围内即可；听力：正常；视力：矫正视力正常

续表

基本信息	
知识要求	英语四级以上 能熟练使用 office 系列软件
技能要求	表达能力强 观察能力强 逻辑处理能力强
综合素质	有良好的职业道德 独立工作能力强
其他要求	为人热情，善于与人交往；待人公允

三、实验任务

组织战略制定；人员需求分析添加；人力资源供给分析；人力资源预算添加；工作分析；工作评价。

四、实验步骤

完成任务二后，自动弹出任务三的接受窗口，点击【接受】，如图1-3所示。

图1-3 人力资源规划任务接受界面

1. 组织战略制定

根据提示，下一步骤为"组织战略制定"。

进入**人事科员李晓**的账户，选择"组织设计"下的【组织战略制定】，添加组织战略。

填写组织战略的内容，点击【确定】，如图 1-4 所示。

图 1-4　组织战略制定界面

2. 人员需求分析添加

根据提示，下一步骤为"人员需求分析添加"。

选择"人力资源规划"下的【人员需求分析】，添加人员需求分析。填写人员需求分析，点击【确定】，如图 1-5 所示。

3. 人员需求分析审批

根据提示，下一步骤为"人员需求分析审批"。

图 1-5 人员需求分析界面

在"所有的"中显示人员需求分析列表，选中我们刚刚添加的需求分析，点击【提交】，如图 1-6 所示。

图 1-6 人员需求分析提交界面

提交之后的需求分析就是待审核的状态。

切换用户，进入**人事科长李明**的账户，对该需求分析进行审批，点击操作下方的【审批】，如图 1-7 所示。

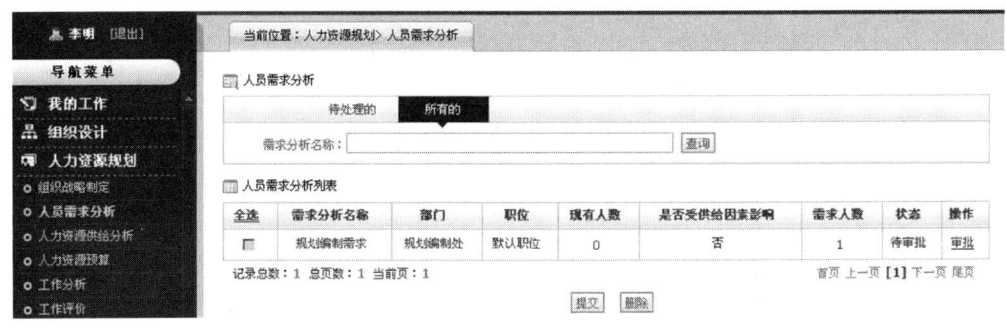

图 1-7 人员需求分析列表显示界面

填写审批说明，选择通过或者拒绝，点击【确定】，如图 1－8 所示。

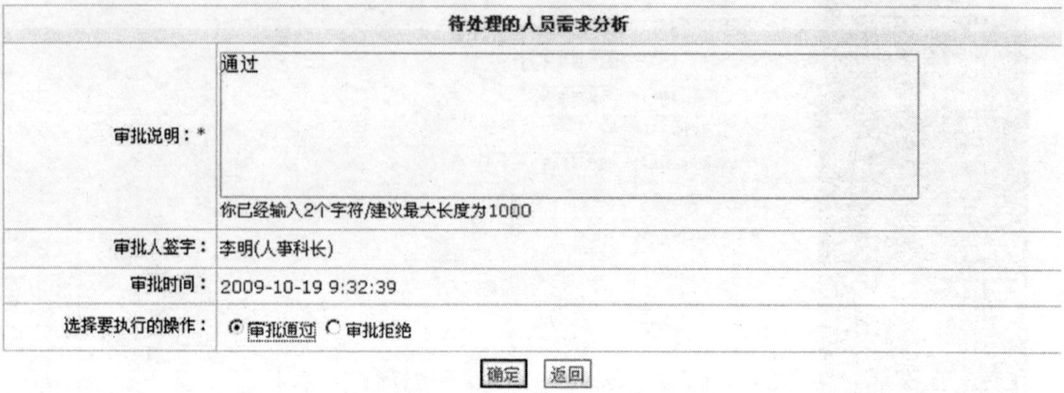

图 1－8　人事科长审批人员需求分析界面

人事科长审核过后，由处长进行审核。进入**处长王军**的账户，用同样的方式进行审核，如图 1－9 所示。

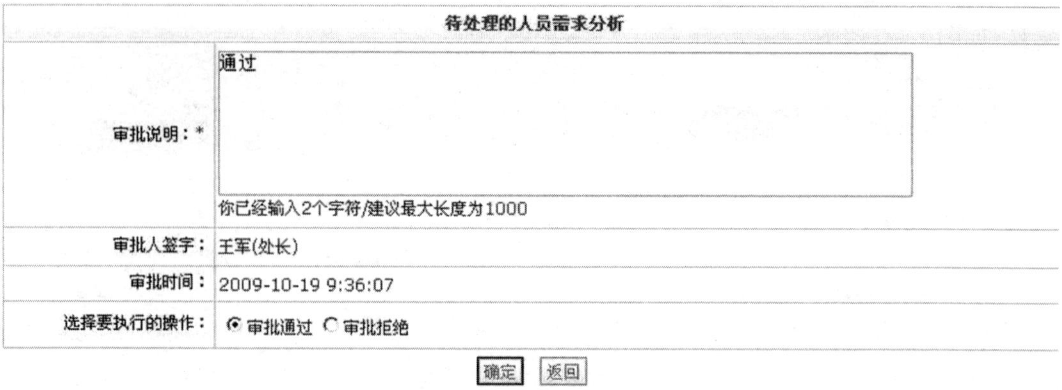

图 1－9　处长审批人员需求分析界面

经过一个完整的审核过程，该需求分析的状态才会显示为“已审批”，如图 1－10 所示。

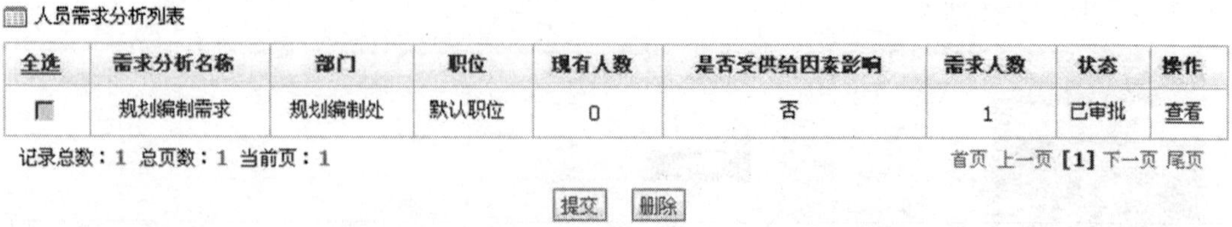

人员需求分析列表

全选	需求分析名称	部门	职位	现有人数	是否受供给因素影响	需求人数	状态	操作
	规划编制需求	规划编制处	默认职位	0	否	1	已审批	查看

记录总数：1　总页数：1　当前页：1　　首页 上一页 [1] 下一页 尾页

提交　删除

图 1－10　人员需求分析已审批显示界面

4. 人力资源供给分析

根据提示，下一步骤为“人力资源供给分析”。

切换用户，进入**人事科员李晓**的账户，添加人力资源供给分析，如图 1－11 所示。

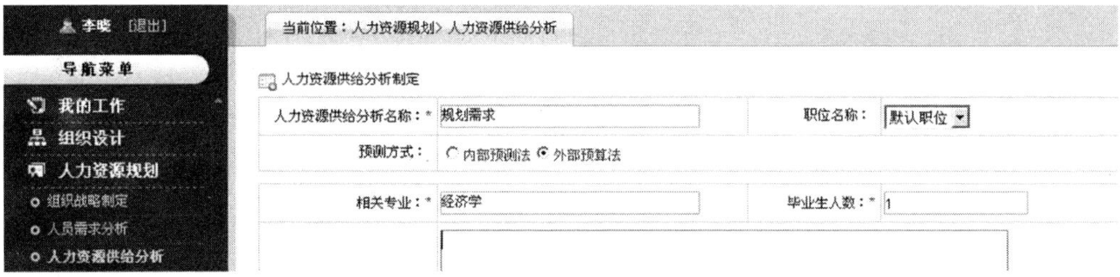

图 1–11　人力资源供给分析界面

5. 人力资源预算添加

根据提示，下一步骤为"人力资源预算添加"。

切换用户，进入**人事科长李明**的账户。选择"人力资源规划"下的【人力资源预算】，添加人力资源预算，如图 1–12 所示。

图 1–12　人力资源规划预算添加界面

接下来显示的是人力资源规划预算基本信息，选择"添加"，点击【确定】，如图 1–13 所示。

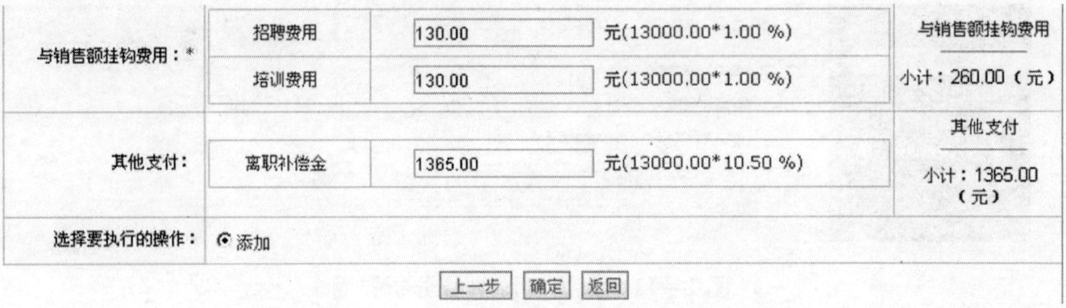

图 1–13　人力资源规划预算基本信息填写界面

在"所有的"状态下，提交该预算，如图 1–14 所示。

图 1–14　人力资源预算提交界面

切换用户，进入**处长王军**的账户，对该预算进行审批，如图 1–15 所示。

图 1–15　人力资源预算待审批界面

6. 工作分析

根据提示，下一步骤为"工作分析"。

切换用户，进入**人事科员李晓**的账户，选择"人力资源规划"下的【工作分析】。点击【操作】下方的【制定】，如图 1–16 所示。

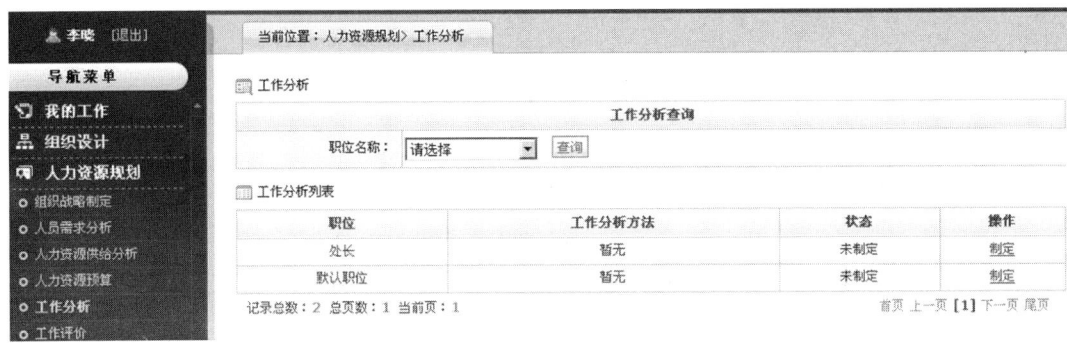

图 1-16　工作分析界面

填写工作分析的具体内容，点击【确定】，如图 1-17 所示。

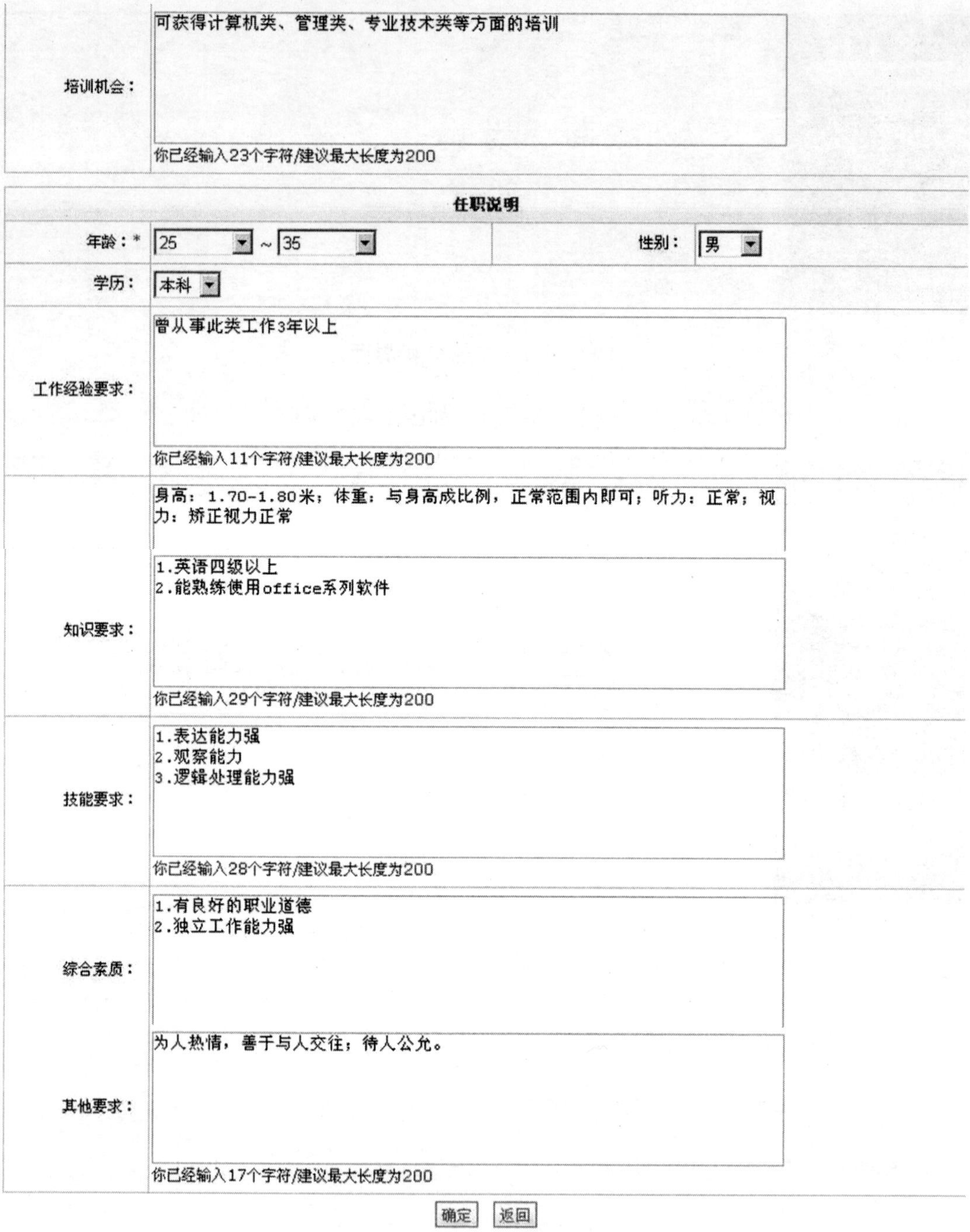

图 1-17　工作分析制定界面

7. 工作评价

根据提示，下一步骤为"工作评价"。

选择"人力资源规划"下的【工作评价】，点击操作下方的【评价】，如图 1-18 所示。

图 1-18　工作评价界面

填写评价的具体内容，点击【确定】。工作评价方法选择"评分法①"，如图 1-19 所示。

图 1-19　工作评价填写界面

---

① 评分法，是根据工作内容的特点确定所有职位共同的评价因素，然后度量每项因素对被评价职位的重要程度与价值，并以分数形式记录下来，最后计算总值和相互比较。而这里我们所填的能力价值因素所占比重对应的就是评分法。

第二章

公共部门组织结构和设计

【学习目标】
通过学习，了解公共部门组织结构和设计的概念和特点，掌握公共部门组织设计的基本原则和步骤。

【引导案例】
目前，我国地方各级政府正在进行大部制改革。大部制改革并不是政府部门简单的归并，部门规模由小变大，大部制改革的根本问题是优化政府组织结构，建立有效履行公共服务职能的组织体系。

启发问题：
1. 进行大部制政府组织结构优化设计的目的是什么？
2. 如何结合实际进行大部制政府的组织结构优化设计？

第一节 实验基础知识

一、公共部门组织结构的概念与特点

1. 公共部门组织结构的概念

公共部门组织结构又称为组织架构，是组织各个部分之间关系的一种模式，即组织是由哪几个方面的内容或部分按一定的隶属关系构成的。组织结构又可称为权责结构，是组织成员在职、责、权方面的结构体系，分为职能结构、层次结构即纵向结构、部门结构即横向结构、职权结构四个部分。组织结构设计的最终目的是为了更好地实现组织的战略目标，组织结构设计所考虑的维度有：人员与文化、组织环境、组织战略目标、技术、组织规模。

2. 公共部门组织结构的特点

公共部门组织结构的特点集中表现为四点：稳定性、层次性、复杂性、规范性。
（1）稳定性。

公共部门组织结构一旦形成后，在一定时期内不会发生大的根本性变化，处于相对均

衡、稳定的状态。如确需改变，必须得到上级领导机关的同意，经过法定程序才能变更。特别是政府组织，它代表人民和社会行使公共权力，其结构的稳定性是公共权力发挥作用的基础。稳定性是公共部门组织结构的核心特点，它强调职位、权责的非人格化和规范化，建立稳定的组织关系模式，实现组织的有序性和稳定性。

（2）层次性。

为了便于管理，公共部门各种组织一般采取层级控制体制，纵向分为若干层级，下级对上级负责，各个层级的权力、责任各不相同。其优点在于上下衔接，统一指挥，统一行动，效率较高。

（3）复杂性。

公共部门是一个最庞大、最复杂的公共组织系统，其结构的复杂性远远超过私营部门。公共部门是由各种各样的要素组成的，既有人的要素，也有物的要素；既有流动的要素，也有固定的要素。这些要素的不同排列组合就形成了不同结构的模式，既有纵向的，也有横向的，还有纵横交错的，是一个非常复杂的体系。

（4）规范性。

公共部门组织结构不是自发形成的，而是由公共管理者根据国家的法律法规，在科学理论的指导下，有目的、有意识地安排的。它涉及有关指导和限制组织成员行为和活动的方针政策、规章制度、工作程序、工作过程的标准化程度。公共部门各种组织对人的活动和行为进行一定程度的规范可以提高组织的效率，减少不确定因素，提高各项工作的协调性。

二、公共部门组织结构设计的概述

1. 公共部门组织结构设计的概念与特点

公共部门组织设计是一个动态的工作过程，包含了众多的工作内容。科学地进行组织设计，要根据组织设计的内在规律性有步骤地进行，才能取得良好效果。组织设计可能有三种情况：一是新建的部门需要进行组织结构设计；二是原有组织结构出现较大的问题或部门的目标发生变化，原有组织结构需要进行重新评价和设计；三是组织结构需要进行局部的调整和完善。

公共部门组织设计有以下特点。首先，公共部门组织设计应当看作一个过程；其次，公共部门组织设计是随机制宜和因地、因时、因人而异的；最后，设计建立的组织结构不是一成不变的，组织设计也不是一次性就能完成的事，相反，它是一种连续的或至少说是周期性的活动。

2. 公共部门组织设计的目的

组织设计的目的就是发挥整体大于部分之和的优势，使有限的人力资源形成最佳的综合效果。一个优秀的组织结构能够做到机构精简、高效、职能分工合理而明确，既高效又统一，既发挥了个人积极性、创造性，又能保持高度的和谐和统一，甚至可以发挥出"以一当十"的神奇作用。反之，一个不良的组织结构，会因为机构臃肿、人浮于事而效率低下，因为职能不清、职能重叠而扯皮不止，因为有权无责而滥用权力，因为有责无权而消极怠工……

3. 公共部门组织设计的基本原则

（1）公益目标原则。

公共部门组织设计和组织形式的选择必须有利于组织目标的实现，公共部门不同于私营工商企业的一大特点就是它提供的公共产品和公共服务具有多样性，涉及社会成员生活的方方面面，因此，公共部门组织设计必须以最大化实现公益目标为原则。

（2）法制原则。

公共部门组织设计必须依照相关法律法规，按照法定程序确定，必须遵循法制原则，而不像私营部门，管理者可以自主设计组织结构，公共部门组织设计必须遵循的法律主要是宪法、政府组织法、编制法和其他有关法规。遵循法制原则设计组织，使组织设计规范化和制度化，有利于公共部门组织系统相对稳定，人事管理较为安定，有助于增强公共部门的权威性。

（3）有效管理幅度原则。

管理幅度是指管理人员有效地监督管理其直接下属的人数，管理层次是指职权层级的数目，即在一个组织内部，从最高管理者到最低层职工的职级管理权力层次数量，组织管理层次的多少表示组织结构的纵向复杂程度，一位领导人能够有效实行领导的直属下级人数是有限的，在进行组织结构设计时，领导人的管理幅度应控制在一定水平，以保证管理工作的有效性。管理幅度大小同管理层次多少呈反比例关系。

（4）集权与分权相结合原则。

集权有利于保证组织的统一领导指挥以及人力、物力、财力的合理分配使用。分权有利于基层迅速做出决策，上层领导摆脱日常事务，集中精力抓大问题。集权、分权是相辅相成的矛盾统一，没有绝对的集权和分权。

（5）精干高效原则。

任何公共部门都必须进行科学的横向分工，分工的结果就是形成若干行政组织。我国《宪法》规定：一切国家机关实行精简的原则，实行工作责任制，实行工作人员的培训和考核制度，不断提高工作质量和工作效率，反对官僚主义。公共部门组织设计应该遵循精干高效的原则，在满足组织正常运行需要的前提下，力求减少管理层次，精简管理机构和管理人员，充分发挥各级各类人员的积极性，更好地为提升组织绩效服务。

（6）稳定性和适应性相结合原则。

公共部门组织设计既要保证组织在外部环境和任务发生变化时，能继续有序正常运行；又要保证组织在运转过程中，能根据内、外部变化情况做出相应变更，具有一定的弹性和适应性。

三、公共部门组织设计的步骤

组织设计是一个复杂的过程，通常可分为以下几个步骤：

1. 工作划分

根据目标一致和效率优先的原则，把达到组织目标的总任务划分为一系列既不相同又互相联系的具体工作任务。

2. 建立部门

把相近的工作归为一类，在每一类工作上建立相应的部门。这样，在组织内根据工作分工建立职能各异的组织部门。

3. 决定管理跨度

所谓的管理跨度，就是一个上级直接指挥下级的数目。应该根据人员素质、工作复杂程度、授权情况等合理地决定管理跨度。相应地，也就决定了管理层次和职权、职责的范围。

4. 确定职权关系

授予各级管理者完成任务所必需的职务、责任和权利，从而确定组织成员间的职权关系。一是上下级间的职权关系——纵向职权关系。上下级间权利和责任的分配，关键在于授权程度。二是直线部门与参谋部门之间的职权关系——横向职权关系。直线职权是一种等级式的职权，直线管理人员具有决策权与指挥权，可以向下级发布命令，下级必须执行。参谋职权是一种顾问性质的职权，其作用主要是协助直线职权去完成组织目标。参谋人员一般具有专业知识，可以就自己职能范围内的事情向直线管理人员提出各种建议，但没有越过直线管理人员去命令下级的权利。

5. 通过组织运行不断修改和完善组织结构

组织设计不是一蹴而就的，而是一个动态的不断修改和完善的过程。在组织运行中，必然暴露出许多矛盾和问题，也获得某些有益的经验，这一切都应作为反馈信息，促使领导者重新审视原有的组织设计，并进行相应的修改，使其日臻完善。

第二节 系统综述

一、系统简介

组织设计主要是研究如何合理地设计组织架构。组织架构（组织结构）是指组织内部各组成部分之间关系的一种模式。它决定了组织中的指挥系统、信息沟通网络和人际关系，最终影响组织效能的发挥。组织架构模式能随组织任务的发展而不断演变。

奥派公共部门人力资源管理教学系统软件中的组织设计模块包含影响组织设计的因素、工作流程、确定组织结构形式、设定部门、职能分析、设定组织结构框架和岗位人员配备，学生可以在操作实验的同时提高其分析和解决实际问题的能力。

二、实验流程

组织设计实验流程如图 2-1 所示。

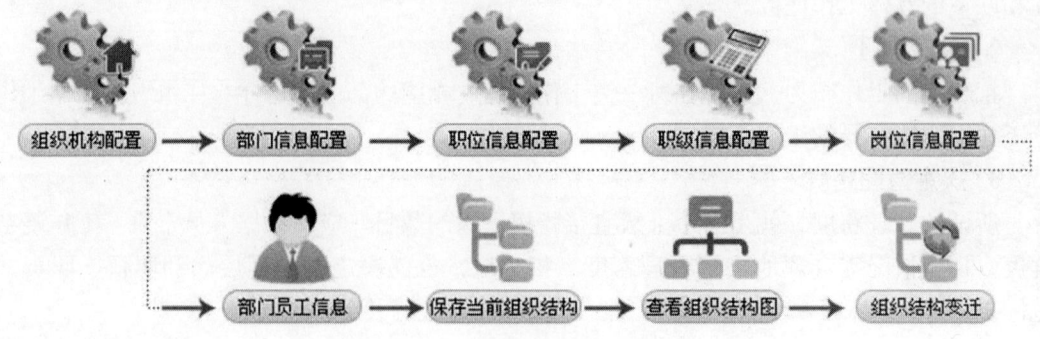

图 2-1 组织设计实验流程

三、实验目的

实现公共部门组织结构的设计，掌握组织结构设计的过程，了解公共部门的组织结构情况。

➡ 第三节 实验指导

一、实验情景

新安市规划局成立于 2017 年，是适应新安城市发展和规划管理新形势的需要，组建的将城市规划、信息集成、城市测绘等多方面融合的新型城市规划研究机构。主要职能包括城市发展战略研究，地区开发、城市设计、重点项目的规划服务以及各类城市规划信息系统和城市测绘系统的建立及维护，测绘信息采集、管理，GIS 建设及软件开发等有关技术性、服务性工作等。

规划局下属部门包括规划编制处、选址用地处、技术法规处、测绘信息处等。

二、实验数据

具体实验数据如表 2-1 至表 2-5 所示。

表 2-1　　　　　　　　　　组织机构配置

组织机构名称	新安市规划局
公共部门性质	政府部门
所在城市	新安
组织规模	300~999 人

续表

组织机构名称	新安市规划局
负责人	陈建
联系电话	83491111
联系地址	福建路
电子邮箱	xaghj@126.com
网站	http://www.xaghj.com
上级机关	新安市政府
组织职责	包括城市发展战略研究、地区开发、城市设计、重点项目的规划服务以及各类城市规划信息系统和城市测绘系统的建立及维护，测绘信息采集、管理，GIS建设及软件开发等有关技术性、服务性工作等
组织文化	我们关注城市的变化，以开放的态度去应对变化。做一个追求城市公共利益的事业，一个具有敏锐的时事和专业洞察力的研究部门，一个为城市规划管理提供技术支撑的部门，一个能快速行动和团结协作的队伍
组织核心价值观	是适应新安城市发展和规划管理新形势的需要，组建的将城市规划、信息集成、城市测绘等多专业融合的新型城市规划研究机构，为城市规划做贡献

表 2-2　　　　　　　　　　　　部门信息配置

部门名称	规划编制处
部门类型	人事管理部门
部门领导	李明
上级部门	无
部门电话	83492222
部门描述	负责组织制定城市规划编制计划，负责规划编制指令性任务的下达，负责规划编制成果的初审，参与规划编制成果的终审

表 2-3　　　　　　　　　　　　职位信息添加

职位编号	ZW_01
职位名称	处长
基本工资参考	5000元
职位分类	领导职务

表 2-4　　　　　　　　　　　　职级信息添加

职级编号	ZJ_01
工资额	5000元
所属职位	处长

表 2-5　　　　　　　　　　　岗位信息配置

岗位名称	规划编制处处长
岗位职责	参与全市经济和社会发展中长期规划和计划、国土规划、区域规划、江河流域规划、土地利用总体规划以及相关的专项、专业规划的编制工作
工作内容	研究制定全市村镇规划的近期和年度编制计划，制定地方性的村镇规划技术标准，指导市属各县的城乡规划和村镇规划编制工作，指导、监督各县城镇和重要建制镇以及村镇的规划管理工作

三、实验任务

组织机构配置；部门信息配置；职位信息添加；职级信息添加；岗位信息添加；查看组织结构变迁。

四、实验步骤

完成任务一后，自动弹出任务二的接受窗口，点击【接受】，如图 2-2 所示。

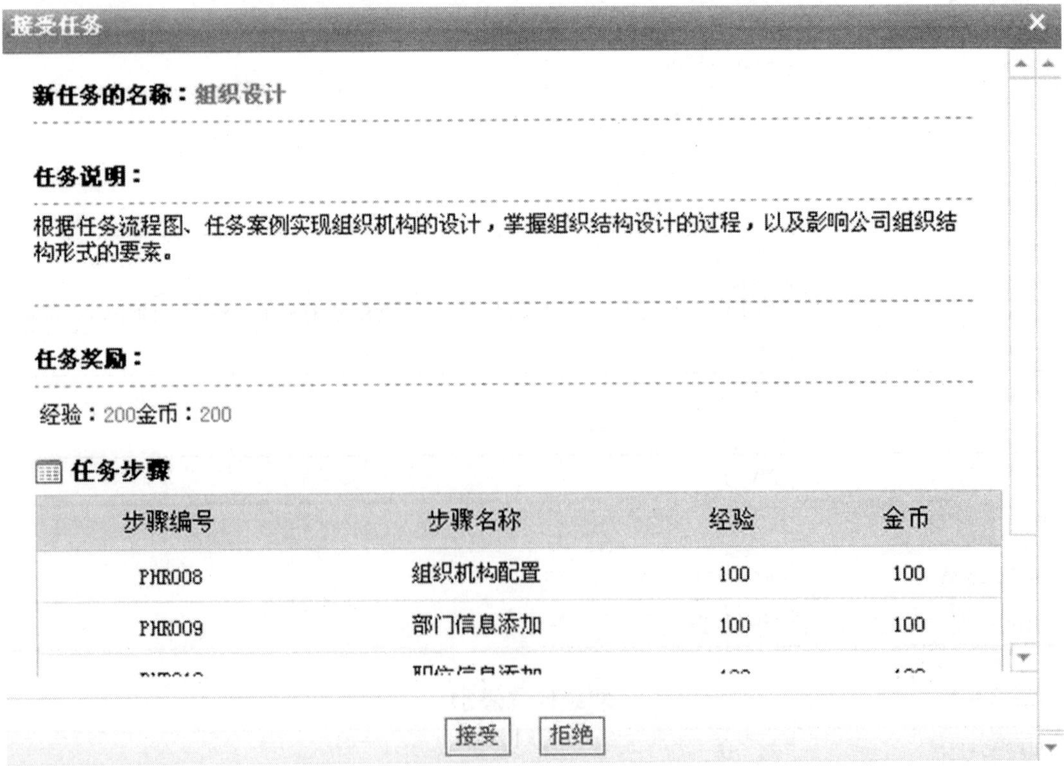

图 2-2　组织设计任务接受界面

1. 组织机构配置

根据提示，下一步骤为"组织机构配置"。

进入**人事科长李明**的账户，选择"组织设计"下的【组织机构配置】，填写组织机构的相关信息并点击【确定】，如图 2-3 所示。

图 2-3 组织机构配置界面

2. 部门信息配置

根据提示，下一个步骤为"部门信息配置"。

选择"组织设计"下的【部门信息配置】，点击【添加】，如图 2-4 所示。

填写部门信息，选择部门类型、部门领导以及上级部门，点击【确定】。这里以规划编制处为例，如图 2-5 所示。

接下来自行添加选址用地处、技术法规处、测绘信息处这三个部门信息，如图 2-6 所示。

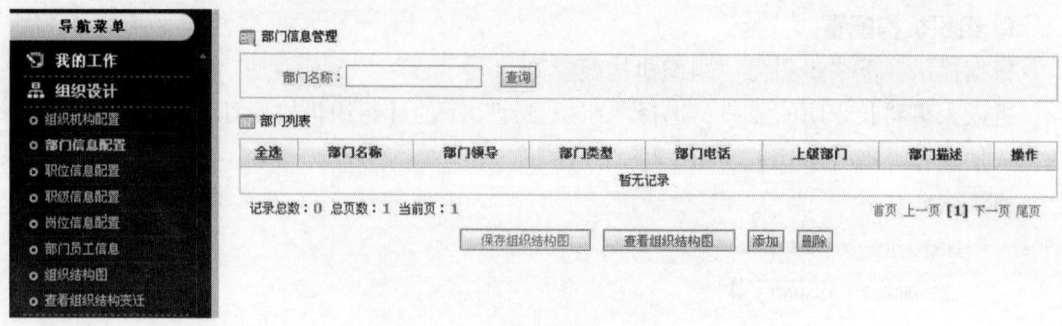

图 2-4 部门信息配置界面

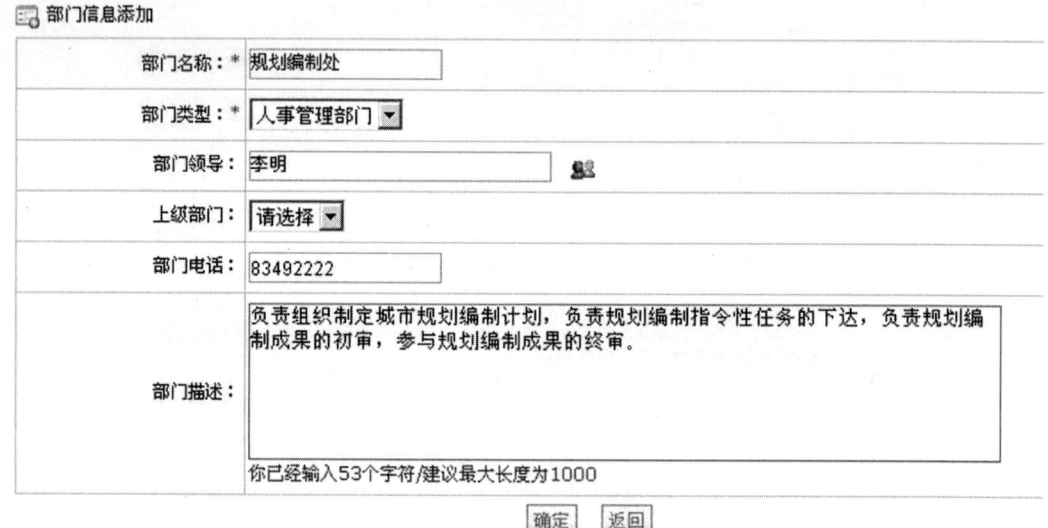

图 2-5 部门信息添加界面

图 2-6 部门列表显示界面

点击【保存组织结构图】，输入名称并点击【确定】，如图 2-7 所示。

图 2-7 组织结构保存界面

点击【查看组织结构图】，如图 2-8 所示。

图 2-8　组织结构图查看界面

3. 职位信息添加

根据提示，下一步骤为"职位信息添加"。

选择"组织设计"下的【职位信息配置】，进行职位的添加。输入职位信息，点击【确定】，如图 2-9 所示。

图 2-9　职位信息配置界面

4. 职级信息添加

根据提示，下一步骤为"职级信息添加"。

选择"组织设计"下的【职级信息配置】，进行职级的添加。输入职级信息，点击【确定】，如图 2-10 所示。

图 2-10　职级信息配置界面

5. 岗位信息添加

根据提示，下一步骤为"岗位信息添加"。

选择"组织设计"下的【岗位信息配置】。进行岗位的添加。输入岗位信息，点击【确定】，如图 2-11 所示。

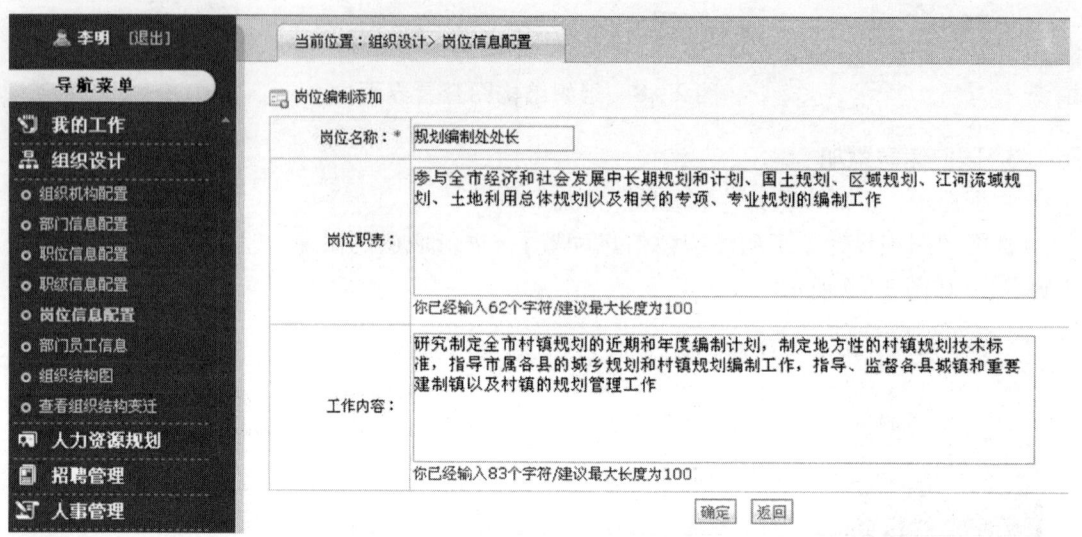

图 2-11　岗位信息配置界面

6. 查看组织结构变迁

根据提示，下一步骤为"查看组织结构变迁"。

选择"组织设计"下的【查看组织结构变迁】，如图 2-12 所示。

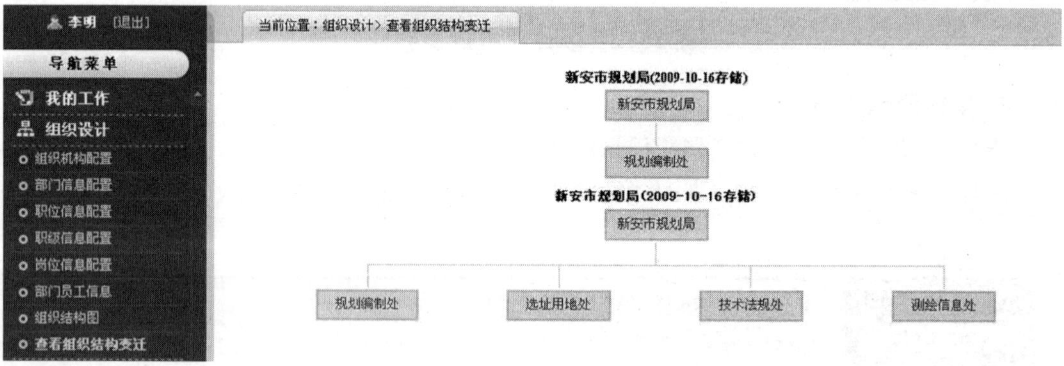

图 2-12　查看组织结构变迁界面

第三章

招聘管理

【学习目标】

了解招聘管理的含义和过程,掌握公共部门人力资源招聘的渠道和方法,熟悉我国公共部门员工录用与选拔的程序,明确公共部门招聘人员的目标。

【引导案例】

某山区县打算招聘一些新的公务员,根据笔试结果进行面试,面试题目是:请你和本小组的其他应试者以县政府领导成员的身份,参加党政领导班子联席会议,讨论对《关于优化政务环境,加快县域经济发展的决定》的修订意见。面试要求通过讨论,确定优化该县"政务环境"的举措,力求达成共识。某县政务环境中存在的问题与举措:第一,县直机关和乡镇干部严重超编,总体素质不能适应形势发展的要求,且收入偏低,贫困乡镇留不住干部。第二,政府职能转变相对滞后,部分政府机构职能交叉重叠,行政审批不规范,服务观念淡薄。第三,部分基层单位的领导班子软弱涣散、脱离群众、因循守旧、不思进取,缺乏凝聚力、战斗力和创造力。第四,部分综合管理部门办事手续烦琐,效率低。前些年发展中出现的一些遗留问题尚未解决,政府的公信力受损,影响全县投资环境的改善。第五,政府各部门依法办事水平有待提高,某些领域的腐败现象尚未得到有效遏制。

启发问题:

1. 什么是招聘管理?
2. 什么是无领导小组讨论?什么时候采用无领导小组讨论?

➡ 第一节 实验基础知识

一、公共部门人力资源招聘的含义

公共部门招募、甄选以及录用(聘用)共同构成公共部门招聘。其中,招募是组织采取多种措施吸引候选人来填补组织职位空缺的活动;甄选是从某一职位的所有候选人中挑选最合适人选的活动;录用是对经挑选合适的候选人进行录用决策、初始安置、试用、正式录用等。招聘的目标是及时满足组织发展需要填补的职位空缺,其最直接的目的是获得组织所需要的人。

二、公共部门人员招聘的意义

（1）招聘在公共部门人力资源管理中占有首要地位；
（2）招聘对公共部门的长远发展产生深刻影响；
（3）招聘直接影响人力资源管理的效率和整个组织的效能；
（4）招聘对员工自身的发展产生深层次的影响；
（5）招聘有利于人才的优化配置和部门最佳人才结构的形成；
（6）招聘有利于扩大公共部门的知名度。

三、公共部门人力资源招聘程序

公职人员的招聘大致可分为确定招聘计划、招募、甄选、录用和评估五个阶段，五个阶段前后相连，缺一不可。

1. 确定招聘计划

这个阶段的主要任务是在分析招聘需求的基础上制定招聘计划及具体的实施策略。根据职位的短缺情况确定招聘需求。

2. 招募

招募主要是指利用各种传播工具发布职位信息，鼓励和吸引人员参加应聘。主要包括发布招聘信息和接受应聘者申请。

3. 甄选

甄选是员工招聘中最关键的一步，也是技术性最强的一步，其目的是将不合乎职位要求的求职者排除掉，甄选出最符合组织要求的人员。职位说明书是甄选的基础，也就是说，应以职位说明书中所要求的知识、技术和能力来判断候选人的资格，甄选通常包括初步筛选、笔试、面试及其他测试等步骤。

4. 录用

这个阶段主要涉及对经甄选合格的求职者进行录用决策、通知被录用者、初始安置试用、正式录用等过程。

5. 评估

这是招聘的最后一项工作。研究表明，不同的招聘渠道和方法产生的招聘效果是大大不同的，用不同的方法招聘进来的员工也可能表现出不同的工作绩效、不同的流失率和不同的缺勤率，对招聘工作进行及时评估，可以找到招聘工作中可能存在的问题，从而适时地对招聘工作进行调整，提高下一轮招聘工作的质量，对招聘效果进行评估。

四、招募

1. 招募的含义

一般易将招聘与招募混为一谈，其实招聘的内容比招募广泛得多。公职人员招募，是指公共部门为了吸引更多更好的候选人来应聘而组织的若干活动，从程序上说，它包括了招聘信息的发布和接受应聘者申请两个阶段。

2. 公职人员招募的具体步骤

（1）招聘信息的发布。

由于需招聘的岗位、数量、人员要求、招募对象来源和范围、招聘预算不同，招聘信息的发布时间、方式、渠道与范围也不同。无论是哪种形式的信息发布，都必须遵守三项原则：涉及广、及时性、层次性。

（2）组织考试。

我国国家公务员的考试主要有两轮，第一轮是笔试，第一轮合格者参加面试。笔试和面试都有各自的程序，笔试一般由政府人事部门统一举行，面试则由各用人单位具体实施。笔试是公务员录用考试的第一轮考试，是指列为笔试科目并以书面方式使用试卷作答的考试方式。笔试工作主要分两部分：一部分是笔试命题；另一部分是笔试组织。命题工作包括：选调、培训命题人员；制定试题编制计划；研制试题试卷；制定参考答案及评分标准；试卷的审查、确定、印刷、装订等。所谓面试，是指主考人员（或称主考官）与应试者之间面对面地以言语回答的方式进行的考试。只有笔试合格者，才可参加面试。

（3）录用。

公务员的录用程序主要有四步：考核、体检、录取和试用。考核工作有两个重点：一是政治素质；二是拟录用职位的要求。政治素质考核的具体内容有：能否坚持四项基本原则和改革开放的方针，在政治上同党中央保持一致；能否坚持和贯彻党的十一届三中全会以来的路线、方针和政策；是否敢于为人民的利益坚持原则，不利用手中的权力谋求私利；是否遵守党的纪律，遵守国家法律，遵守社会公德；能否团结同志，与人合作共事，具有良好的人际关系。

公务员必须要有合格、强健的身体，健康的身体是执行公务的有效保证。对笔试、面试、考核都合格的应试者要组织体检，体检不合格者，不能录用。新录用人员有一年试用期。按规定录用的没有基层工作经历的人员，要在基层工作一至二年。试用期内用人部门要组织培训，期满要进行考核。

五、甄选

1. 甄选的涵义

公职人员甄选，是指公共部门为了确认最有可能有效胜任或公共部门认为最适合工作岗位者，采取一些相应的科学方法，通过各种信息途径寻找和确定工作候选人，以充足的质量和数量来满足公共部门人力资源需求而对求职申请人进行审查选拔的过程。在实际操作过程中，并不是每个环节的内容、形式都是固定的、一成不变的，也不是每一个步骤都要按部就班地进行，应根据具体情况灵活掌握。

2. 甄选的功能

（1）当求职申请人的数量比空缺的职位多时，要确保所录用的申请人最适合工作，这就有必要进行甄选，以保证最佳人选从事空缺职位的工作。

（2）通过对求职申请人过去行为的了解可以部分预测申请人将来的行为。

（3）甄选可以提高工作成功的基数比，因而能够改善公共部门内人力资源的质量。

（4）通过甄选过程为公共部门挑选高水平、高素质的申请人，不仅可以提高工作水平和工作效率，还可以降低培训费用，提高公共组织效率。

（5）通过有效的甄选过程，公共部门可以更多地了解申请人的基本情况，为今后形成良好的工作关系打下基础，有利于公共部门人际关系的有效调整。

六、公共部门人力资源招聘目标

人员招聘的目标是为了及时满足公共部门发展的需要，弥补岗位的空缺。最直接的目的是获得组织发展所需要的人，并降低招聘成本，规范招聘行为，确保人员质量等。但除了这一目的外，招聘还有以下潜在目标。

1. 树立组织形象

招聘过程是组织代表与应聘者直接接触的过程，在这一过程中，负责招聘的人的工作能力、招聘过程中对组织的介绍、散发的材料、面试小组的性别组成、面试的程序以及招聘拒绝什么样的人等都会成为应聘者评价组织的依据。招聘过程既可能帮助组织树立良好形象、吸引更多的应聘者；也可能损害组织的形象，使应聘者失望。

2. 降低受雇者短期内离开组织的可能性

组织不仅要能把人招来，更要能把人留住。能否留住受雇佣者，既要靠招聘后对人员的有效培养和管理，也要靠招聘过程中的有效选拔。

七、公共部门人力资源招聘的方法与渠道

公共部门招聘的方法与渠道总的来说有两种，即内部招聘与外部招聘。从内部招聘对象的主要来源上说，可以分为提升、内部调用、工作轮换和返聘，区分的依据主要是公职人员新旧工作岗位之间的关系。其中，提升和内部调用比较常见，工作轮换和返聘也被视为培养人才、提高组织效能的重要手段。外部招聘是指从公共部门外部吸收申请人，其中常用方法有推荐招聘、广告招聘、网络招聘、校园招聘、借助职业介绍机构招聘等多种方式。

▶第二节 系统综述

一、系统简介

招聘管理模块主要是按照实际的招聘与录用流程，从公共部门产生招聘需求到确定招聘计划，从考试审批、复试审批到面试审批之后的决策审批，通过后进行体检，之后发布录用信息，并通知报到进入合同管理中的试用期。

奥派公共部门人力资源管理教学实践平台中的招聘管理模块包含招聘需求、招聘计划、发布招聘信息、甄选、体检和评估招聘计划，让学生可以很快进入模拟实验状态。

二、实验流程

招聘管理实验流程如图 3－1 所示。

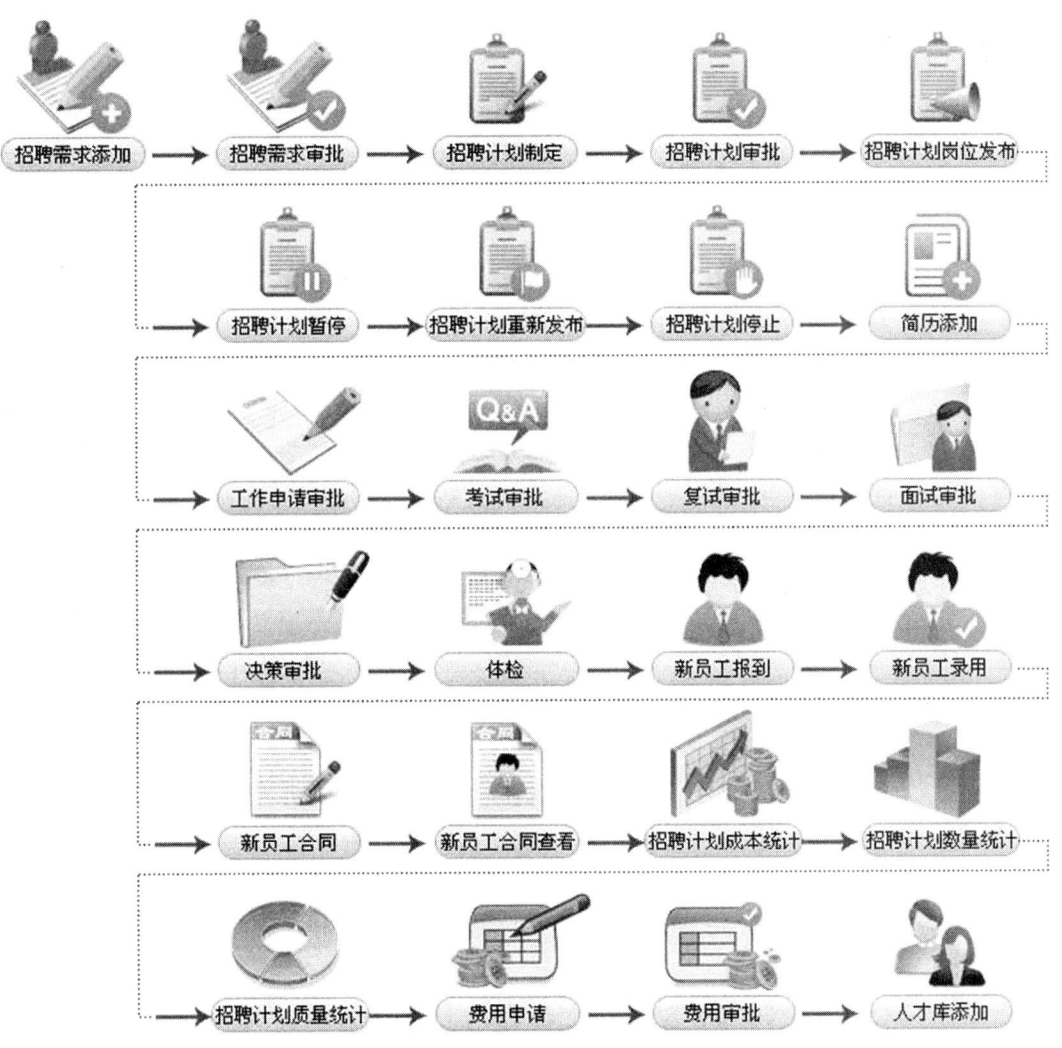

图 3－1　招聘管理实验流程

三、实验目的

公共部门人力资源的甄选和录用是公共部门的一项基本任务，是在人力资源规划与预测的基础上，为组织吸收、任用和提升新的合格人才，以维持组织人员自然循环的需求，保证组织任务的完成和目标的实现。

第三节 实验指导

一、实验情景

规划局制订出详尽的招聘计划并选择通过何种方式进行发布。应聘岗位的人员添加自己的个人简历,进行工作申请。招聘结束之后,规划局对人员进行甄选,通过的人进行体检,体检通过,规划局将进行录用信息的发布,被录用的新员工报道,并与之签订合同。

二、实验数据

具体实验数据如表 3-1 至表 3-8 所示。

表 3-1　　　　　　　　　　招聘需求

招聘需求名称	规划编制需求
招聘的职位名称	财务科员
工作描述	编制财务收支计划、信贷计划; 组织财务制度办法的制定及其落实执行; 资金的筹集调度,保证资金在使用上的安全可靠; 汇报财务制度、经济责任制的执行落实情况及其存在问题,并提出解决意见
招聘的人数	1
年龄	25~35 岁
性别	女
部门现状	缺少财务科员
组织结构是否变化	不变化
专业需求	本科,大专以上需从事财务工作 3 年以上
需求原因	规划编制需求
备注	认真负责、工作细心、敢于坚持原则

表 3-2　　　　　　　　　　招聘计划基本信息

招聘计划名称	规划编制
所需需求分析名称	规划编制需求
招聘需求申请名称	规划编制需求
职位名称	默认职位
部门名称	规划编制处
计划费用	1000 元
招聘数量	1
开始日期	2017.10.01
结束日期	2017.10.30

表 3-3 招聘计划详细信息

性别	女
年龄	25~35 岁
文化程度	本科
工作经验	2~5 年
专业	经济学
工资待遇	2500~3500 元
职位描述	编制财务收支计划、信贷计划； 组织财务制度办法的制定及其落实执行； 资金的筹集调度，保证资金在使用上的安全可靠； 汇报财务制度、经济责任制的执行落实情况及其存在问题，并提出解决意见
招聘来源	组织外部
招聘渠道	就业机构征招

表 3-4 朱建简历

姓名	朱建	性别	男
民族	汉族	出生年月	1978.01.01
国家或地区	中国大陆	户口所在地	新安
证件类型	身份证	证件号	320104197801011231
目前年薪	30000	币种	人民币
政治面貌	党员	婚姻状况	未婚
毕业院校	南京大学	专业	经济学
文化程度	本科	工作年限	2~5 年
公司电话	83494818	联系地址	铁路北街 1 号
手机号码	15912345671	E-mail	Zhujian@126.com
家庭电话	83400001	邮编	210003
家庭地址	福建路 1 号		

表 3-5 体检

体检内容	入职体检
身体状况	健康
疾病说明	无病史
体检结果	通过

表 3-6　　　　　　　　　　　　　　　　　费用管理

费用申请名称	招聘费用	费用类型	招聘
招聘计划名称	项目部招聘	费用金额	1000 元
详细说明	用于支付招聘环节所需的费用		

表 3-7　　　　　　　　　　　　　　　　　新员工报到

工号	AllPass_N_07	入职时间	2013.01.01
参加工作时间	2005.01.01	带薪休假天数	5 天
职位工资	500 元		
绩效系数	100	绩效工资	200 元
社保基数	1455 元	公积金基数	500 元

表 3-8　　　　　　　　　　　　　　　　　人才库添加

姓名	顾叶	性别	女
民族	汉族	出生年月	1979.08.01
国家或地区	中国	户口	江苏
证件类型	身份证	证件号	320104197908011238
目前年薪	30000	币种	人民币
政治面貌	党员	婚姻状况	未婚
毕业院校	南大	专业	经济学
文化程度	本科	工作年限	2~5 年
公司电话	83490008	联系地址	福建路 8 号
手机号码	15912345678	邮箱	guye@126.com
家庭电话	83490008	邮编	210003
家庭地址	福建路 8 号		

三、实验任务

招聘需求添加；招聘计划添加；招聘计划审批；岗位发布；导出招聘计划；简历添加；工作申请审批；体检；录用信息发布；新用户报到；新员工录用审批；新员工制订合同；招聘费用添加；招聘费用审批；人才库添加。

四、实验步骤

完成任务三后，自动弹出任务四的接受窗口，点击【接受】，如图 3-2 所示。

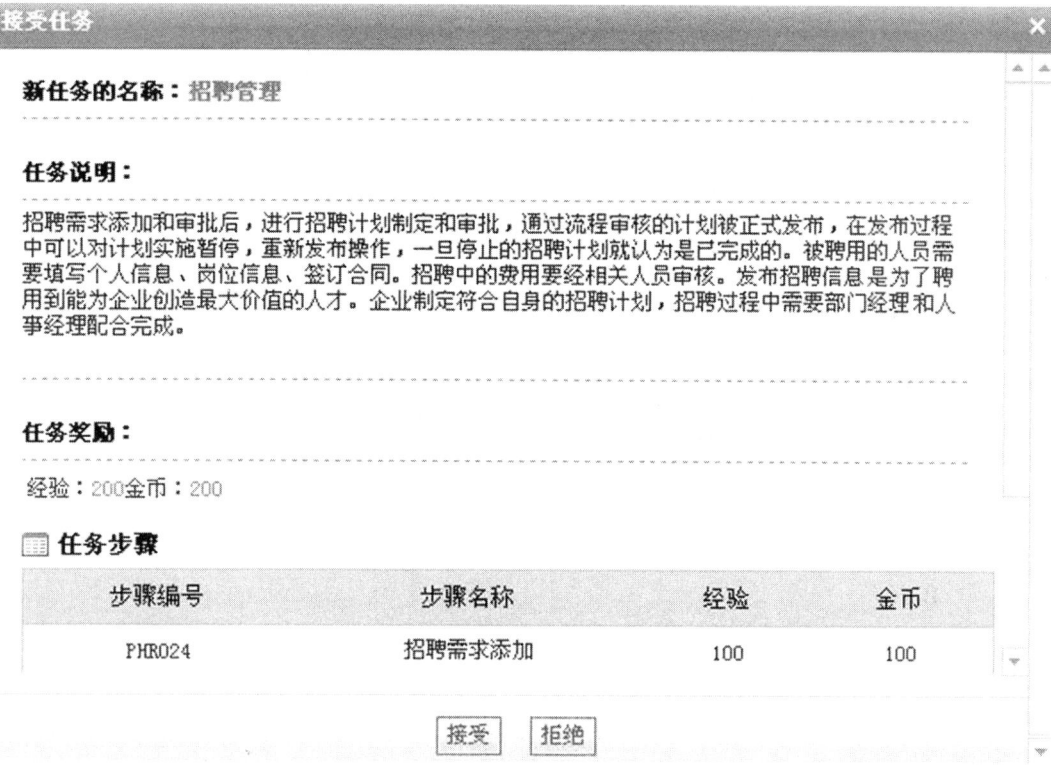

图 3-2 招聘管理任务接受界面

1. 招聘需求添加

根据提示，下一步骤为"招聘需求添加"。

在**人事科员李晓**的账户中，选择"招聘管理"下的【招聘需求】。

选择"招聘管理"下的【招聘需求】，添加招聘需求。填写招聘需求申请，点击【提交】，如图 3-3 所示。

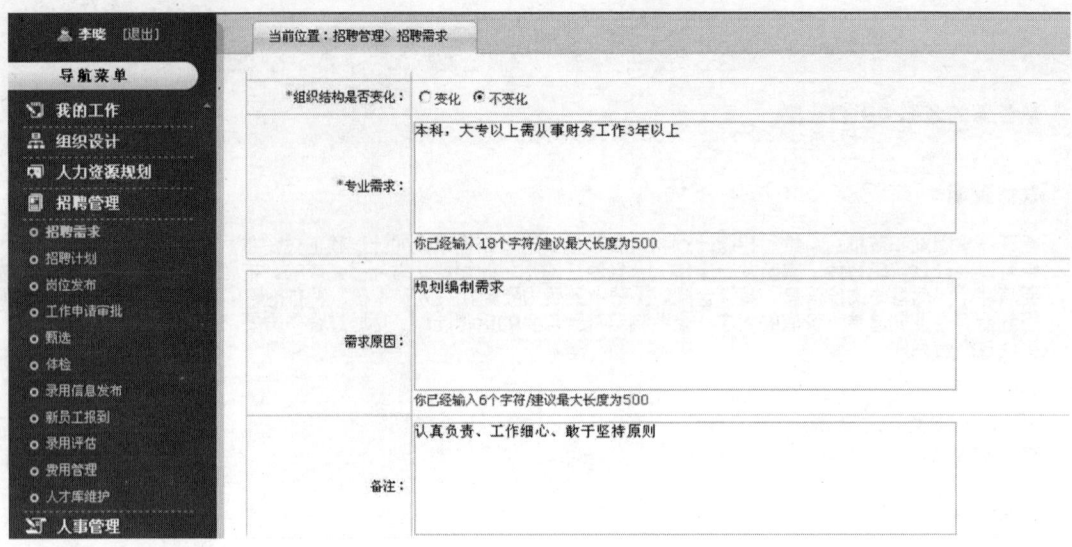

图 3-3　招聘需求添加界面

切换用户，进入**普通科长王海**的账户。在"所有的"状态下，对该招聘需求进行提交，如图 3-4 所示。

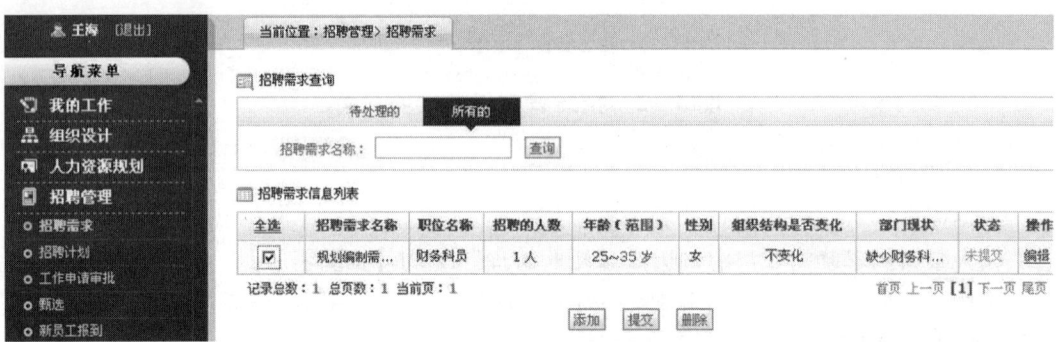

图 3-4　招聘需求提交界面

切换用户，进入**人事科长李明**的账户。审批该招聘需求，点击操作下方的【审批】，如图 3-5 所示。

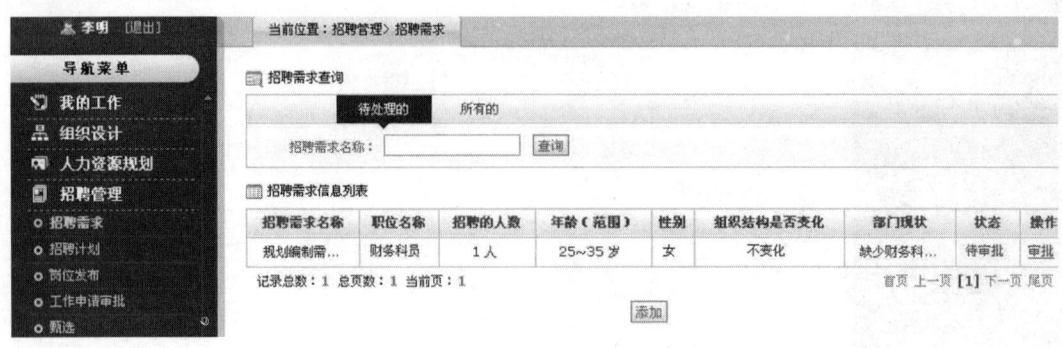

图 3-5　招聘需求待审批界面

填写审批说明，选择要执行的操作，点击【确定】，如图3-6所示。

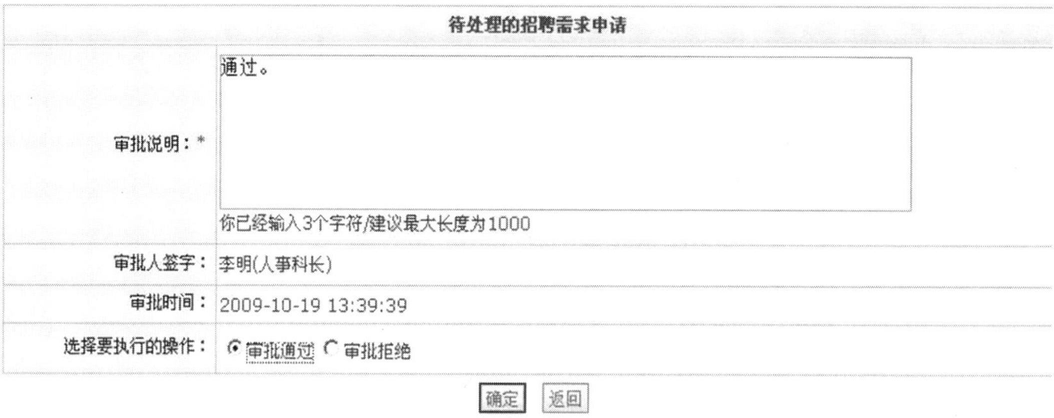

图3-6 招聘需求审批界面

2. 招聘计划添加

根据提示，下一步骤为"招聘计划添加"。

切换用户，进入**人事科员李晓**的账户。

添加招聘计划，填写招聘计划的基本信息和详细信息，点击【提交】。由于后面的操作需要，这里自行再添加一个招聘计划，如图3-7所示。

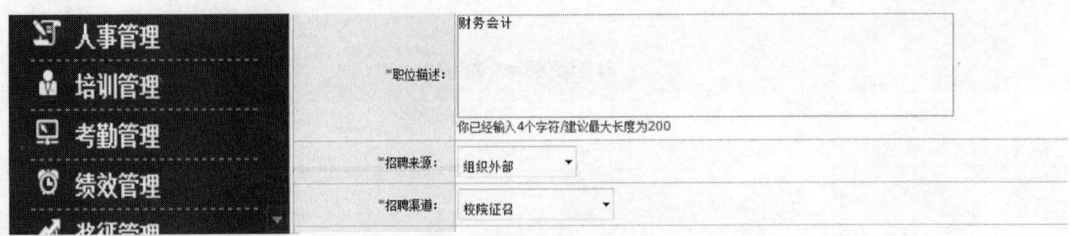

图 3-7 招聘计划添加界面

在"所有的"状态下,将该招聘计划提交,如图 3-8 所示。

图 3-8 招聘计划提交界面

3. 招聘计划审批

根据提示,下一步骤为"招聘计划审批"。

切换用户,进入**人事科长李明**的账户。点击操作下方的【审批】,如图 3-9 所示。

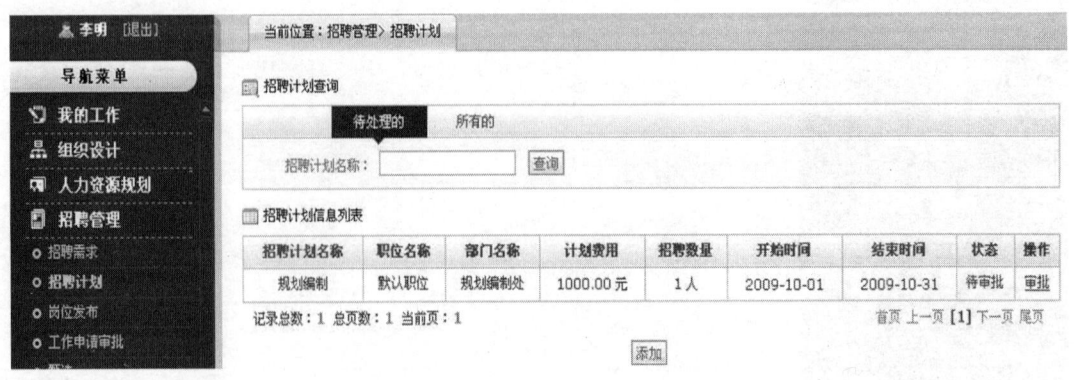

图 3-9 招聘计划待审批界面

填写审批说明，选择要执行的操作，点击【确定】，如图 3-10 所示。

图 3-10 招聘计划审批界面

切换用户，进入**处长王军**的账户。进行再一次审核。经过这两次审核，才算审核完成。

4. 岗位发布

根据提示，下一步骤为"岗位发布"。

切换用户，进入**人事科员李晓**的账户。

在"招聘管理"下选择【岗位发布】，选择要发布的岗位，点击【发布】，如图 3-11 所示。

图 3-11 岗位发布界面

5. 暂停招聘

根据提示，下一步骤为"暂停招聘"。

在"执行中"的状态下，可以对岗位发布执行"暂停"或者"终止"的操作，如图 3-12 所示。

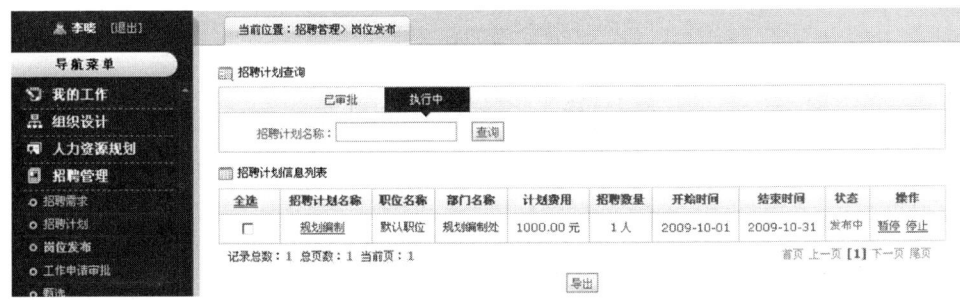

图 3-12 岗位发布暂停界面

暂停后，再将该招聘重新发布一下。点击操作下方的【重新发布】，如图 3－13 所示。

招聘计划信息列表

全选	招聘计划名称	职位名称	部门名称	计划费用	招聘数量	开始时间	结束时间	状态	操作
☐	1	默认职位	规划编制处	1000.00 元	1 人	2009-10-01	2009-10-31	已完成	查看统计信息
☐	规划编制	默认职位	规划编制处	1000.00 元	1 人	2009-10-01	2009-10-31	已暂停	停止 重新发布 查看

记录总数：2 总页数：1 当前页：1　　首页 上一页 [1] 下一页 尾页

导出

图 3－13　岗位重新发布界面

6. 停止招聘

根据提示，下一步骤为“停止招聘”。注意，停止的招聘不能再重新开始，所以这里我们停止的是**自行添加**的招聘计划，在这里即为名称为“1”的招聘计划，如图 3－14 所示。

招聘计划信息列表

全选	招聘计划名称	职位名称	部门名称	计划费用	招聘数量	开始时间	结束时间	状态	操作
☑	1	默认职位	规划编制处	1000.00 元	1 人	2009-10-01	2009-10-31	发布中	暂停 停止
☐	规划编制	默认职位	规划编制处	1000.00 元	1 人	2009-10-01	2009-10-31	已暂停	停止 重新发布 查看

记录总数：2 总页数：1 当前页：1　　首页 上一页 [1] 下一页 尾页

导出

图 3－14　岗位发布停止界面

7. 导出招聘计划

根据提示，下一步骤为“导出招聘计划”。点击列表下方的【导出】，如图 3－15 所示。

招聘计划信息列表

全选	招聘计划名称	职位名称	部门名称	计划费用	招聘数量	开始时间	结束时间	状态	操作
☑	1	默认职位	规划编制处	1000.00 元	1 人	2009-10-01	2009-10-31	已完成	查看统计信息
☐	规划编制	默认职位	规划编制处	1000.00 元	1 人	2009-10-01	2009-10-31	已暂停	停止 重新发布 查看

记录总数：2 总页数：1 当前页：1　　首页 上一页 [1] 下一页 尾页

导出

图 3－15　招聘计划导出界面

8. 简历添加

根据提示，下一步骤为“简历添加”。

选择“招聘管理”下的【工作申请审批】。点击操作下方的【工作申请审批】，如图 3－16 所示。

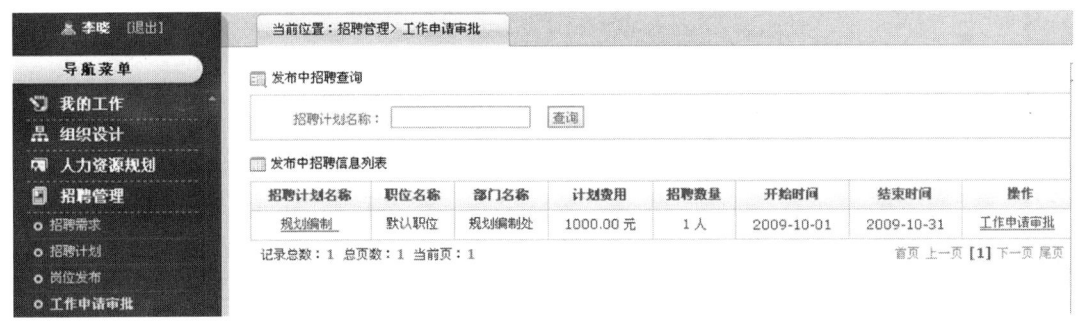

图3-16 工作申请审批界面

点击【添加简历】,如图3-17所示。

图3-17 简历添加界面

填写简历相关信息,点击【下一步】,如图3-18所示。

图3-18 简历填写界面

9. 工作申请审批

根据提示,下一步骤为"工作申请审批"。

切换用户,进入**普通科长王海**的账户。对该工作申请进行审批,点击操作下方的【审批】,如图3-19所示。

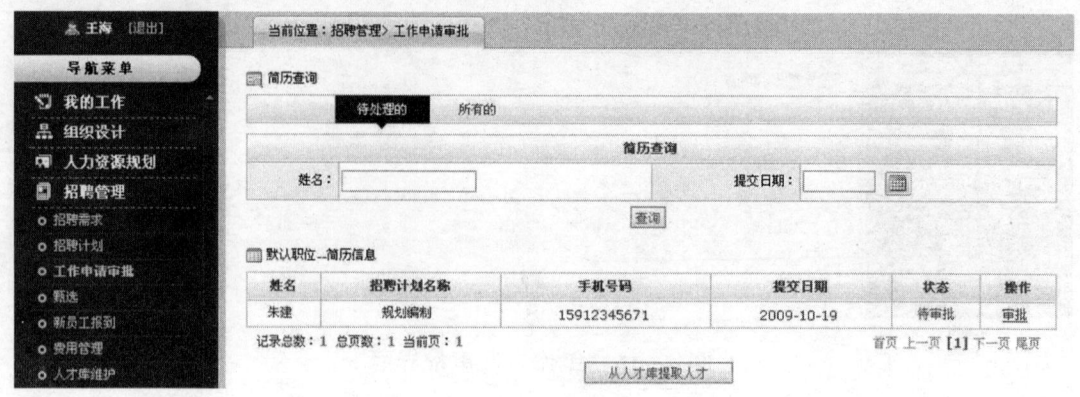

图 3-19　工作申请待审批界面

切换用户，进入**人事科长李明**的账户，进行二次审批。接着，切换用户，进入**处长王军**的账户，进行三次审批。经过这三次审批，该审批过程才算完成。

根据提示，下一步骤为"考试审批"。

切换用户，进入**普通科长王海**的账户。选择"招聘管理"下的【甄选】。

甄选分为四个审批，分别是考试审批、复试审批、面试审批和决策审批。

（1）考试审批和复试审批的过程是一样的，都是先由**普通科长王海**进行审批，接着切换用户，由**人事科员李晓**进行审批。

（2）面试审批是先由**普通科长王海**进行审批，接着切换用户，由**人事科长李明**进行审批。

（3）决策审批是先由**人事科长李明**进行审批，接着切换用户，由**处长王军**进行审批。如图 3-20 所示。

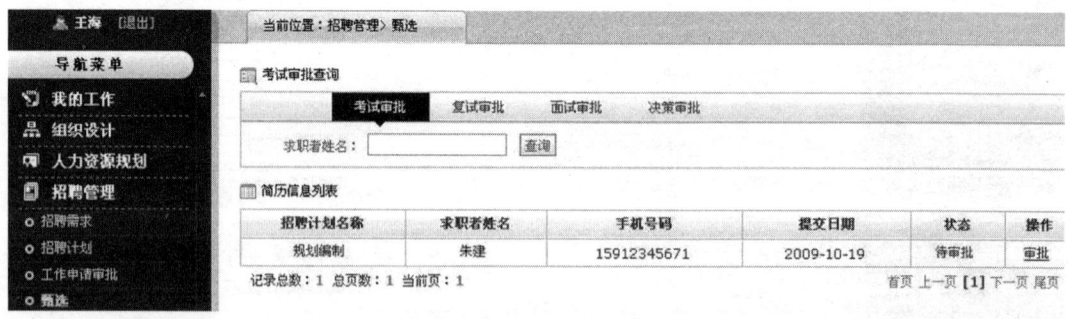

图 3-20　甄选界面

10. 体检

根据提示，下一步骤为"体检"。

切换用户，进入**人事科员李晓**的账户。

选择"招聘管理"下的【体检】，点击操作下方的【体检】，如图 3-21 所示。

填写体检基本信息，点击【提交】，如图 3-22 所示。

图 3－21　体检界面

图 3－22　体检信息填写界面

11. 录用信息发布

根据提示，下一步骤为"录用信息发布"。

选择"招聘管理"下的【录用信息发布】。点击操作下方的【发布】，如图 3－23 所示。

图 3－23　录用信息发布界面

填写能力价值所占比重，点击【发布】，如图 3-24 所示。

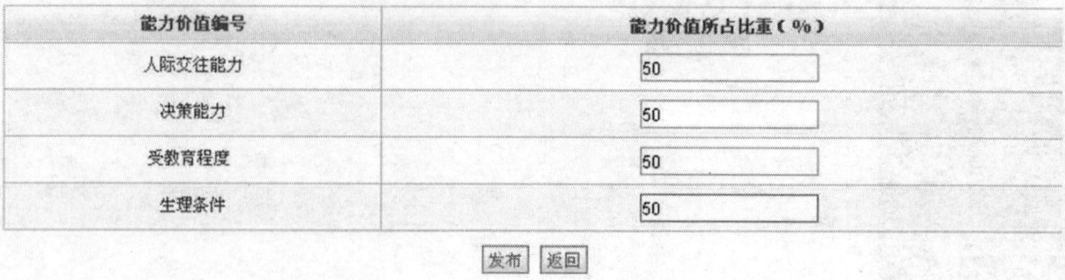

图 3-24 能力价值所占比重填写界面

12. 新员工报到

根据提示，下一步骤为"新员工报到"。

选择"招聘管理"下的【新员工报到】。点击操作下方的【报到】，如图 3-25 所示。

图 3-25 新员工报到界面

填写新员工的基本信息以及岗位信息，点击【确定】，如图 3-26 所示。

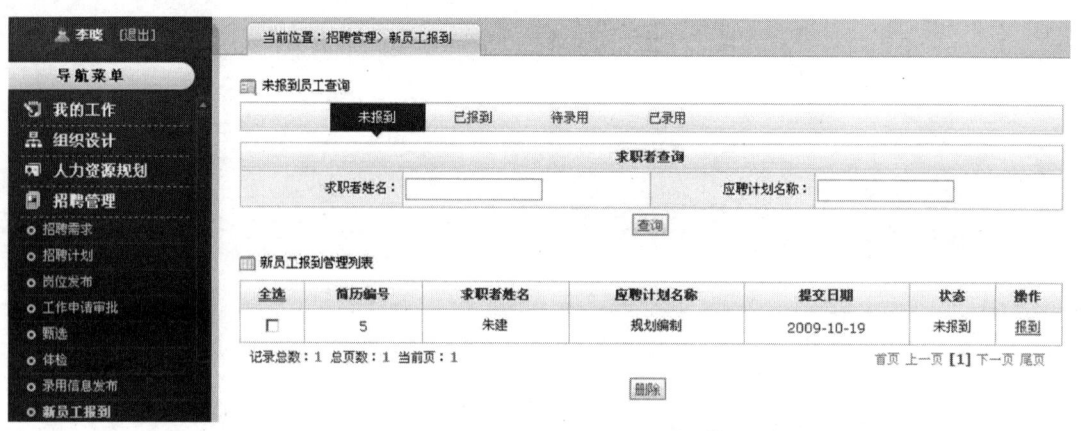

图3-26 新员工基本信息和岗位信息填写界面

13. 新员工录用审批

根据提示，下一步骤为"新员工录用审批"。

切换用户，进入**普通科长王海**的账户。在"已报到"状态下，对新员工进行审批，点击操作下方的【审批】，如图3-27所示。

图3-27 新员工报到管理列表界面

填写审批说明，选择要执行的操作，点击【确定】，如图3-28所示。
切换用户，进入**人事科长李明**的账户，对该用户录用进行再次审批。

14. 新员工制订合同

根据提示，下一步骤为"新员工制订合同"。

在"待录用"状态下，点击操作下方的【制订合同】，如图3-29所示。

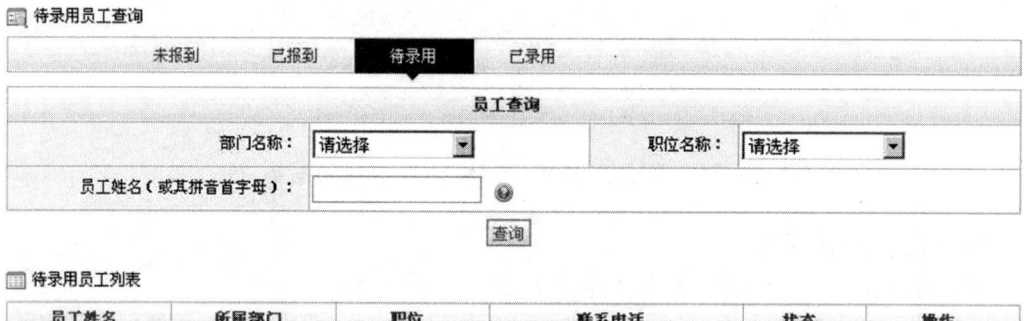

图 3–28　员工录用审批界面

图 3–29　制定合同界面

设置合同相关信息，点击【下一步】，如图 3–30 所示。

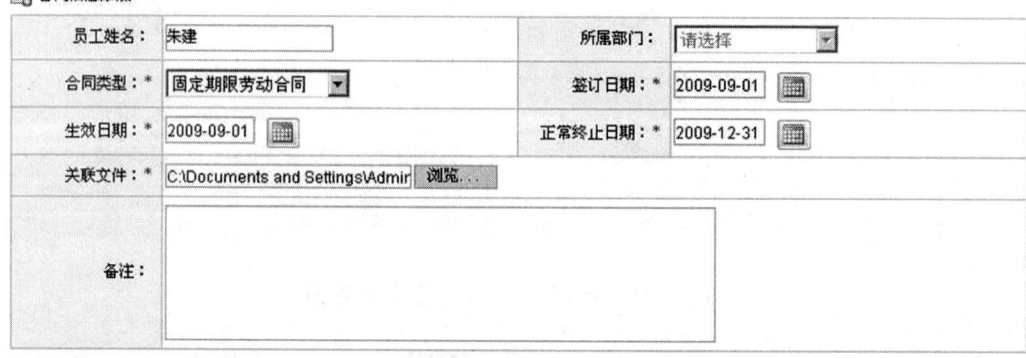

图 3–30　合同信息添加界面

填写合同内容，点击【确定】，如图 3-31 所示。

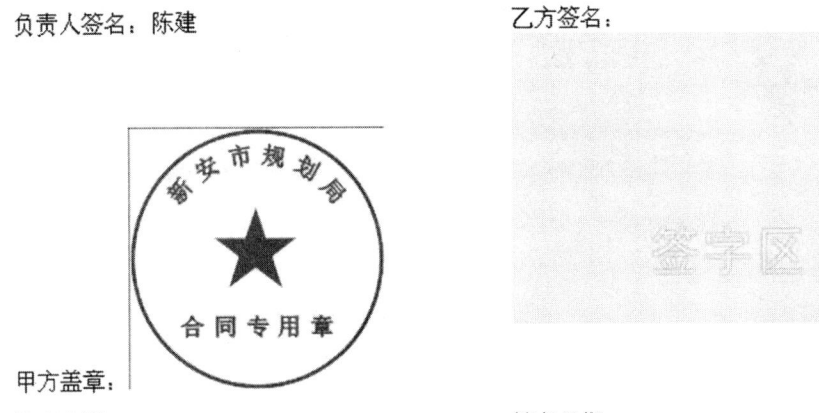

图 3-31　合同内容填写界面

由于招聘计划已经完成，所以返回"岗位发布"，将名为"规划编制"的招聘计划停止。并**授权朱建为财务科员**。

选择"招聘管理"下的【录用评估】。选中这两个招聘计划，选择评估方式，依次进行评估，如图 3-32 所示。

图 3-32　录用评估界面

15. 招聘费用添加

根据提示，下一步骤为"招聘费用添加"。

切换用户，进入**人事科员李晓**的账户。

选择"招聘管理"下的【费用管理】，点击【申请】，添加招聘费用，如图 3-33 所示。

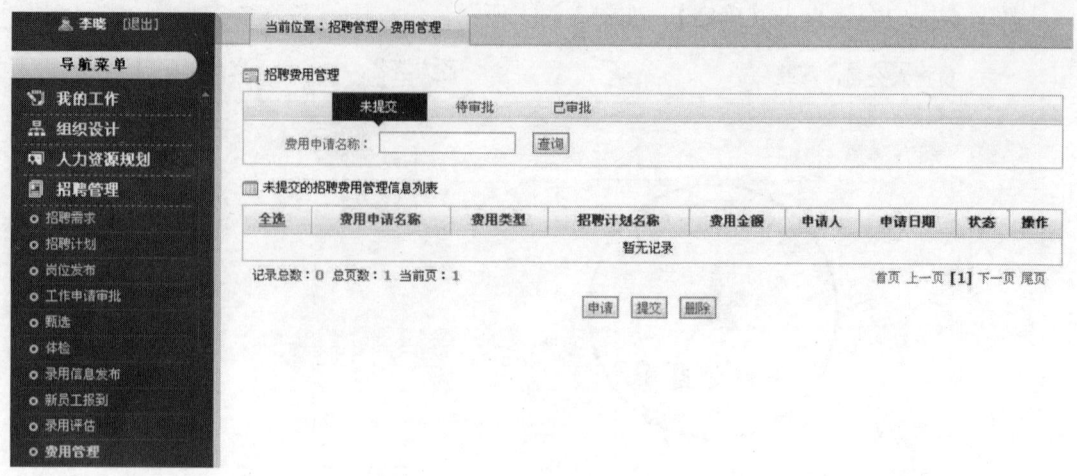

图3-33　费用管理界面

由于费用的添加涉及费用类型的选择，所以，这里我们先添加费用类型。选择"系统配置"下的【费用类型配置】，添加费用类型。在招聘模块添加招聘费用，在培训模块添加培训费用，如图3-34所示。

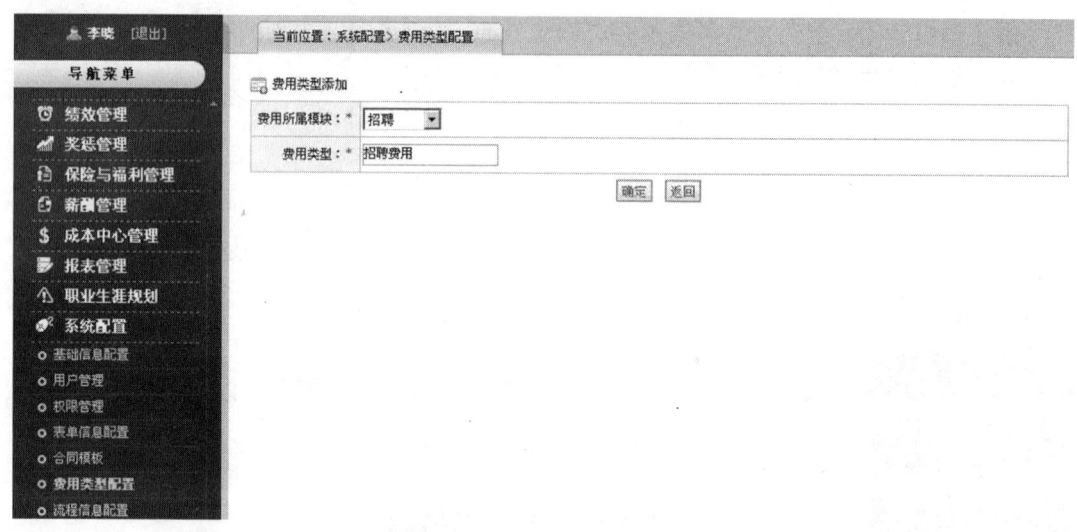

图3-34　费用类型配置界面

此时再回到"招聘管理"下的【费用管理】，进行费用的添加。填写费用申请的具体内容，点击【确定】，如图3-35所示。

16. 招聘费用审批

根据提示，下一步骤为"招聘费用审批"。

将填写的费用申请进行提交，选中该费用申请，点击【提交】，如图3-36所示。

依次切换用户，进入**人事科长李明、财务科员朱建、财务科长吴兵、处长王军**的账户，对费用进行审批。经过这样一个审批过程，才算完成。

图 3-35　费用管理界面

图 3-36　招聘费用提交界面

17. 人才库添加

根据提示，下一步骤为"人才库添加"。

选择"招聘管理"下的【人才库维护】。添加人才库，如图 3-37 所示。

图 3-37　人才库添加界面

第四章

人事管理

【学习目标】
了解人事管理的概念，掌握人事管理的内容和主要任务。

【引导案例】
随着大数据时代的不断推进，人们的生活也发生了巨大的改变。目前，国内的医疗体系正处于改革的重要时期，对医院管理制度的要求也越来越高，要求医院必须给予患者更优质的医疗服务。而医院管理制度的重点就是医院的人事制度管理，为了迎合大数据时代的发展需求，医院必须不断地对自身的人事管理进行创新，这样方能有效地提升自身的服务质量，保障自身的可持续发展。

启发问题：
1. 该如何创新大数据时代医院人事管理的策略？
2. 开展医院人事管理创新有什么必要性？

第一节 实验基础知识

一、人事管理概述

1. 人事管理的概念

人事管理是人力资源管理发展的第一阶段（有时也作为广义的"人力资源管理"的代称），是有关人事方面的计划、组织、指挥、协调、信息和控制等一系列管理工作的总称。通过科学的方法、正确的用人原则和合理的管理制度，调整人与人、人与事、人与组织的关系，谋求对工作人员的体力、心力和智力作最适当的利用与最高的发挥，并保护其合法的利益。

人事管理是指组织运用一定的手段和方法，有效地把人的因素与物的因素合理地组合在一起，从而发挥其各自的作用，实现组织的管理目标。它既指一种管理实践活动，即如何让人做事和事得其人，所谓人事两宜或适人适事，又指一门科学，即研究人事管理活动的科学。

2. 人事管理的起源与发展

人事管理一词本意是"人员管理"。日本译为"人事管理",后被普遍采用。人事管理作为一门科学,起源于美国。人事管理的实践同人类社会的历史一样悠久。原始社会的部落管理,奴隶社会的军事组织和生产组织等,从某种意义上说,都属于人事管理。但在人类社会相当长的历史时期中,人事管理并没有形成科学的管理理论。

到20世纪初,一些受商业、工厂和政府部门聘用的管理人员、科学家和工程师,从提高经济效益和工作效率出发,总结和运用历史上的人事管理经验,解决劳动和劳动管理中的问题,从而使人事管理上升到了科学管理的阶段。当时的人事管理指的是私人企业中员工的选拔和任用,初称为劳动管理,继而称为雇佣管理,后称为工业关系,20世纪20年代后称为人事管理。

中国的人事管理与科举制度密切相关。从秦始皇统一中国到南北朝时期,中国的人事管理已具雏形。两汉时期起,朝廷在选拔用人方面,采用了察举与征辟、策试、上书言事等多种办法,建立了考绩制度和培训机构(官学和私学),出现了爵(等级)、位(职务)、禄(工资)的分开管理方法。隋唐以后,科举制度(即选人用人制度)发展到了成熟阶段,实行了考试、培训、调动、任免、俸禄、退休等一系列制度,建立了专管考试、考核、任免、奖惩、监察等管理机构,形成了一套完整的封建官僚的人事制度。这种制度一直延续到明清时代。现代的人事管理,是进入20世纪后才从西方传到中国的。

中华人民共和国的人事管理,是在革命根据地人员管理的基础上,适应社会主义革命和社会主义建设的需要逐步建立起来的。它是组织管理的一个重要组成部分,管理的对象是机关、团体、企业和事业单位的工作人员,管理体制是实行中央统一领导和分级分部门管理相结合的原则。在中国,凡是关系到工作人员本人、工作人员相互之间、工作人员与组织之间的事务,都是人事管理的内容。具体包括工作人员的吸收录用、招聘、调配、使用、培训、交流、岗位责任制(职位分类)、考核、奖惩、任免、升降、工资、福利、统计、辞退、退职、退休、抚恤和人事研究等一系列管理工作。由于人事管理内容的不断发展,从而出现了专门从事人事管理的部门。

二、人事管理的内容和主要任务

1. 人事管理的内容

(1)招聘。

招聘即根据工作岗位对任职者的资格要求,通过各种渠道和方法选拔人员,把他们安排到合适的工作岗位上。招聘是全部人事管理的基石。中国国家机关、企业、事业单位在编制定员内需要补充工作人员时,根据招录的条件和要求,除了从高等学校、中等专业学校毕业生和从现有的工人中遴选外,可以从社会上的待业人员中录用。录用工作人员必须进行德、智、体全面了解,一般采取考试或考核的办法,择优录用。工作人员被录用以后,要有一定的试用期。试用期间,由主管领导对被试用人员的思想品质、专业技术水平、工作能力和身体状况等，进行全面认真的考察。试用期满后，根据考察结果，对符合条件的予以正式任用。正式任用后其工资福利待遇按国家现行有关规定办理，其地位、权利和义务得到法律保护。

（2）调配。

调配是人事管理中的一项经常性的工作。由于工作的人事管理需要，或为达到在职训练的目的，或为调整"人与人""人与事"的关系，或为照顾工作人员本人及其家庭的困难，常常采取调动工作人员工作岗位的措施。调配工作人员必须按照国家编制和人员结构要求以及企业单位生产人员与非生产人员的合理比例，本着学以致用、适才适所、发挥特长的原则进行。员工能力和其他素质随时间的推移和主客观条件的变化处于动态之中，这就需要人事管理工作者去发现这种变化，并结合组织管理的实际，适时地调整其工作岗位，从而达到人与事的最佳结合，所谓"人尽其才、才尽其用、事得其人、事尽其功"和谐的人事境界。

（3）培训。

首先，当新员工进入组织后，人事管理的一项迫切工作便是根据组织管理和工作的需要对其进行培训，内容包括组织文化、涉及员工的各项管理制度、职责、工作流程和工作标准等，使其尽快融入组织和适应工作岗位，完成组织赋予的任务。其次，当员工的工作岗位发生变动后，也要对其进行相应的培训。最后，为提高员工素质和技能，使其获得更多更好的发展机会，也需要对员工进行再教育和再培训。

（4）考核。

公务员任职上岗后，为促使其按期按量按质完成工作任务和目标，需要对工作效果进行考核或评估，然后根据考核结果实施奖惩，以激励先进、鞭策后进，形成"见贤思齐，见不贤而自内省"群体向上的积极氛围，促进组织目标的实现，以及对工作人员的政治、业务素质和工作实绩的考察了解。考核是人事管理中的一个基本要素，是"用人行政"的基础。通过考核，全面了解工作人员的优劣短长，可以为识别、使用、培训、调动、奖惩工作，以及贯彻实行按劳分配原则提供可靠的依据，也是激励先进、鞭策后进、巩固岗位责任制的重要措施。考核要以德才为基本标准，以考绩为重点，全面的从德能勤绩四个方面加以考核。

（5）薪酬。

公务员履行其职责，需要给予应有的报酬，解决公务员本人及其供养人口的物质需要，从而使其安心工作。因此，组织需要根据工作量的多寡、责任的轻重、所需技能要求、工作条件、任职年限等设计薪酬制度，做到按劳分配，回报与贡献形成有规律的比例关系。

（6）劳动关系管理。

员工进入组织后，就与该组织形成契约基础上的劳动关系（雇佣与被雇佣的关系），确定各个工作职位及其任务，以及各个岗位人员必须具备的条件，同时还要相应地规定其应有的责任和权力。因此，人事管理的一个必要的职能便是对这种关系实施管理，包括劳动合同管理、职业安全卫生管理、劳动争议与处理等。

2. 人事管理的主要任务

（1）组织。

组织即制定、修改关于权限和职能责任的组织结构，建立双轨的、相互的、纵向及横向的信息交流系统。

（2）计划。

计划即预测对于工作人员的需求，做出人员投入计划，并对所需要的管理政策和计划做出预先设想。

（3）人员的配备和使用。

人员的配备和使用即按照工作需要，对工作人员进行录用、调配、考核、奖惩、安置等。

（4）培训。

培训即帮助工作人员不断提高个人工作能力，进行任职前培训和在职培训。

（5）工资福利。

工资福利即根据按劳分配的原则，做好工作人员的工资定级、升级和各种保险福利工作。

（6）政治思想工作。

思想政治工作即通过各种教育方式，提高工作人员的思想政治觉悟，激励工作人员的积极性、创造性。

（7）人事管理研究。

人事管理研究即对工作情况和程序进行总结、评价，以便改进管理工作。

三、任 职 方 式

1. 选任制

选任制指由法定选举人投票，经多数通过，决定公务员职务的任免。可分为直接选任和间接选任两种，任期有限。我国各级人民政府的组成人员就是通过各级人民代表大会及其常委会选举产生或决定任命的。一般说来，选任制能较好地反映人民群众的意愿，体现民主管理的原则，并且有利于克服官僚主义。但是，由于最能得到选民拥护的人不一定就是最优秀的公务员，因而实现选任制时，必须完善选举制度，加强选举工作的民主管理，培养人民群众的民主意识，使人民群众能真正行使并善于行使自己的民主权利，严禁各种非组织活动和派别活动。

2. 委任制

委任制指由有任免权的机关按照公务员管理权限直接委派其辅助人员或执行人员担任一定公务员职务的行免形式。我国公务员的委任制包括各级国家权力机关对领导职务、序列公务员的提名、任命，也包括政府各部门领导机关对本单位各级行政负责人和普通公务员的委任。委任制的优点是权力集中，指挥统一，任用程序简单明了，有利于配备能够合作共事的工作人员。但有时也容易受个人主观片面性的影响，难以从法律上制度上杜绝用人中的不正之风,容易出现压制民主、任人唯亲等现象。因此,实行委任制必须对行政主管领导委任权的使用条件、范围有一定的限制;对委任对象的资格条件、能力水平有一定的明确规定;同时,还要注意走群众路线,严格按照规定的程序办事,以防止各种不正之风及主观随意性的出现。

3. 考任制

考任制指国家公务员管理机关根据统一标准,按照公开考试、择优录用的程序任用国家公务员的形式。它遵循公开、民主、平等、竞争、择优录用的原则,具有较高的科学性和实用性。它可以最广泛地选拔优秀人才,防止任用工作中的不正之风。它的缺点是,统一考试的形式具有一定的局限性,很难全面充分反映出应试者的实际工作能力。

4. 聘任制

聘任制是一种通过聘任和应聘双方签定聘约,聘请人员担任公务员职务的任免形式。合同期内,在法律的监督和保护下,双方履行各自的责任和义务;合同期满,根据双方的协商情况,可继续聘任,也可解聘。它可分为公开招聘和限制范围聘任两种形式。

第二节 系统综述

一、系统简介

人事管理主要是对员工基本信息的一些数据维护。人事管理模块可以方便企业更好地对员工进行管理,对员工的一些历史资料和现有资料进行详细的统计了解。

奥派公共部门人力资源管理教学系统软件中的人事管理模块包含员工添加、合同签订、任职提名、任职审批、免职申请、调入申请、调出申请、变动申请、转任申请、挂职申请、回避申请、离职申请、辞退申请、离休申请、退休申请以及强制退休管理,学生可以更加熟悉公共部门对人员的管理过程。

二、实验流程

人事管理实验流程如图4-1所示。

三、实验目的

通过科学的方法、正确的用人原则和合理的管理制度,调整人与人、人与事、人与组织的关系,谋求对工作人员的体力、心力和智力作最适当的利用与最高的发挥,并保护其合法的利益。

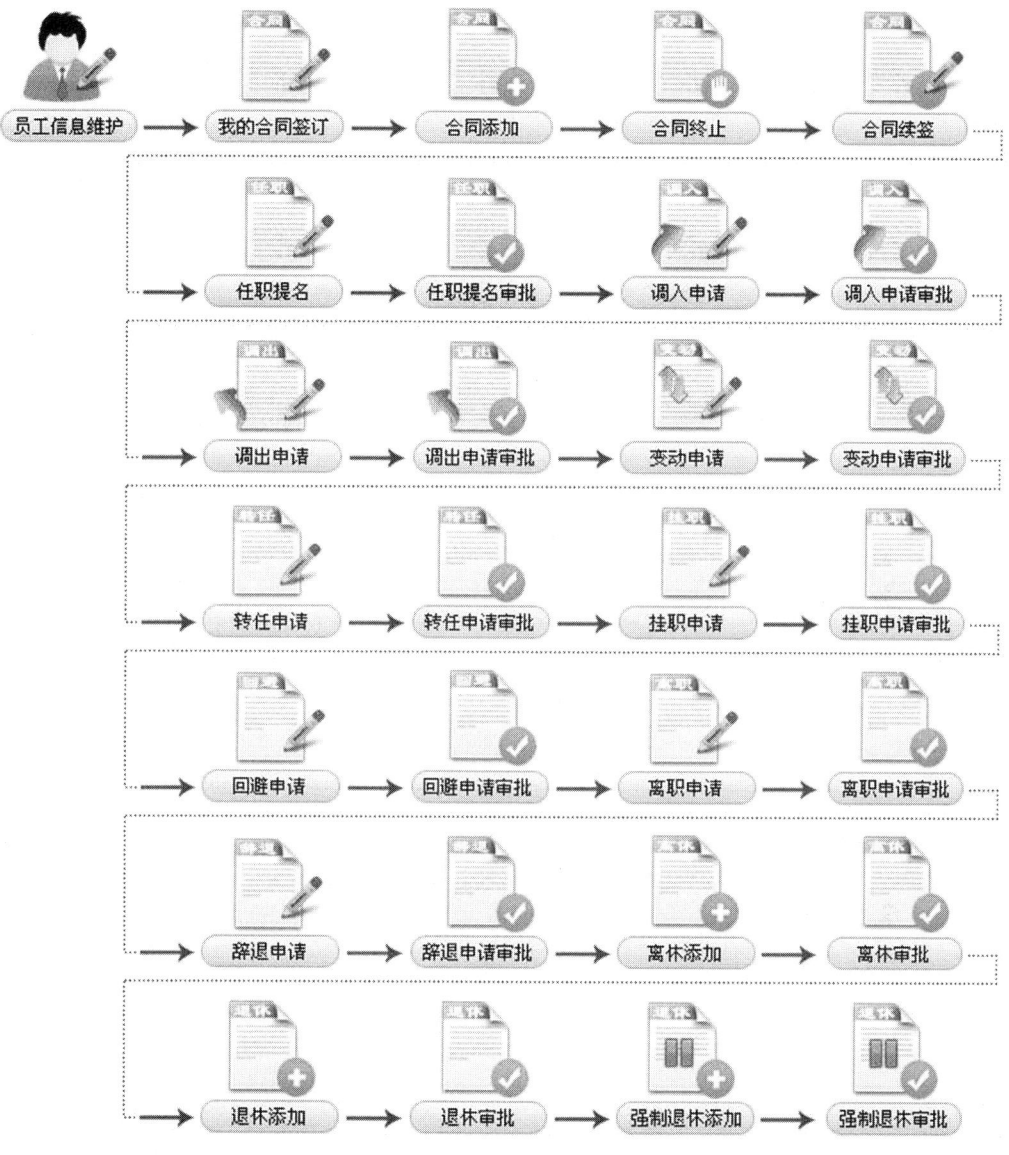

图 4-1 人事管理实验流程

第三节 实验指导

一、实验情景

人事部门可以对员工信息进行管理，查看他们的合同，并及时对将要到期的合同进行处理，选择是终止还是续签。人事科员能够进行任职提名、免职、调入、调出、变动、转任、挂职、回避、离职、辞退、离休、退休以及强制退休的申请，这些申请均需要通过层层审批方能实现。

二、实验数据

具体实验数据如表 4-1 至表 4-3 所示。

表 4-1　　　　　　　　　　员工信息添加

员工姓名	顾叶	部门名称	
身份证号	320104197908011238	性别	女
籍贯	新安	雇佣类型	全职
出生年月	1979.08.01	民族	汉族
毕业院校	南京大学	专业	经济学
文化程度	本科	手机	15912345678
联系地址	福建路 8 号	电子邮件	guye@126.com
联系电话	83400008		
工号	AllPass_N_07	入职时间	2017-01-01
参加工作时间	2005-01-01	带薪休假天数	5 天
职位工资	500 元		
绩效系数	100	绩效工资	200 元
社保基数	1455 元	公积金基数	500 元

表 4-2　　　　　　　　　　合同添加

员工姓名	顾叶		
合同类型	固定期限劳动合同	签订日期	2017-01-01
生效日期	2017-01-01	正常终止日期	2017-12-31

表 4-3　　　　　　　　　　任职提名

任职提名名称	规划编制处处长
员工姓名	顾叶
任职方式	考任制
所属职位	默认职位
执行时间	2017.10.22
详细信息	原职：普通科员 提名：规划编制处处长
考核信息	通过
任职原因	工作表现突出

三、实验任务

员工添加；合同签订；任职提名；任职审批；免职申请；调入申请；调出申请；变动

申请；转任申请；挂职申请；回避申请；离职申请；辞退申请；离休申请；退休申请；强制退休管理。

四、实验步骤

完成任务四后，自动弹出任务五的接受窗口，点击【接受】，如图4-2所示。

图4-2 人事管理任务接受界面

1. 员工添加

根据提示，下一步骤为"员工添加"。

进入**人事科员李晓**的账户，选择"人事管理"下的【员工信息】，可以查看现有员工列表，并可以进行编辑。点击列表最下方的【添加】，进行新员工的添加。

填写新员工顾叶的基本信息以及岗位信息，点击【确定】，如图4-3所示。

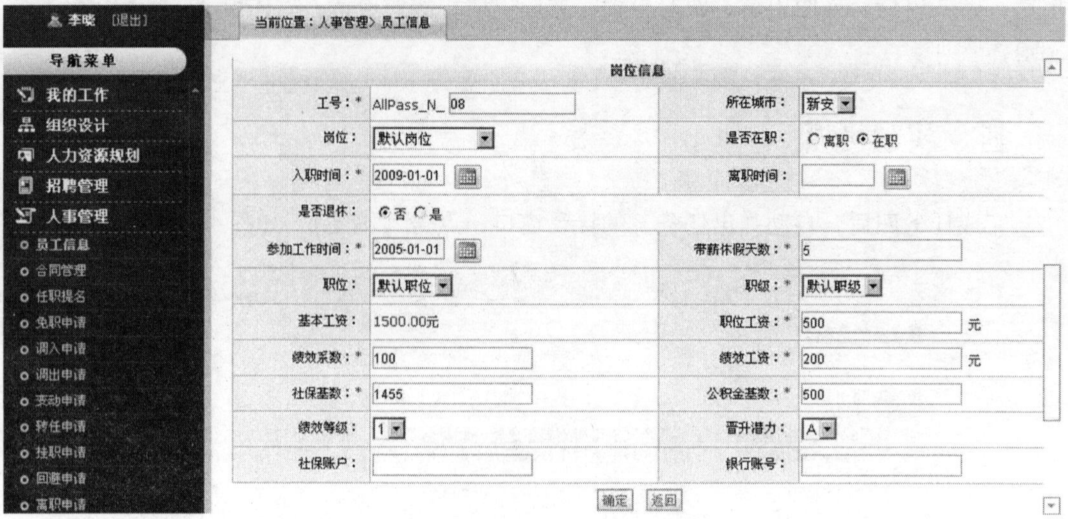

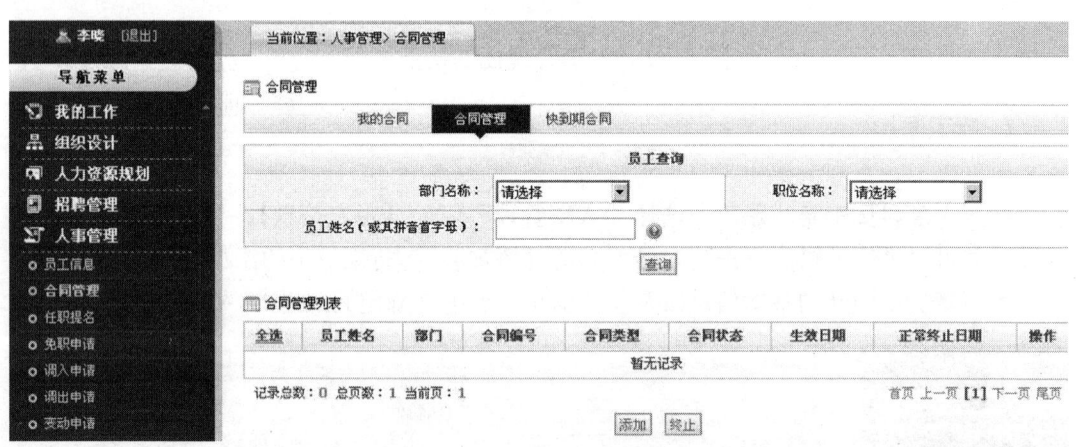

图4-3 员工信息添加界面

添加完成之后，授权顾叶和张玲为普通科员。

2. 合同签订

根据提示，下一步骤为"合同签订"。

选择"人事管理"下的【合同管理】，在"合同管理"状态下点击【添加】，如图4-4所示。

图4-4 合同管理界面

选择员工、合同类型等，点击【下一步】，如图4-5所示。

填写合同的具体内容，点击【确定】，如图4-6所示。

切换用户，进入**普通科员顾叶**的账户。选择"人事管理"下的【合同管理】，能够查看该合同，状态为"未签订"，点击操作下方的【签订】，如图4-7所示。

确认合同信息，点击【签订】，如图4-8所示。

图 4-5　合同添加界面

图 4-6　合同具体内容填写界面

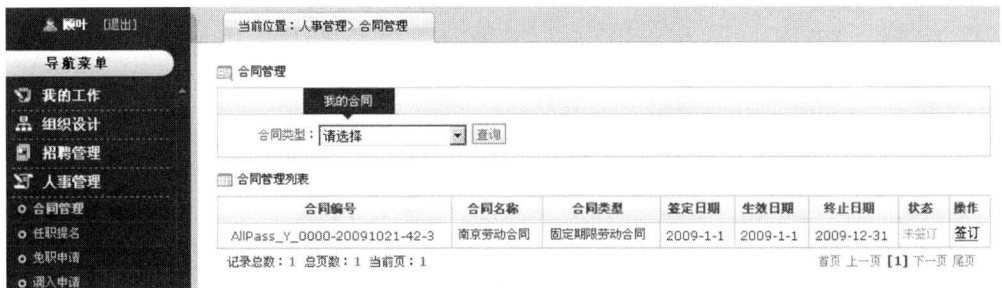

图 4-7　合同签订界面

合同信息签定			
员工编号：	9	员工姓名：	顾叶
所属部门：	--	合同类型：	固定期限劳动合同
合同编号：	AllPass_Y_0000-20091021-42-3	签订日期：	2009-01-01
生效日期：	2009-01-01	正常终止日期：	2009-12-31
关联文件：	[新建 文本文档]		
备注：			

[签定] [返回]

图 4-8　合同信息签订界面

在"乙方签名"处，签上自己的姓名，点击【确定】，则合同签订成功，如图 4-9 所示。

负责人签名：陈建　　　　　　　　　乙方签名：

甲方盖章：

签章日期：2009-01-01　　　　　　　签名日期：2009-10-21

[确定] [返回]

图 4-9　合同签订成功界面

切换用户，进入**人事科员李晓**的账户。按照上述方式，为张玲再添加一份合同，合同终止日期设置为当前日期一个月之内。在"快到期合同"状态下，选中需要终止的合同，点击列表下方的【终止】，如图 4-10 所示。

合同管理列表								
全选	员工姓名	部门	合同编号	合同类型	合同状态	生效日期	正常终止日期	操作
☑	张玲	规划编制处	AllPass_Y_0000-20091021-42-5	固定期限劳动合同	已生效	2009-10-1	2009-10-31	续签 导出附件
☐	吴兵		AllPass_Y_0000-20091021-42-4	固定期限劳动合同	已生效	2009-10-1	2009-10-31	续签 导出附件

记录总数：2 总页数：1 当前页：1　　　　　　　　　　　首页 上一页 [1] 下一页 尾页

[终止]

图 4-10　合同终止界面

3. 任职提名

根据提示，下一步骤为"任职提名"。

在"人事管理"下选择【任职提名】，进行申请。填写申请表，点击【提交】，如图 4-11 所示。

图 4-11　任职提名界面

4. 任职审批

根据提示，下一步骤为"任职审批"。

切换用户，依次进入**处长王军**、**局长陈建**、**任免机关陈建**的账户，对该申请进行审批①，如图 4-12 所示。

图 4-12　任职审批界面

---

① 局长和任免机关是同一人，因此不用切换用户，一人审批两次即可。

人事管理还包括免职申请、调入申请、调出申请、变动申请、转任申请、挂职申请、回避申请、离职申请、辞退申请、离休申请、退休申请以及强制退休管理，其操作方式均与任职提名相同。因此不再演示。

具体审批过程如下：

免职申请：处长王军——局长陈建——任免机关陈建

调入申请：局长陈建——任免机关陈建

调出申请：局长陈建——任免机关陈建

变动申请：普通科长王海——人事科长李明——处长王军

转任申请：人事科长李明——处长王军

挂职申请：局长陈建

回避申请：处长王军——局长陈建

离职申请：普通科长王海——人事科长李明——财务科长吴兵——处长王军

辞退申请：人事科长李明——财务科长吴兵——处长王军

离休申请：局长陈建

退休申请[①]：普通科长王海——处长王军——局长陈建

强制退休管理：处长王军——局长陈建

注意：由于这里进行的是人事管理，审批通过之后，必然会出现相应的人事变动，所以，我们的角色权限，需要重新设置。

普通科员、人事科员、财务科员：李晓

普通科长：张玲

---

① 注意，退休必须要到退休年龄。

第五章

培训管理

【学习目标】

通过本章的学习,了解员工培训的必要性以及我国现阶段培训的现状,掌握员工培训的方法和员工培训方案的内容,并学会对培训结果进行评估,会设计简单的员工培训方案。

【引导案例】

公务员培训作为公务员制度的一个重要环节,对于提高公务员的素质和技能、保证政府的高效运转具有重要的意义。但很多事情都有其两面性,如果组织不当,公务员培训的效果就会大打折扣,失去其应有的功能,不仅浪费资金,甚至助长官僚主义作风。

我国现有的公务员培训种类繁多,除了经常性的政治学习、业务培训、廉政教育、机关效能建设培训、专项培训、领导讲话和会议精神学习、出国考察培训等,不一而足。表面看来,这些培训都很有必要,但实际效果如何却少有人关心,甚至出现政治学习时间打麻将的怪事。由于培训数量多、规模大,大大增加了"三公"费用,政府财力不堪重负。更有甚者,不知从何时开始,很多政府部门都兴建了专门的培训基地,这是导致培训场馆所多如牛毛的一个重要原因,而且这些基地多建在风景名胜区或度假区。各级各类机关都有专门的办公楼,一般都配备了不同规格的会议室,培训完全可以在自己的办公楼里进行。另外,还有众多的党校、行政学院、大专院校和社会培训机构可供公务员培训之用,为什么还要建专门的培训基地?一个培训基地动辄几百万元,甚至上千万上亿元的基建费用,能容纳上百乃至几百人,难道真有那么多培训吗?实际情况却是,一些培训基地经常人去楼空,还需要有专门的人员负责管理,无形中又增加了费用和开支。有的还容易滋生腐败,将公共资源用于谋求部门利益或个人利益。

虽然有关部门出台了不少限制培训、考察的规定,但由于各级政府有足够的动力去举办各种各样的培训,从而使培训不断泛滥。其一,对领导者来说,组织公务员培训,除了可以借机宣传自己的施政主张和统一认识,还可以应付上级的各种任务和安排,增加自己的政绩资本,因为可以在提交给上级的总结报告中以此证明自己多么重视上级领导的命令和指示。其二,领导者一般会倾向于多组织一些项目和活动,因为有活动、有项目就有经费,有经费就有寻租空间,培训项目亦不例外。其三,万一工作没有做好,可以将培训当作挡箭牌,推卸责任。对于受训者来说,培训可以摆脱繁重的业务工作的困扰,放松身心,而且培训期间的所有费用都是公家支付,一般都是住得好、吃得好,更重要的是玩,现在很多赴外地的考察培训,往往是考察学习一天半天,然后花几天的时间游玩,"公费旅游为主,学习考察为辅"。此外,培训学习可以积累人脉资源,除了有利于日后业务上的沟通联系,更重要的是可以互通官场规则,以备将来不时之需,何乐而不为?因此,无论领导者还是受训者都对培训学习乐此不疲,久而久之,"培训油子"就会蔓延。

> **启发问题：**
> 1. 针对案例中的"培训油子"，应该采取什么措施进行管理才能减少这类人的存在？
> 2. 试分析导致一个时期以来公务员培训泛滥的原因。
> 3. 请提出治理培训泛滥的相关对策和建议。

第一节 实验基础知识

一、培训管理的概念与特点

1. 培训管理的概念

公共部门一直以来非常重视员工的培训工作，特别是第二次世界大战以后，各国政府相继开展了公务员培训的工作，并将其规范化和法制化。如英国议会于 1964 年通过了《工业训练法》，1973 年通过了《就业与训练法》；美国国会于 1958 年通过了《政府雇员训练法》；中国国家人事部于 1985 年发布了《国家公务员出国培训暂行规定》，1996 年颁布了《国家公务员培训暂行规定》。

培训是一种有组织的知识传递、技能传递、标准传递、信息传递、信念传递、管理训诫行为。目前国内培训以技能传递为主，时间则侧重上岗前。为了达到统一的科学技术规范、标准化作业，通过目标规划设定、知识和信息传递、技能熟练演练、作业达成评测、结果交流公告等现代信息化的流程，让公职人员通过一定的教育训练技术手段，达到预期的水平提高目标，提升战斗力，个人能力、工作能力的训练都称为培训。培训是给新员工或现有员工传授其完成本职工作所必需的正确思维认知、基本知识和技能的过程。基于认知心理学理论可知，正确的职场认知（内部心理过程的输出）传递效果才是决定培训效果好坏的根本。其主要目的是使员工获得目前工作所需的知识和能力，帮助员工完成好当前的工作。

培训管理是增长员工知识、提高员工工作能力的锐利武器。它结合组织人力资源管理实际，从培训需求分析、计划制订、组织与实施、效果评估的基本流程来阐述如何把培训管理工作做到位，构建有效的公共部门员工培训系统，不断加强和改善培训工作，以取得人力资源上的优势。

简单地说，培训需求分析就是要了解公共部门（公职人员）为什么要培训与开发（why），谁需要培训与开发（who），培训与开发什么（what），以及培训与开发应该达到什么样的目标的过程。

2. 培训管理的特点

公共部门人力资源培训对个人和组织发展的重要性不言而喻。但在实际的管理活动中，它常常被作为一种被动的补救措施，也就是说，当组织被诊断出存在问题时，人们才会考虑到对员工的培训问题。这虽然是培训需求来源的一个方面，但不应是全部，它与现代人力资源发展与主动开发的观念还相去甚远。因此，充分认识到公共部门人力资源培训的必要性和作用，有助于在人力资源管理中以正确的观念和态度积极发展和完善培训制度、体系及其技术、方法。公共部门人力资源培训作为一种成人继续教育形式，表现出以下特点。

（1）针对性。公共部门人力资源培训以提高员工工作效率、改进工作方式为核心，它针对性强，培训的内容和方式围绕公职人员从事行政活动所必备的政治素质、职业道德以及知识、能力和技巧展开。

（2）终身性。公共部门人力资源培训是一种终身的、回归的继续教育，是常规教育的延续，属于"第二教育过程"，它伴随着员工个人职业生涯发展的始终。

（3）现实性。人力资源培训的内容是根据职位或职务的具体要求，向受训者灌输专门的知识和特殊技能，因此，必须以工作需要为着眼点，围绕员工的实际情况开展培训。

（4）灵活性。人力资源培训在教育时间、范围和方法上都针对实际工作需要，因此，形式更加灵活多样。

二、培训管理的内容与分类

1. 培训管理的内容

公共组织在开展培训活动之前，需要对培训需求进行分析。人力资源培训需求分析是指从长期发展目标或近期目标出发，采用各种方法和技术，对组织各层面及其成员的素质、知识、技能等进行系统地分析和评价，以确定是否需要开展培训及开展何种类型培训的活动。培训需求分析是进行培训规划的前提，其分析效果直接影响到培训方案的实施效果。包括组织层面、工作层面、人员层面的需求分析。

公共部门人力资源培训依赖一套完整的体系支持，这个体系由培训主管机构、教育机构和保障系统构成。人力资源培训的方法是指公共部门人力资源培训的教育机构在实施培训的过程中，按照一定的教育思想，设计和采用一定的教学形式和教学辅助形式，对公职人员进行知识和技能培养的一整套方法。培训评估通过对培训各个环节的检查和审定，及时向公共部门反馈培训信息，发现培训中存在的问题，以帮助公共部门改进培训方案，提高培训绩效。其对于改进计划和活动具有重要意义，组织可以从反应、学校、行为和结果四个层面评估公共部门人力资源培训活动。

2. 培训的类型

（1）新员工入职培训。

入职培训，主要是公共部门对每一个初入职的新员工介绍基本工作流程、行为规范、组织结构、人员结构和处理同事关系等活动的总称，目的是为了使公职员工尽快融入该组织。入职培训形式可分为两大类：一类是传统型培训形式，主要有在职培训、现场培训、讲座培训与程序化教学培训等；另一类是新型培训形式，主要有非正规学习培训、试听化培训、模拟式培训、远程网络培训、户外式培训与咨询式培训等。无论是传统型培训形式，还是新型培训形式，皆有其优劣性。关键是针对培训资源、培训对象等因素的特点，将其灵活组合，使其发挥最大效用。

培训主要包含四项基本内容。一是了解组织方面的设置。首先要介绍组织结构、组织物力环境及组织文化。二是了解员工福利。我们应该告诉公职人员发薪的日期、假期及法定节假日有哪些，培训和教育及福利有哪些，他的保险有哪些，还有组织给他提供什么特殊服务等。三是把新职员介绍给别人并带领他参观工作的地方。四是做好新职员的职业规划。职业生涯规划对调动职员积极性、提高忠诚度的作用不言而喻。职业生涯规划对于新员工来说，就是组织在新职员职业生涯规划方面进行积极探索，研究出各种新职员职业规划的方法。

（2）在职培训。

在职培训基本上采用在岗业余培训和离岗专门培训两种方式进行。在岗业余培训一般采用岗位培训、各种短期培训班、系列讲座、各类培训中心等形式。

在职培训与其他培训相比有很多优点。第一，不耽误工作时间。脱产培训需要职工暂时离开工作岗位，肯定给工作的连续性造成一定的影响。而在职培训则不同，在职培训将培训和工作紧密结合起来，融培训于工作之中，使培训和工作之间产生互动，使职工从工作中获得培训，从培训中获得更多的工作机会，从而获得更有价值和实际意义的提升。第二，节约培训费用。尽管培训不被看作成本而是投资，但它毕竟还是要产生费用。与脱产培训相比，在职培训可以节约大量的培训费用，同样2000元的费用，参加短训班的话也许只够一个人用，如果2000元买套光盘，则可以培训更多的人，让更多的人从中受益。第三，建立上级和下级之间的沟通渠道。通过在职培训增加上级和下级接触的机会，方便彼此的沟通，互相学习，建立彼此的信任基础和沟通渠道，让培训成为上级领导和下级职员沟通的方式。第四，更有针对性。培训既是提高职工能力的必需，更是解决问题的必需。在工作当中，上级和下级更容易发现问题并做出思考，在在职培训的观念指导下，上级指导下级思考问题，提出改进建议，加深职工的印象，使改进更有针对性和时效性。

三、培训的原则

为了实现培训目标和完成培训任务，在实施培训的过程中必须遵循以下几个基本原则：

1. 坚持战略原则

培训需要高瞻远瞩，从前瞻性的角度满足培训需求，明确组织中长期的培训目标，进而制定详细的培训计划，变被动为主动，保证培训工作循序渐进、井然有序，促使培训与组织发展战略相适应，与技能要求接轨，与组织文化协同。

2. 坚持按需施教、务求实效的原则

公共部门职位繁多，员工水平参差不齐，所以培训与开发应因人而异，分层次、分类别地开展内容丰富、形式灵活的培训，增强教育培训的针对性和实效性，将培训与开发向深度拓展、向细节延伸，确保培训质量。

3. 坚持培训人员、培训内容、培训时间三落实原则

培训与开发要重视员工参与和合作，充分调动他们的主动性、积极性和创造性，坚持培训人员、培训内容、培训时间三落实。

4. 坚持效益原则

从经济学的角度来讲，培训属于人力资源投资。因此，和其他投资一样，培训投资也要从投入产出的角度考虑效益大小及远期效益、近期效益等问题。培训应该努力提高干部培训与开发的质量和效果，使之真正成为提高组织持续竞争力的"发动机"，为组织创造效益；提高培训的投入产出比，实现培训与开发工作效益的最大化。

5. 坚持理论联系实际原则

培训与普通教育的根本区别在于，它特别重视和实际相结合，强调针对性与实践性。

组织发展需要什么、员工缺什么就培训什么，要克服培训脱离实际、向学历教育靠拢的倾向，不搞形式主义，讲求实效，学以致用。此外，培训应该根据组织发展状况及员工的特点来进行，既讲授专业技能知识和一般原理，提高受训者的理论水平和认知能力；又解决组织在经营管理中存在的一些实际问题，以提高组织的整体效益和管理水平。

四、培训管理的体系建设

1. 第一阶段

（1）制订并完善培训管理制度。

根据培训调查结果和执行反馈的情况调整现有的管理制度和流程。明确人力资源部培训机构、职能系统部门联系人、培训负责人的职责分工；明确培训管理体系的基础架构；建立公共部门基础培训管理平台；规范培训工作的管理；为培训工作的开展提供相应的管理依据。

（2）建设培训管理团队。

成立培训管理小组，开展对各管理团队培训负责人的相关培训，加强培训管理经验的沟通与交流。提升组织的培训管理意识和水平。通过建立组织间的管理机制，培养一支公共部门的专业培训管理团队。

（3）组建内部培训师团队。

制订《内部讲师团队管理办法》，选拔具有培训授课能力的优秀管理人员组成内部讲师团队。包括培养一批具有较高素质的公共课程培训师和产品专业培训师；保证每个部门有一名岗位技能培训师；确定各部门新员工带领人，并明确带领人职能和奖惩措施。

2. 第二阶段

（1）完善培训课程体系。

重点开发一线公务员的业务技能与服务意识培训课程和中层以上公务员职业素质培训课程。内容主要是各专业职能部门制订的标准化操作手册、职位说明书、工作流程等专业或系统公共课教材。引进重要职位所需的技能培训课程、管理技能课程。引进的方式有以下三种：派遣内部培训师参加外部培训课程，进行二次开发，形成部门内部培训课程；直接聘请外部培训师，形成外部培训课程及外部培训师团；外部购买光盘、书籍等形式。

（2）大力开展新职员培训、系统专业培训、营销培训、管理培训、储备人才培训等相关培训。

（3）做好培训项目的策划和宣传工作。

任何一个培训项目的开展，都需要通过精心的培训项目策划和宣传工作，营造良好的培训氛围，提高培训的有效性。针对不同的培训课程采取最适合的方式方法，如角色扮演、案例讨论与互动、课堂讲授、标杆人员事迹介绍、拓展训练等，精心策划培训的时间、地点和培训过程的安排以及培训后的考核评估和改进工作，同时最大限度地赢取部门高层的支持和参与，以提升培训效果。

3. 第三阶段

做好培训效果评估改进工作。为保证培训工作的效果，将通过满意度、知识层、行为层、业绩层等四个层次的培训效果评估结果，及时改进教材内容、讲师与授课方式、培训组织、培训跟进等方面的工作，以改善培训效果，从而使培训体系更符合公共部门发展以及公务员个人发展的需要。

第二节　系统综述

一、系统简介

培训是公共部门提高人力资源质量的重要途径，也是公共部门人力资源管理的重要内容之一。主要是指公共部门通过有计划的培训、教育和人员开发活动，提高员工的知识、技能和能力水平，改善员工的态度，以提高其工作效率，促进组织的发展和员工的成长。

培训管理是一个工作岗位。其工作内容包括培训与管理两个方面，具体体现为对培训机构、培训活动、培训资源、培训制度等的管理。培训管理指的是对培训过程的管理，可以理解为对单次培训活动、系列活动的需求调研、计划、实施、评估等环节；管理重点是指对培训资源、师资队伍、培训管理队伍等，也就是涉及培训的人、财、物的监管。培训管理，侧重于过程控制。

奥派公共部门人力资源管理教学系统软件中的培训管理系统，包含培训战略规划目标、在职员工培训需求分析、新员工培训需求分析、制定培训计划、培训计划的实施、培训效果的评估等模块，功能齐，结构清晰。让学生了解到培训对提高个人乃至公共部门的重要作用。

二、实验流程

培训管理实验流程如图 5-1 所示。

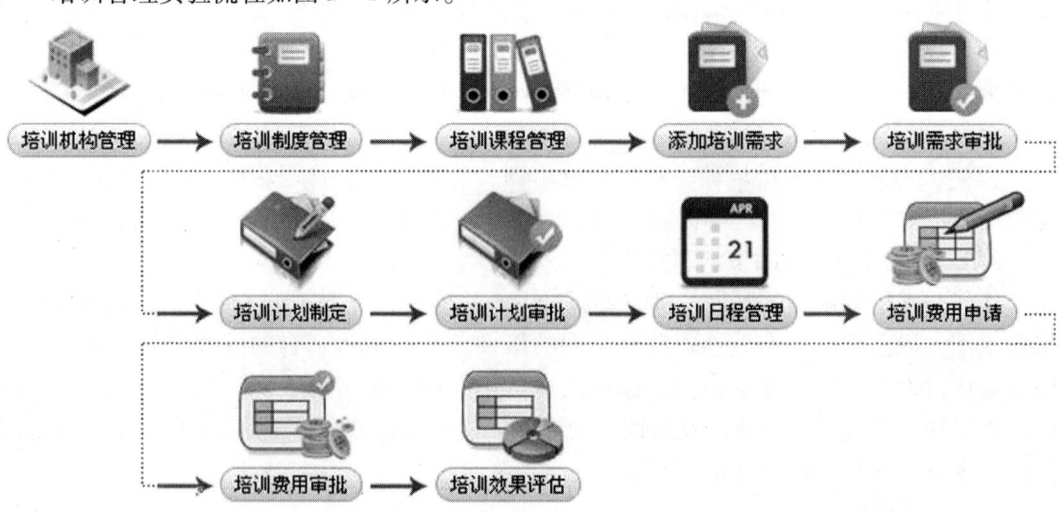

图 5-1　培训管理实验流程

三、实验目的

公共部门通过有计划的培训、教育和人员开发活动,提高员工的知识、技能和能力水平,改善员工的态度,以提高其工作效率,促进组织的发展和员工的成长。

第三节 实验指导

一、实验情景

新录用的人员需要进行职前培训,培训的内容包括政治理论培训、职业道德培训、政策法规培训、业务知识培训、文化素养培训以及技能训练的培训等。首先,要对培训机构以及基础资料进行管理;其次,要制定培训寻求、培训计划,并安排好日程,当培训结束后,对培训效果进行评估,管理培训费用。

二、实验数据

具体实验数据如表5-1至表5-7所示。

表5-1　　　　　　　　　培训机构

培训机构名称	新安区党校
机构性质	党校
机构定位	进行改革开放意识、中国特色社会主义信念、现代化建设知识和能力教育,以及开展国际培训交流合作的基地
办学目标	提高广大干部的政治思想素质
办学内容	党的优良传统、党性党风和国情教育
主干课程	政治理论培训、职业道德培训、政策法规培训、业务知识培训、文化素养培训以及技能训练的培训
教学形式	体验式、研讨式
班次特点	短期培训、专题研究
机构地址	新安市云南路1号
联系电话	025-83491111
联系人	赵鹏

表 5-2　　　　　　　　　　　　　培训课程添加

课程名称	政治理论培训
所属机构	新安区党校
课程简介	政治理论培训
课时	36
教师	赵鹏

表 5-3　　　　　　　　　　　　　培训需求

需求名称	党政培训
需求分析方法	绩效考核
需求内容	对公共部门新进人员进行政治理论培训、职业道德培训、政策法规培训、业务知识培训、文化素养培训以及技能训练的培训
期望培训时间	2017.10.22
期望培训人	李明

表 5-4　　　　　　　　　　　　　培训计划

培训计划名称	党政培训
培训单位	新安区党校
培训需求	党政培训
培训内容	对公共部门新进人员进行政治理论培训、职业道德培训、政策法规培训、业务知识培训、文化素养培训以及技能训练的培训
培训开始时间	2017.10.22
培训结束时间	2017.10.31

表 5-5　　　　　　　　　　　　　培训日程

日程内容	对公共部门新进人员进行政治理论培训、职业道德培训、政策法规培训、业务知识培训、文化素养培训以及技能训练的培训		
计划开始时间	2017.10.22	计划结束时间	2017.10.31
实际开始时间	2017.10.22	实际结束时间	2017.10.31
应出席人数	10	实际出席人数	10
日程总结	完成		

表 5-6　　　　　　　　　　　　　培训费用

费用名称	培训费用
培训计划名称	党政培训
费用类型	培训费用
费用金额	1000 元

表 5－7	培训效果评估
评估模型	柯氏评估模型
评估内容	反应层、学习层、行为层、效果层评估
评估实际	效果显著

三、实验任务

培训机构添加；培训规章制度添加；培训课程添加；提出培训需求；培训需求审批；培训计划制订；培训计划审批；培训日程管理；培训费用添加；培训费用审批；培训效果评估。

四、实验步骤

完成任务五后，自动弹出任务六的接受窗口，点击【接受】，如图 5－2 所示。

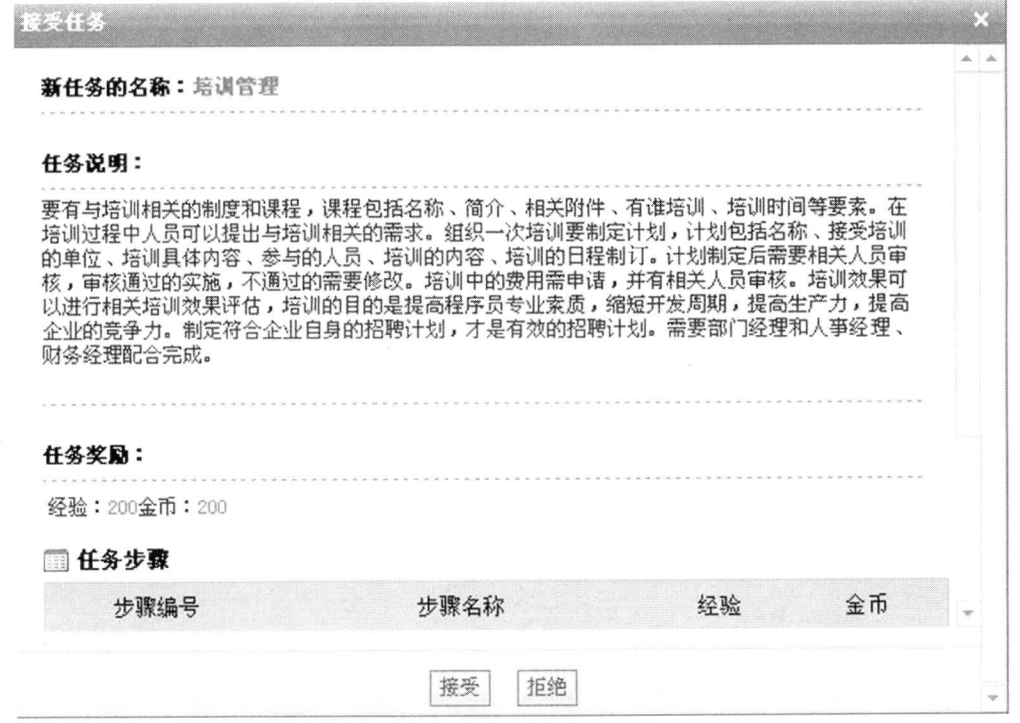

图 5－2　培训管理任务接受界面

1. 培训机构添加

根据提示，下一步骤为"培训机构添加"。

在**人事科员李晓**的账户，选择"培训管理"下的【培训机构管理】，点击【添加】，如图 5－3 所示。

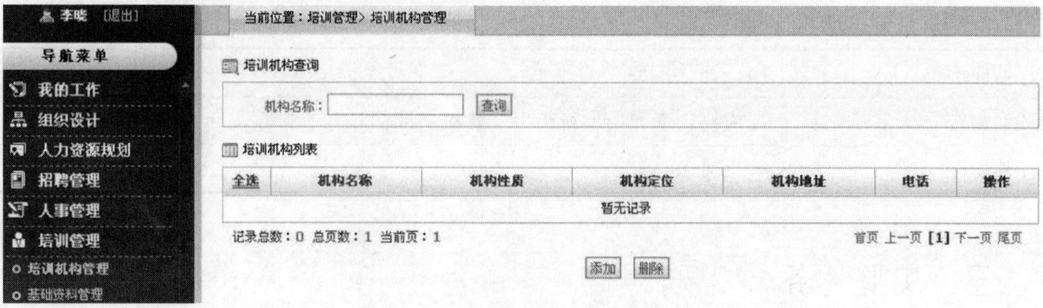

图 5-3 培训机构管理界面

填写培训机构的相关信息，点击【确定】，如图 5-4 所示。

图 5-4 培训机构添加界面

2. 培训规章制度添加

根据提示,下一步骤为"培训规章制度添加"。

选择"培训管理"下的【基础资料管理】。

在"培训规章制度"状态下,点击【添加】。填写规章制度的名称、所属机构、简介,并添加相关附件,点击【确定】,如图 5-5 所示。

图 5-5 基础资料管理界面

3. 培训课程添加

根据提示,下一步骤为"培训课程添加"。

在"培训课程"状态下,点击【添加】。填写培训课程的具体信息并添加附件,点击【确定】,如图 5-6 所示。

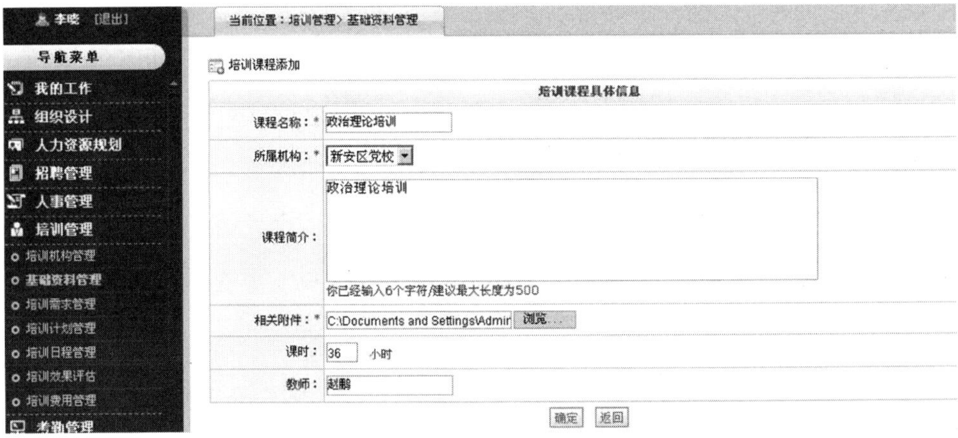

图 5-6 培训课程添加界面

4. 提出培训需求

根据提示，下一步骤为"提出培训需求"。

切换用户，进入**处长王军**的账户。

在"培训管理"下选择【培训需求管理】，点击添加，如图 5-7 所示。

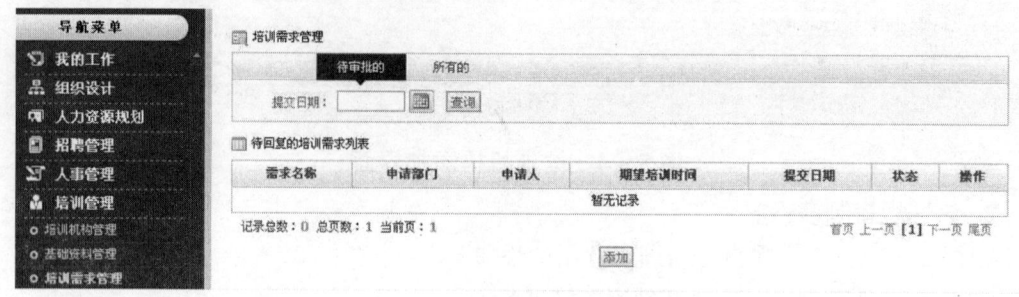

图 5-7　培训需求管理界面

填写需求的相关信息，点击【确定】，如图 5-8 所示。

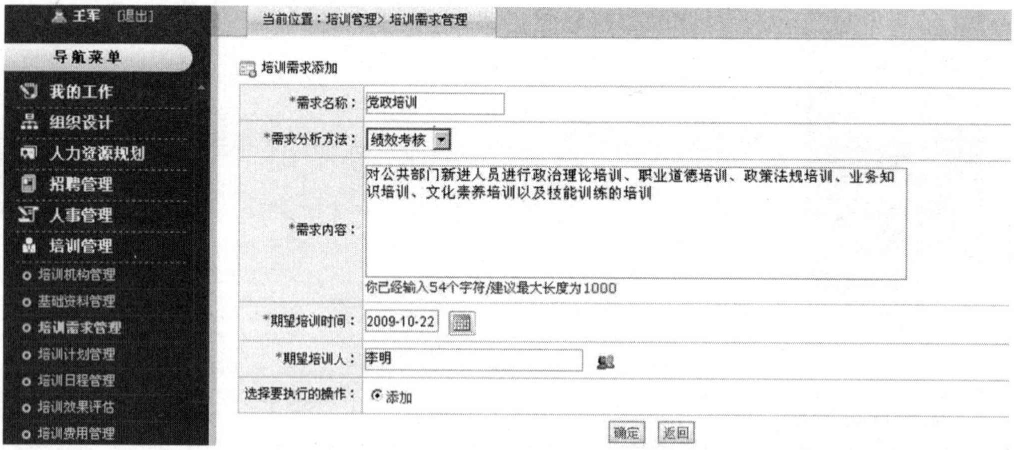

图 5-8　培训需求添加界面

5. 培训需求审批

根据提示，下一步骤为"培训需求审批"。

在"所有的"状态下，选中该条培训需求，点击下方的【提交】，如图 5-9 所示。

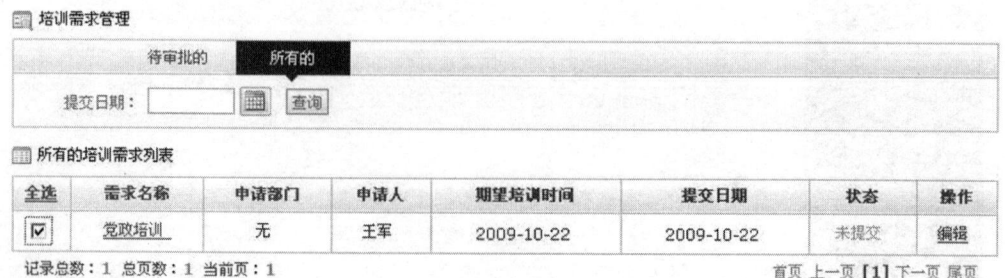

图 5-9　培训需求提交界面

切换用户，进入**局长陈建**的账户，对该培训需求进行审批，如图 5 – 10 所示。

图 5 – 10　培训需求审批界面

6. 培训计划制订

根据提示，下一步骤为"培训计划制订"。

切换用户，进入**人事科员李晓**的账户。在"培训管理"下选择【培训计划管理】，点击【添加】，如图 5 – 11 所示。

图 5 – 11　培训计划管理界面

填写培训计划的具体内容，点击【确定】，如图 5 – 12 所示。

图 5–12　培训计划添加界面

7. 培训计划审批

根据提示，下一步骤为"培训计划审批"。

在"所有的"状态下，可以查看到培训计划列表。选中需要提交的培训计划，点击下方的【提交】，如图 5–13 所示。

图 5–13　培训计划提交界面

切换用户，进入**人事科长李明**的账户，对该培训需求进行审批，如图 5–14 所示。

紧接着，切换用户，进入**处长王军**的账户，继续审批。这样，培训计划的审批过程完成。

8. 培训日程管理

根据提示，下一步骤为"培训日程管理"。

切换用户，进入**人事科员李晓**的账户。查看到培训计划列表，点击操作下方的【日程管理】，如图 5–15 所示。

图 5-14　培训计划审批界面

图 5-15　日程管理界面

点击操作下方的【管理】，如图 5-16 所示。

图 5-16　日程内容管理界面

当培训完成之后，填写日程的信息，点击【确定】，如图 5-17 所示。

图 5-17　日程信息填写界面

9. 培训费用添加

根据提示，下一步骤为"培训费用添加"。

选择"培训管理"下的【培训费用管理】。点击【申请】，如图 5－18 所示。

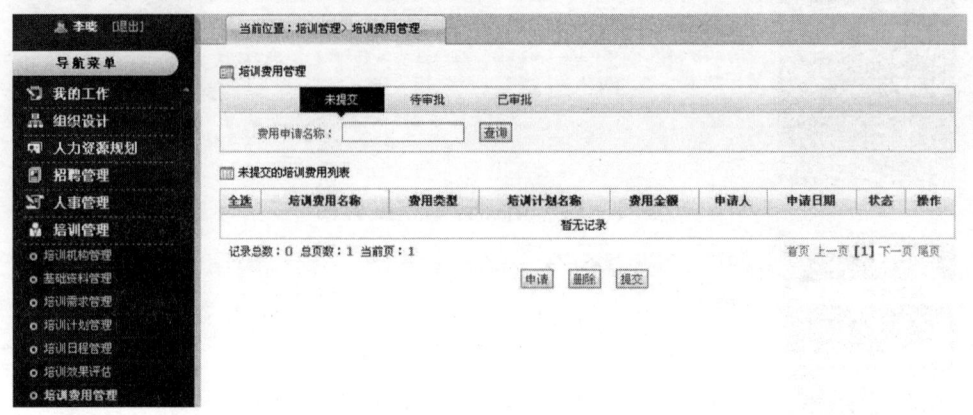

图 5－18　培训费用管理界面

填写培训费用申请表，点击【确定】，如图 5－19 所示。

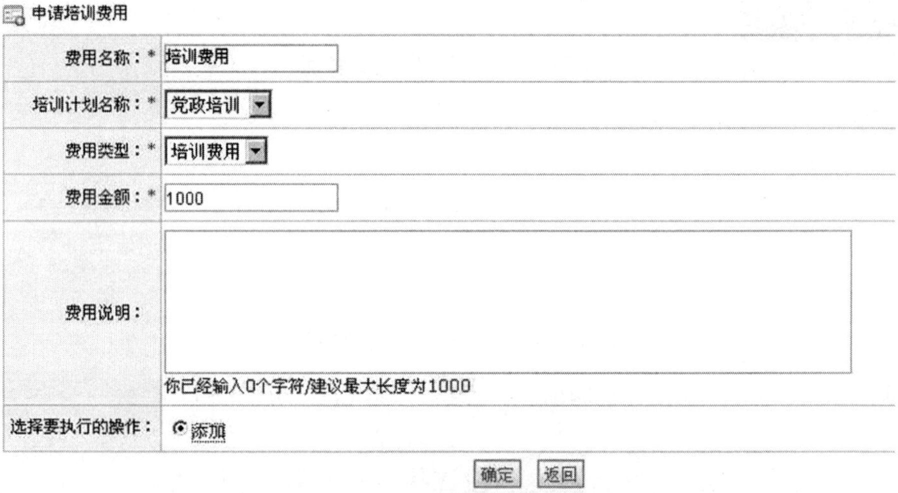

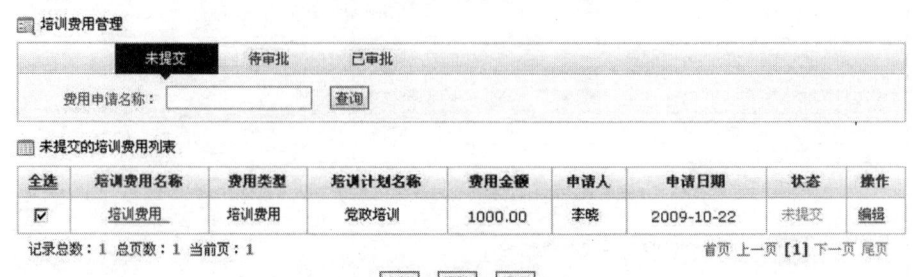

图 5－19　培训费用添加界面

选中该条申请，点击下方的【提交】，如图 5－20 所示。

图 5－20　培训费用提交界面

10. 培训费用审批

根据提示，下一步骤为"培训费用审批"。

切换用户，进入**人事科长李明**的账户。在"待审批"状态下，对培训费用进行审批，如图 5-21 所示。

图 5-21　培训费用审批界面

紧接着，依次切换用户，由**财务科员李晓、财务科长、处长王军**进行审批。这样才算培训费用审批完成。

11. 培训效果评估

根据提示，下一步骤为"培训效果评估"。

在"培训管理"下选择【培训效果评估】。在培训计划列表后的操作下方点击【评估】，如图 5-22 所示。

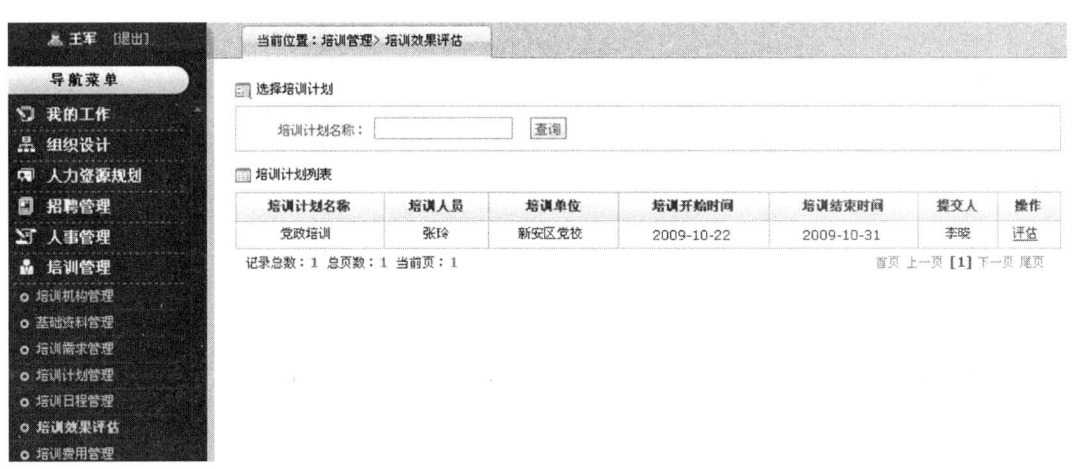

图 5-22　培训效果评估界面

填写评估的内容，点击【确定】，如图 5-23 所示。

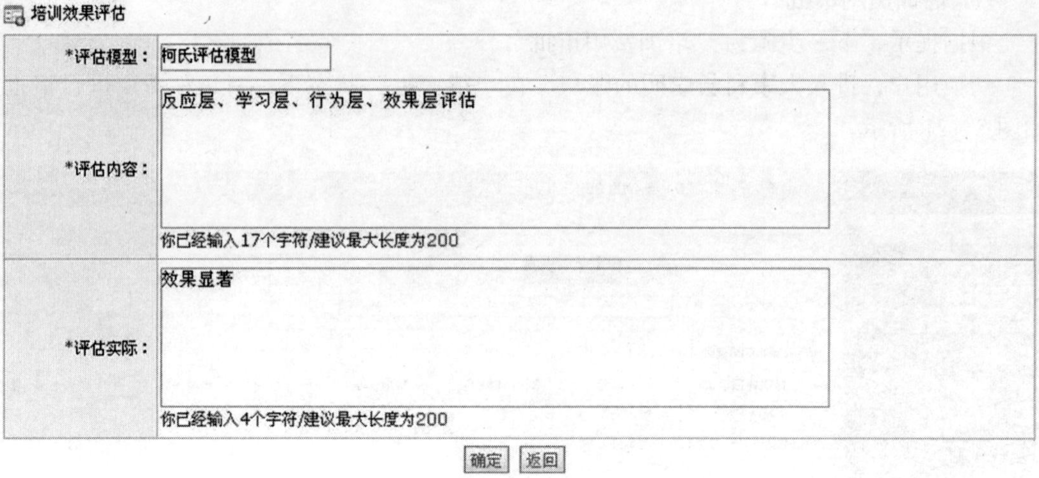

图 5-23　培训效果评估填写界面

第六章

考勤管理

【学习目标】

考勤管理是公共部门对公职人员出勤进行考察管理的一种管理制度,包括是否迟到早退,有无旷工请假等。考勤制度是为维护单位的正常工作秩序,提高办事效率,严肃纪律,使职工自觉遵守工作时间和劳动纪律,根据国家相关政策法规,并结合本单位的实际情况制定的,是公共部门进行正常工作秩序的基础,是支付工资、员工考核的重要依据。

【引导案例】

某日,H公司人力资源开发中心W主任接到新入职员工Q和S的年休假申请。Q于2017年2月25日于原单位离职,2017年3月15日进入该公司;S于2017年2月1日于原单位离职后在本年的2月2日办理入职H公司手续。在实际情况中,有不少员工从原单位跳槽到现单位工作,人力资源开发中心W主任对于Q和S年休假申请如何安排年休假?

启发问题:
1. 单位是否需要安排Q和S的年休假,依据是什么?
2. 对于像Q这种情况的员工,入职工作满一年后该如何安排年休假?

第一节 实验基础知识

一、考勤管理概述

考勤管理是公共部门对公职人员出勤进行考察管理的一种管理制度,包括是否迟到早退、有无旷工请假等。具体包括排班管理、请假管理(带薪年假管理)、补卡管理、加班申请管理、日出勤处理、月出勤汇总等。可以依据考勤管理办法或者考勤管理制度研发考勤管理系统。

考勤制度是为维护单位的正常工作秩序,提高办事效率,严肃纪律,使职工自觉遵守工作时间和劳动纪律,根据国家相关政策法规,并结合本单位的实际情况制定的,是公共部门进行正常工作秩序的基础,是支付工资、员工考核的重要依据。

随着计算机技术和网络技术的广泛使用,各单位管理质量的要求也越来越高,而人事考勤是目前各单位最重要的日常活动之一，也是确保各项工作可以顺利开展的前提。

考勤管理系统是公共部门对职工考勤实行信息化管理，管理职工的日常考勤信息，对职工的基本信息进行录入、修改、删除等操作，实现人力资源管理现代化。

二、考勤管理工具

1. 考勤机

考勤机分两大类：第一类是简单打印类，打卡时，原始记录数据通过考勤机直接打印在卡片上，卡片上的记录时间即为原始的考勤信息，对初次使用者无须做任何事先的培训即可立即使用；第二类是存储类（例如，感应卡考勤机、生物考勤机……），存储类考勤机在购买时都会随机赠送一张光盘，附带一套考勤软件，在打卡时，原始记录数据直接存储在考勤机内，然后通过计算机采集汇总，再通过软件处理，最后形成所需的考勤信息或查询或打印，其考勤信息灵活丰富，对初次使用者需做一些事先培训才能逐渐掌握其全部使用功能。

2. 考勤系统

考勤系统是指一套管理公务员上下班考勤记录等相关情况的管理系统。是考勤软件与考勤硬件结合的产品，一般为HR部门使用，掌握并管理公务员的出勤动态。考勤系统在包含薪资计算模块的情况下，可以灵活定义各个工资项目的计算公式，自动调用公务员的出勤数据、人员资料、就餐等与工资相关的数据，计算出公务员的工资情况。

3. 手机考勤软件

手机考勤系统是利用手机定位机制、位置服务（LBS）、云服务等构建的一种新型的手机考勤软件考勤系统。只需要在手机上安装一个考勤软件，就可以随时随地将用户的位置传到服务器端，并与事先设置的考勤地点和考勤时间进行比对，从而判断出是否为有效的考勤。由于手机客户端软件的优势，可以很容易地集成巡更、请假、企业通讯录等功能。由于手机考勤不受考勤地点、考勤时间的限制，解决了外勤人员考勤难的问题，对于规范管理、提高工作效率具有非常积极的意义和价值。

▶ 第二节　系统综述

一、系统简介

考勤管理是为了让职工明确工作和休息时间，明确考勤部门的工作范围、职责，保障工作效率；同时，考勤管理是计发职工工资，进行绩效考核的重要依据。

奥派公共部门人力资源管理教学系统中的考勤管理模块包含考勤类型维护、排班管理、员工班次管理、加班和请假的申请及审批、考勤数据的添加和考勤数据汇总，让学生了解公共部门的考勤过程。

二、实验流程

考勤管理试验流程如图6-1所示。

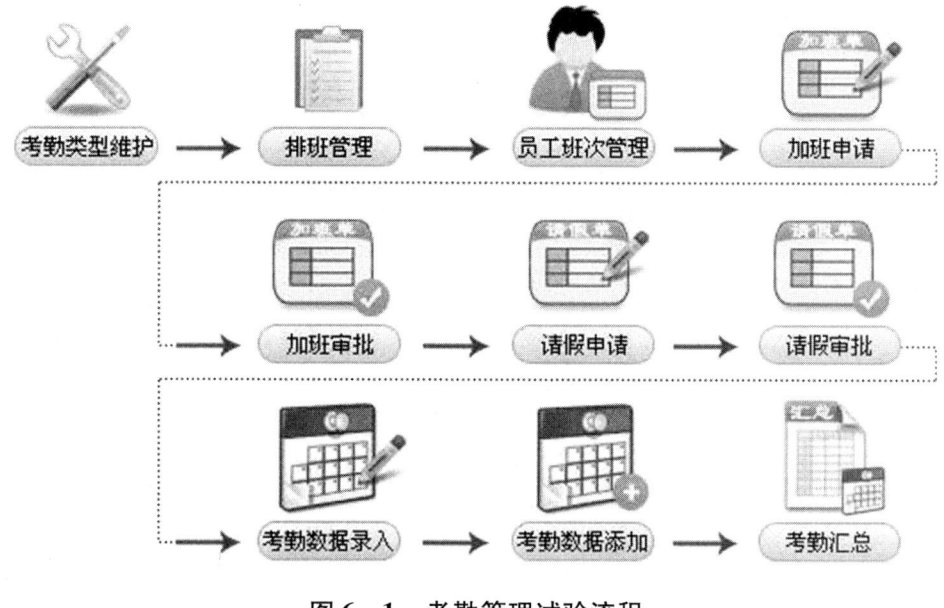

图6-1 考勤管理试验流程

三、实验目的

实现考勤类型、员工加班、请假管理和考勤数据的添加、汇总。

第三节 实验指导

一、实验情景

为促进机关部门的作风改善以及工作效率的提高,人事部门加强对考勤制度的执行力度,对考勤类型进行维护,严谨对待排班管理、加班管理以及请假管理,及时添加考勤数据并汇总。

二、实验数据

具体实验数据如表6-1至表6-4所示。

表 6-1　　　　　　　　　　　　班次添加

班次名称	秋冬工作时间
时段一	8：30——12：00
时段二	13：30——17：00
时段三	
每天工作时间	7时

表 6-2　　　　　　　　　　　　加班申请

加班申请名称	张玲10.22
加班人员	张玲
申请人	李晓
计划开始时间	2017.10.22
计划结束时间	2017.10.22
计划时数	2时
申请日期	2017.10.22
事由	项目紧急
加班内容	完成项目相关

表 6-3　　　　　　　　　　　　请假申请

请假申请名称	吴兵病假
请假人员	吴兵
申请人	李晓
计划开始时间	2017.10.22
计划结束时间	2017.10.22
计划时数	4时
申请日期	2017.10.22
请假类型	病假
事由	病假

表 6-4　　　　　　　　　　　　考勤类型添加

助记符	JBBX	考勤类型名称	加班补休
考勤符号类型	用户自定义	符号	（自选）
说明	加班补休		

三、实验任务

班次添加；员工班次管理；加班审批；请假审批；考勤类型添加；考勤数据添加；考

勤数据导入；考勤详细信息查看；考勤汇总。

四、实验步骤

完成任务六后，自动弹出任务七的接受窗口，点击【接受】，如图6－2所示。

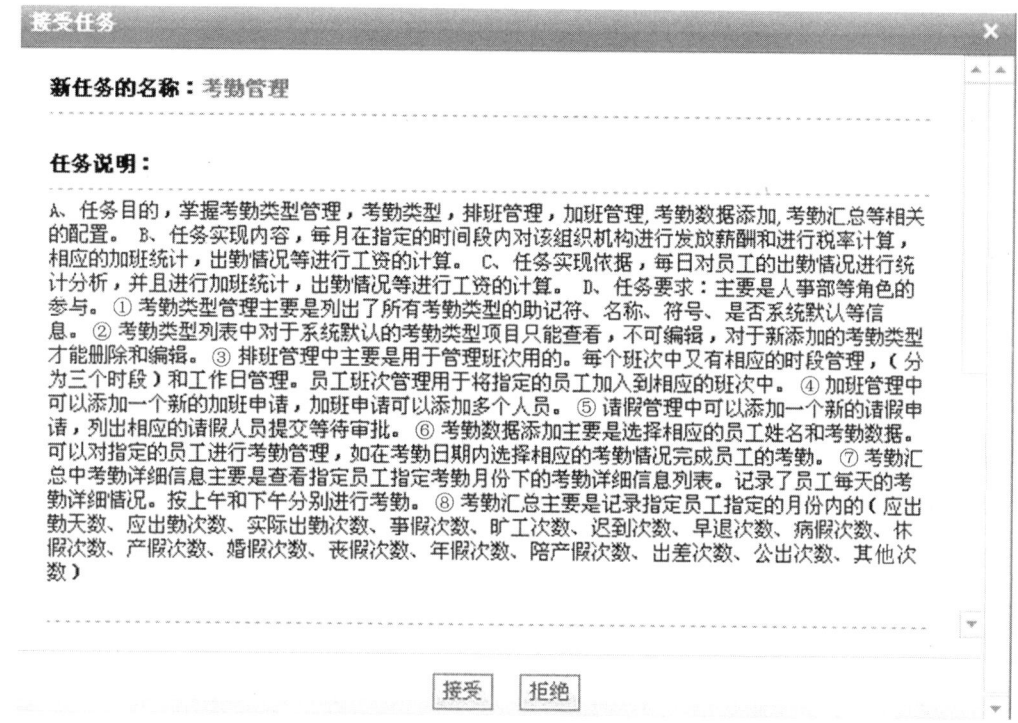

图6－2 考勤管理任务接受界面

1. 班次添加

根据提示，下一步骤为"班次添加"。

切换用户，进入**人事科员李晓**的账户。选择"考勤管理"下的【排班管理】，点击【添加班次】，如图6－3所示。

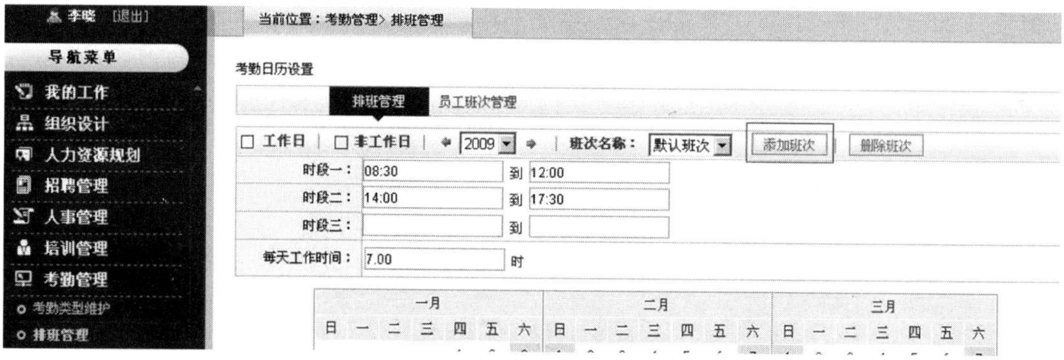

图6－3 排班管理界面

设置工作时间，点击【确定】，如图 6－4 所示。

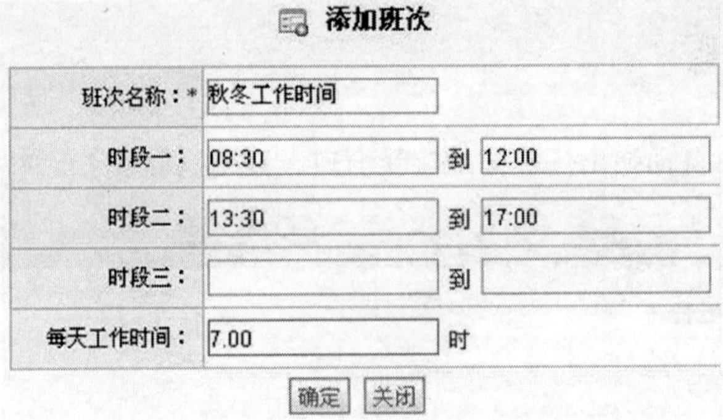

图 6－4　班次添加界面

下方的日历也是可以设置的，例如，我们选中了 11 月 3 日，这本来是正常的工作日，但是点击【设为非工作日】之后，这天可以被人为设置为非工作日，如图 6－5 所示。

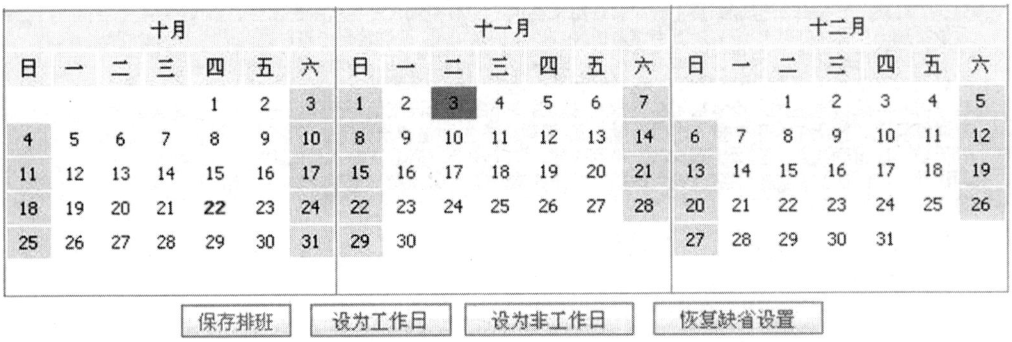

图 6－5　日历设置界面

2. 员工班次管理

根据提示，下一步骤为“员工班次管理”。

在“员工班次管理”状态下，可以选择员工，设置其工作班次，如图 6－6 所示。

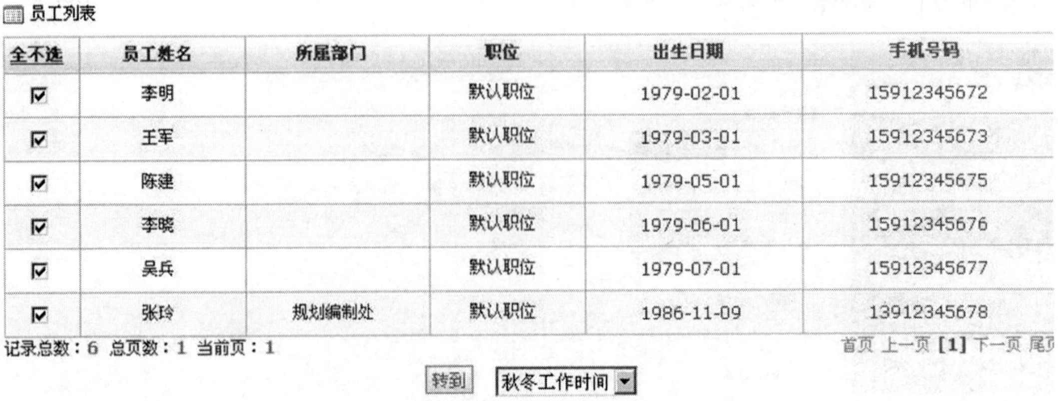

员工列表

全不选	员工姓名	所属部门	职位	出生日期	手机号码
☑	李明		默认职位	1979-02-01	15912345672
☑	王军		默认职位	1979-03-01	15912345673
☑	陈建		默认职位	1979-05-01	15912345675
☑	李晓		默认职位	1979-06-01	15912345676
☑	吴兵		默认职位	1979-07-01	15912345677
☑	张玲	规划编制处	默认职位	1986-11-09	13912345678

记录总数：6 总页数：1 当前页：1　　首页 上一页 [1] 下一页 尾页

转到　秋冬工作时间

图 6－6　员工班次管理界面

3. 加班审批

根据提示，下一步骤为"加班审批"。

选择"考勤管理"下的【加班管理】。点击【添加加班申请】，如图6-7所示。

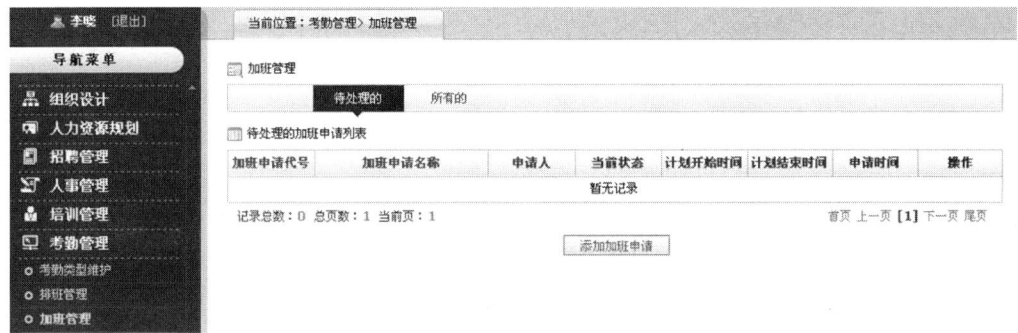

图6-7 加班管理界面

填写加班申请表，选择"提交"，点击【确定】，如图6-8所示。

图6-8 加班申请界面

填写完加班申请，需要进行审批。

切换用户，进入**普通科长张玲**的账户，对加班申请进行审批，如图6-9所示。

图6-9 加班审批界面

当完成加班之后，由**人事科员李晓**对该加班信息进行处理，如图 6-10 所示。

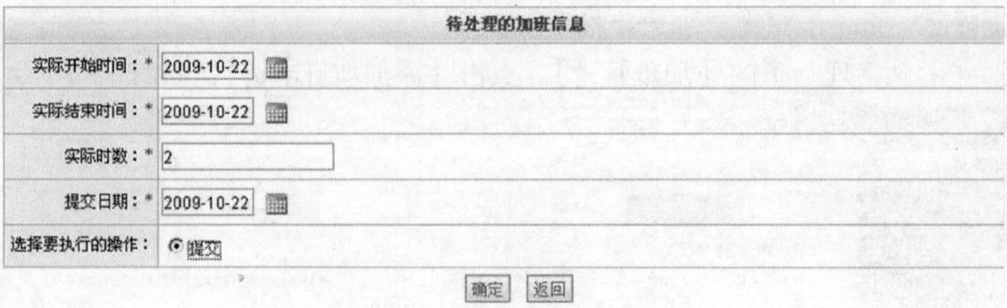

图 6-10　加班信息处理界面

接着再切换用户，进入**普通科长张玲**的账户，对该加班信息进行处理。至此，加班流程完成。

4. 请假审批

根据提示，下一步骤为"请假审批"。

选择"考勤管理"下的【请假管理】，点击【添加请假申请】，如图 6-11 所示。

图 6-11　请假管理界面

填写请假申请表，点击【确定】，如图 6-12 所示。

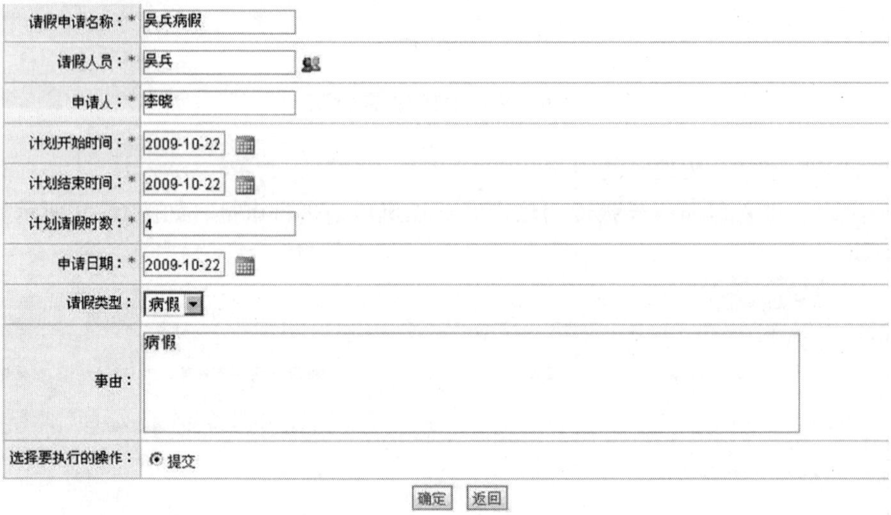

图 6-12　请假申请界面

切换用户，进入**普通科长张玲**的账户，对该请假进行审批，如图6–13所示。

图6–13　请假审批界面

请假之后，切换用户，进入**人事科员李晓**的账户，对该请假信息进行处理，如图6–14所示。

图6–14　请假信息处理界面

切换用户，进入**普通科长张玲**的账户，对该请假信息进行处理。至此，请假流程完成。

5. 考勤类型添加

根据提示，下一步骤为"考勤类型添加"。

选择"考勤管理"下的【考勤类型维护】。点击【添加】，添加考勤类型，如图6–15所示。

图6–15　考勤类型维护界面

填写考勤类型的信息，点击【确定】，如图 6-16 所示。

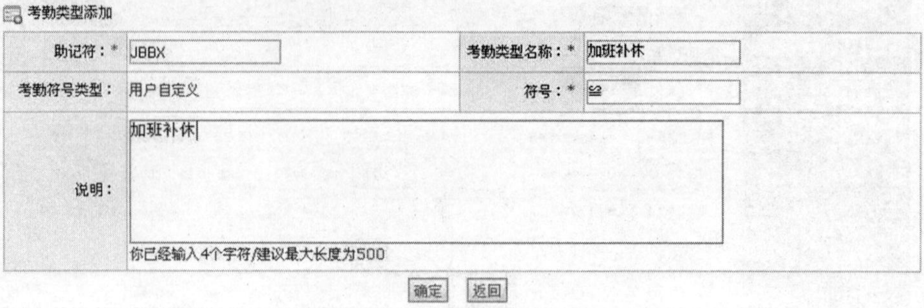

图 6-16 考勤类型添加界面

6. 考勤数据添加

根据提示，下一步骤为"考勤数据添加"。

选择"考勤管理"下的【考勤数据添加】。在"考勤数据添加"状态下，添加考勤数据，如图 6-17 所示。

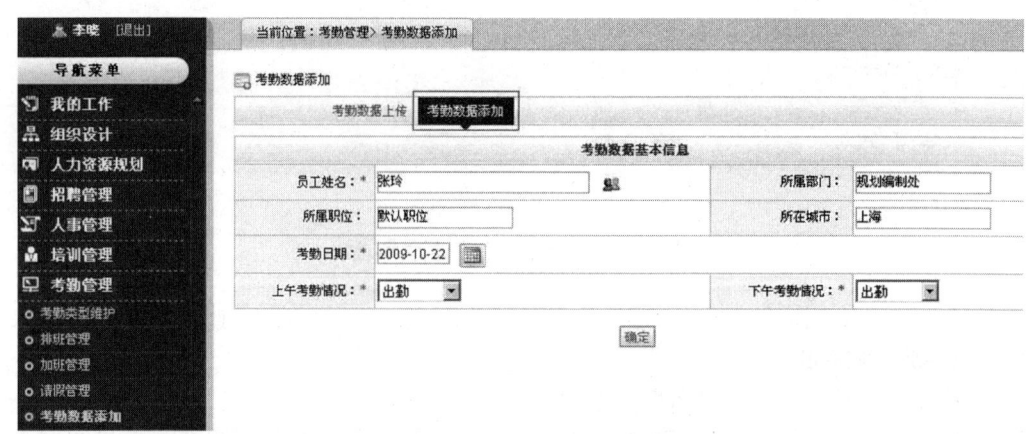

图 6-17 考勤数据添加界面

7. 考勤数据导入

根据提示，下一步骤为"考勤数据导入"。

在"考勤数据上传"状态下，首先选择员工，接着点击【获取当月考勤数据】，保存 Excel 文件。在考勤数据栏，将该文件导入，最后点击【上传】，如图 6-18 所示。

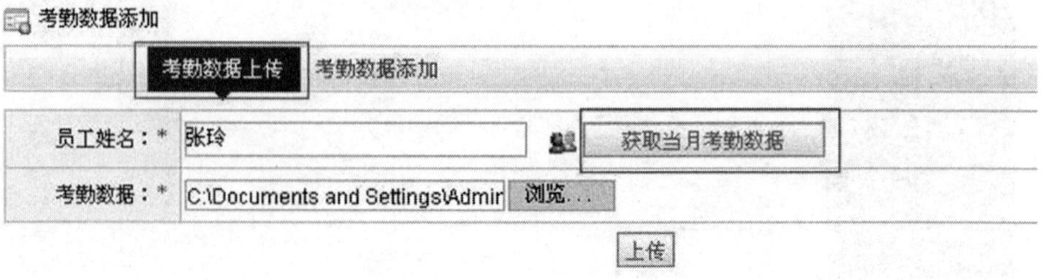

图 6-18 考勤数据上传界面

8. 考勤详细信息查看

根据提示，下一步骤为"考勤详细信息查看"。

选择"考勤管理"下的【考勤汇总】，可以查看到已考勤过的信息列表，如图 6 – 19 所示。

图 6 – 19　考勤详细信息列表显示界面

9. 考勤汇总

根据提示，下一步骤为"考勤汇总"。

点击【考勤汇总】即可，如图 6 – 20 所示。

图 6 – 20　考勤汇总界面

第七章

绩效考核

【学习目标】

学习员工的工作绩效，了解绩效具有的特点和功能，员工绩效考评系统的组成部分，了解什么是目标管理、关键绩效指标和平衡记分卡等绩效考核方法，掌握它们与传统绩效考核方法的不同。学会分析我国公务员绩效考核的现状及存在的问题。

【引导案例】

某市教育局在年底进行了年度考核。它的具体做法是：先建立了由局长、副局长和局办公室主任三人组成的考核小组，再在全局考核工作会议上作了考核的动员与部署，然后由每个公务员（包括局长、副局长）对照考核要求进行述职与评议，接着由考核小组根据每人的述职与评议情况，相应确定了等次后，就将考核材料装入了每个公务员个人的档案里。

后来，上级人事部门在检查该局公务员考核制度的落实情况时认为这次考核工作存在一些问题。

启发问题：

1. 根据案例内容，讨论此次年度考核究竟存在什么问题？
2. 结合公务员考核相关知识，谈谈如何解决上述问题？

第一节 实验基础知识

一、公共部门绩效的概念与结构

1. 绩效的概念与性质

从一般的意义上，绩效是指活动的结果和效率水平。对应于英文的 performance，中文词汇除了"绩效"外，相近的还有"业绩""实绩""效绩"等。不过，这几个概念基本都是强调行为活动的结果，而忽视了行为活动的过程，因此意思表达不够完整或准确。而"绩效"这个概念不仅强调了工作活动的结果，也体现了导致结果的工作活动过程，得到人们的普遍接受。

所谓绩效，是指组织及个人的履职表现和工作任务完成情况，是组织期望的为实现其目标而展现在组织不同层面上的工作行为及其结果，它是组织的使命、核心价值观、愿景及战略的重要表现形式。绩效是分层的，根据被衡量行为主体的层次性，绩效可划分为组织绩效、群体绩效和个人绩效。

绩效与能力、行为和态度密切相关。除了工作结果外，员工在工作活动过程中表现出来的行为以及该行为所反映出来的工作态度，是管理者进行绩效评价和监控的重要内容。而且，处于组织不同层次的员工个人绩效的评价内容也有所不同。通常，中高层管理者的绩效评价内容主要以结果为主，而对于基层员工则要综合评价工作态度、工作行为及工作结果。

绩效具有以下三个性质：

（1）多因性。

绩效的多因性是指员工绩效的优劣并不取决于单一因素，而是受制于多种主、客观因素。例如，一位打字员的工作绩效不仅受其态度等主观因素的影响，还受工资水平、打字机的工作状况、办公桌的高度等客观因素的影响。

（2）多维性。

绩效的多维性指的是需要从多个维度或方面去分析和评价绩效。通常，许多组织在进行绩效评价时，会综合考虑员工的工作业绩、工作态度和工作能力等方面的情况，而且这三个维度都分别包括许多具体的评价指标。

（3）动态性。

绩效的动态性是指绩效会随着时间的推移而发生变化，原来较差的绩效有可能好转，而原来较好的绩效也可能变差。

2. 公共部门绩效的内涵与结构

公共部门绩效管理是现代公共行政领域研究的课题，它是以提高公共部门组织绩效和个人绩效为目标，通过比较评估和绩效追踪来激励组织中的个人发挥创造性、提高服务质量的管理过程。来源于企业中的绩效管理，为现阶段存在诸多问题的公共部门提供了一系列可供借鉴的管理工具。但是，公共部门和企业毕竟存在重大差异，公共部门绩效管理有别于以利润为导向的企业绩效管理，具有自身的特殊性。研究公共部门绩效管理的价值就在于分析企业管理手段与公共部门管理手段的差异性，以此来提高公共部门的绩效水平，同时结合公共部门服务行政的要求，大力提高公共部门的服务质量和服务水平。

公共部门绩效的内涵非常复杂，涉及经济、政治和社会的方方面面。对公共部门绩效内涵的界定，比较具有代表性的观点主要有三类：一是"产出观"，将公共部门绩效界定为公共部门在管理过程中所取得的成绩；二是"能力观"，将公共部门绩效界定为公共管理能力；三是"综合观"，从综合性的视角界定各个部门绩效的内涵。本书将公共部门绩效定义为公共部门为了实现其使命和战略，在履行公共管理职能和提供社会公共服务的过程中展现在组织不同层面上的行为及其结果。

综观公共部门绩效管理的相关研究和具体实践，从不同的角度对公共部门绩效内涵进行归纳，主要有管理层级、政府职能、组织界限、价值标准和运作流程五个方面。这五个方面划分为：第一，根据管理层级，可分为组织绩效、部门和项目绩效以及员工绩效；第二，根据公共部门的职能定位和管理特点，可分为经济绩效、政治绩效和社会绩效；第三，根据公共部门的组织界限，可分为外部职能绩效和内部运营绩效；第四，根据公共管理的价值标准，可分为经济、效率和效果；第五，根据运作流程，可分为投入、过程、产出和结果。

二、公共部门绩效管理的概念与意义

1. 绩效管理的含义与特点

绩效管理（performance management）是20世纪80年代后期，在汲取功绩评议、目标管理、绩效评估等管理理论精髓的基础上发展起来的一种先进的管理机制和思想。绩效管理被认为是组织人力资源管理的一项重要职能，绩效管理为提高组织绩效开辟了一条全新道路。

本书中的绩效管理主要指战略性绩效管理，是指组织及其管理者在组织的使命与核心价值观的指引下，为达成愿景和战略目标而进行的计划绩效、监控绩效、评价绩效以及反馈绩效的循环过程，其目的是为了确保组织成员的工作行为和工作结果与组织期望的目标保持一致，通过持续提升个人、部门以及组织的绩效水平，最终实现组织的战略目标。

2. 公共部门绩效管理的概念与意义

公共部门绩效管理是指公共部门各级管理者为了确保员工的各种行为及工作产出与既定目标保持一致，通过不断改善组织各个层面的绩效，最终实现公共部门战略的手段及过程，其目的在于促使公共部门树立效率意识、服务意识和责任意识，从而提高效能、提升形象，优化公共服务与保持社会安定和谐。这一定义包括两层含义：一是在公共部门战略目标的指引下，通过科学的绩效计划和绩效评估活动，对公职人员的绩效状况进行科学定位；二是将公职人员的绩效状况与事先确定的绩效目标进行比对，通过绩效改进方案帮助公职人员提升绩效，并确定下一阶段的绩效目标，由此达成并推进公共部门的战略目标。

公共部门绩效管理不同于企业绩效管理。第一，价值取向不同。企业绩效管理的价值取向就是追求自身利润的最大化，而公共部门绩效管理必须把公众的利益、国家的利益放在首位。第二，动力不同。企业绩效管理的动力更多的来源于自身对于利润的渴求，但公共部门绩效管理始终把公共责任放在第一位，努力满足公众需要和实现公共利益。第三，目的不同。企业的趋利性决定了企业绩效管理的目标具有多元性和多重性，既要关注经济绩效，又要重视政治绩效和社会绩效等。

公共部门绩效管理作为公共管理过程中的一项重要举措，是在社会政治经济发展以及新公共管理运动的推动下所采取的一种社会治理方式，具有十分重要的意义。它不仅有助于树立正确的政绩观，深化行政管理体制改革，提高政府公信力和建设人民满意政府，还有助于科学衡量和有效改善公共部门绩效。

三、公共部门绩效管理工具

目标管理、关键绩效指标、平衡记分卡是应用非常普遍的系统性绩效管理工具，后来提出的管理理论和管理工具都是在充分吸收之前的理论与工具之上发展和完善的。随着新公共管理运动在世界范围内的兴起，目标管理、关键绩效指标和平衡计分卡等绩效管理工具凭其先进、适用和有效的特点迅速在公共部门"落地生根"，并在提升政府绩效管理水平上发挥了重要作用。

1. 目标管理概述

（1）目标管理简介。

目标管理是1954年由著名管理学家彼得·德鲁克（Peter Drucker）在《管理的实践》一书中提出的。以往古典管理学派偏重于以工作为中心，忽视了人性的一面；行为科学又偏重于以人为中心，忽视了人同工作的结合。因此，德鲁克提出了目标管理，即在科学管理和行为科学的基础上将对工作的关注和人的价值统一起来，使员工能够在工作中满足社会需求，同时又能够确保组织目标的顺利实现。目标管理和自我控制最大的优点就在于：以目标给人带来的自我控制力取代来自他人的支配式的管控方式，从而激发人的最大潜力，把事情办好。因此，目标管理是一种参与、民主和自我控制的管理思想，也是一种把个人需求与组织目标相结合的管理思想。在这一管理思想下，上级与下级的关系是平等、相互尊重和相互支持的，下级在承诺目标和被授权之后是自觉、自主、自治的。

在实施的过程中，目标管理也暴露出一些弊端。到20世纪70年代末，目标管理开始遭到质疑：第一，忽视了组织中的本位主义及员工的惰性，对人性的假设过于乐观；第二，上下级为统一思想所进行的反复沟通需要耗费大量的时间和成本；第三，目标及绩效标准难以确定，公平性受到质疑；第四，目标管理使员工倾向于选择短期目标，不利于组织的可持续发展。

目标管理包括以下两个方面的重要内容：第一，必须与每一位员工共同制定一套便于衡量的工作目标；第二，定期与员工讨论其目标的完成情况。具体而言，公共部门目标管理主要包括计划目标、实施目标、评价结果和反馈四个步骤。

在传统的绩效管理中，管理者的作用类似于法官的作用；在目标管理中，管理者发挥着顾问和促进者的作用，员工也从消极的旁观者转化成了积极的参与者。在整个目标管理的过程中，管理者都要保持联系渠道公开，其目的在于能够及时地与员工沟通，帮助员工持续进步，确保工作任务能够按照既定目标顺利实现。

（2）政府组织目标管理的具体实施。

20世纪70年代，目标管理在企业得到广泛推广之后，德鲁克又将这一管理方法引入政府管理领域，形成适用于政府组织等公共服务机构的目标管理理论。德鲁克认为，公共部门绩效管理是当代管理工作中"最重大、最主要的任务"，政府部门可以像企业一样应用和实施目标管理。

在美国，早在20世纪70年代尼克松总统在任时，就以备忘录的形式正式宣布在21个政府机构中推行目标管理。1975年，管理与预算办公室要求各机构必须提交机构目标及财政年度预算；1976年，41%的政府报告指出至少在若干部门实施了目标管理；1987年，大约有62%的大城市在政府报告中表明实施了目标管理。但是，到了20世纪90年代，政府部门对目标管理的信任开始有所动摇，到1993年只有47%的城市还在使用目标管理。值得注意的是，即使各城市实施目标管理的比例逐渐下降，目标管理的运用仍然十分普遍。地方政府从目标管理中获益匪浅，目标管理对于提高政府的行政能力、控制成本以及改进政府组织的管理水平做出了十分重要的贡献。

20世纪80年代中期，针对传统政府管理方式缺乏明确的方向和目标以及系统和完善的管理，我国在政府管理中逐步运用和推广目标管理，进行体现"结果为本"、绩效取向的市场化改革，在人事考核创新、政府绩效创新和干部制度创新等方面实施目标管理，取得了显著的效果。许多城市如武汉、南京、宁波、苏州、青岛、天津、连云港等，通过借鉴和运用目标管理来创新政府绩效管理模式，在提高政府工作效能与管理水平的基础上形成了行之有效的管理方式。其中，武汉、连云港、青岛三市结合各自城市实际与特点，在总结政府以往管理经验的基础上大胆探索，推行政府目标管理。年初定目标，年底结硬账，"跳起来摘桃子"，为推进政府效能建设和城市跨越式发展探索出了一条值得各地借鉴的有效途径。

武汉市是全国较早实行目标管理的城市之一。1988年，武汉市决定在全市政府系统和各区县实行目标管理，在取得实践经验的基础上，于1988年又将目标管理延伸到市党群系统和有关单位。自2017年以来，武汉市委、市政府从实际出发，抓住主要工作重点，全面推行目标管理，在管理创新中实现了政府职能的转变，形成了富有特色的管理模式和良好的组织文化。

连云港市自2016年初开始，在总结目标管理工作经验的基础上，按照"重激励、硬约束、严考核"的总体要求，坚持以科学发展观为统领，以目标管理为抓手，落实经济、社会、科技、民生、环境等一系列涉及全市健康、协调、可持续发展的奋斗目标，推进全市经济社会又好又快发展，取得了良好的效果，形成了全国闻名的"连云港目标管理模式"。

2016年，青岛市政府开始推行目标管理。2017年，青岛市市委、市政府结合多年管理经验，出台了《关于加强目标管理绩效考核工作的意见》，第一次将物质文明、政治文明和精神文明建设中的重点工作纳入目标管理，建立了一个全新的目标管理体系。另外，为突出体现不同类型单位的特点，增强目标管理的合理性、科学性和一致性，青岛市对不同区市在评价指标、指标分值和权重的确定上有所侧重，重点突出不同地区发展方向和全市战略布局的要求。

2. 公共部门关键绩效指标

（1）关键绩效指标的含义与特点。

所谓关键绩效指标，是指将组织战略目标经过层层分解而产生的用以衡量组织战略实施效果的可操作性的关键指标体系，其目的是建立一种机制，将组织战略转化为内部流程和活动，从而不断增强组织的核心竞争力，使组织持续发展。关键绩效指标具有以下优点：第一，它是基于组织战略的指标体系，有利于组织战略目标的实现；第二，它是动态的指标体系，有利于绩效评价的科学性和合理性；第三，关键绩效指标的达成，有利于组织利益与个人利益的协调一致。但是，关键绩效指标也存在以下不足：第一，它倾向于定量的绩效指标，而忽略定性的绩效指标；第二，它相对独立，缺少横向上明确清晰的逻辑关系；第三，它过于强调对结果的考察，而忽略了对过程的监控。

（2）基于关键绩效指标的公共部门绩效评价体系设计。

设计良好的关键绩效指标是公共部门绩效管理成功的保障，它所提供的基础性数据是绩效评价的标准和绩效改进的依据。关键绩效指标的设计通常是采用基于战略的成功关键因素分析法建立的，关键绩效指标体系的建立过程应当按照以下六个步骤进行操作。

第一步，确定关键成功领域。建立有效的关键绩效指标体系前，首先，必须明确整个政府组织的战略是什么；其次，根据组织的战略及战略目标，通过鱼骨图分析，寻找能够促使组织成功的关键成功领域，即对组织的战略目标有重大影响的领域。

第二步，确定关键绩效要素。关键绩效要素提供了一种"描述性"的工作要求，对关键成功领域进行进一步的解析和细化。

第三步，确定关键绩效指标。确定关键绩效指标就是对关键绩效要素进行细化和甄选，首先，将关键绩效要素细化为反映其特性的指标；其次，按照具体的原则在众多指标中选择出关键绩效指标。

第四步，汇总组织级关键绩效指标。将前三个步骤分析所得出的关键成功领域、关键绩效要素和关键绩效指标汇总制表，作为整个政府组织绩效评价的依据。

第五步，确定部门级关键绩效指标和一般绩效指标。政府组织目标的实现，需要各个政府部门的全力支持。因此，政府组织级关键绩效指标需要被分配或分解到相应的政府部门，形成部门级的关键绩效指标。

第六步，确定个人关键绩效指标和一般绩效指标。公务员个人关键绩效指标和一般绩效指标的确定方式同政府部门绩效指标的设定过程一样。一部分是通过对部门关键绩效指标的承接或分解得来的；另一部分则来自公务员个人的工作职责。

3. 公共部门平衡计分卡

（1）平衡计分卡的框架。

对平衡计分卡的理解有广义和狭义之分。广义的平衡计分卡指的是一种先进的战略及绩效管理工具；狭义的平衡计分卡是指与战略地图并列的一种管理表格。战略地图的价值侧重于描述战略，而狭义的平衡计分卡则侧重于衡量战略，两者通过战略目标这一关键要素紧密地联结在一起。通过运用狭义的平衡计分卡和战略地图来描述战略、衡量战略、管理战略、协同战略以及链接战略与运营，确保组织战略的成功实施和组织绩效的全面提升。

战略地图是对组织战略要素之间因果关系的可视化表示方法，是一个有效诠释和沟通组织战略、说明价值创造过程和描述战略逻辑性的管理工具。为了便于读者理解和记忆，我们把通用的战略地图形象地比喻为一座四层的房子。位于楼房顶端的是组织的使命、核心价值观、愿景和战略；房子的主体部分分为四个楼层，从上往下依次是财务层面、客户层面、内部业务流程层面和学习与成长层面。使命和愿景为组织的发展制定了总的目标和方向，帮助股东、客户和员工正确理解组织的目的和期望。战略是平衡记分卡的核心，是组织在认识其经营环境和实现使命过程中所接受的显著优先权和优先发展方向。组织必须通过制定战略将使命和愿景落实到执行层面，把有限的资源集中到对组织目标实现具有重要推动作用的行动计划上。

(2) 平衡计分卡的特点与功能。

作为一种新的战略及绩效管理工具,平衡计分卡具有自身的鲜明特点和功能定位。平衡计分卡的主要特点是:第一,始终以战略为核心。它通过描述战略、衡量战略、管理战略、协同战略以及链接战略与运营等环节,来确保组织战略的有效落地和组织绩效的显著突破。第二,重视协调一致。它从逻辑上明晰协同思路,从体系上整合协同主体,从机制上保障协同效果,从而形成一套严谨有效的协同机制以保障组织战略的成功执行。第三,强调有效平衡。它非常强调财务指标与非财务指标的平衡、长期目标与短期目标的平衡、外部群体评价指标与内部群体评价指标的平衡、客观指标与主观判断指标的平衡、前置指标与滞后指标的平衡等,以此来确保组织战略的全面实现和组织绩效的整体提升。

平衡计分卡的功能为:一是战略管理工具。平衡计分卡通过战略地图和平衡计分卡建立了战略协同的机制,填补了传统战略管理过程中战略规划和战略实施之间的模糊地带;尝试通过战略地图、平衡计分卡以及仪表盘等工具对战略和运营进行有效链接。二是绩效管理工具。随着平衡计分卡理论的丰富和发展,绩效管理的计划、监控、评价和反馈环节都纳入了平衡计分卡的理论范畴之中,涉及绩效目标的设置和评价指标的选择、绩效沟通和辅导、绩效监测和评估、绩效结果的反馈和应用等诸多内容,平衡计分卡也因此成为一个以战略为核心的绩效管理工具。三是管理沟通工具。平衡计分卡构建了一套良好的沟通机制,包括领导者的沟通责任、战略沟通的"七七原则"、员工培训、战略反馈、结构化会议等,从而对沟通渠道、传播媒介、沟通方式等作出明确界定。

(3) 平衡计分卡的关键要素。

狭义的平衡计分卡是一个由财务、客户、内部业务流程、学习与成长四个层面构成,用以将战略地图的目标转化为可量化的衡量指标和目标值,并制定相应行动方案和预算计划的管理表格。通过制作平衡计分卡,组织建立了用以衡量战略的绩效指标体系,明确了未来所要达到的绩效水平,确定了实现战略所需的行动方案以及相应的资源。需要强调的是,平衡计分卡不是绩效评价量表,平衡计分卡的首要目的在于管理而非评价。

平衡计分卡的表现形式是一张二维的表格,如表7-1所示。纵向是财务、客户、内部业务流程、学习与成长四个层面,横向是目标、指标、目标值、行动方案以及预算和责任制等要素。

表7-1　　　　　　　　　　平衡记分卡(样表)

层面＼要素	目标	指标	目标值	行动方案	预算和责任制
财务					
客户					
内部业务流程					
学习与成长					

第二节 系统综述

一、系统简介

绩效管理是组织人力资源管理系统的核心。对公共部门人员的绩效评估，不仅为个人提供其工作情况的反馈，对员工的努力和能力产生有效的引导，有助于形成组织和员工之间良好的互动关系，造就一种组织与员工共同发展的机制。

奥派公共部门人力资源管理教学系统中的绩效管理模块包含考核方法管理、职位考核模板、员工考核模板、考核执行、考核表管理和分析统计，让学生认识到公共部门通过绩效管理可以充分发挥职工的潜能和积极性，更好地实现公共部门的各项目标。

二、实验流程

绩效考核实验流程如图 7 – 1 所示。

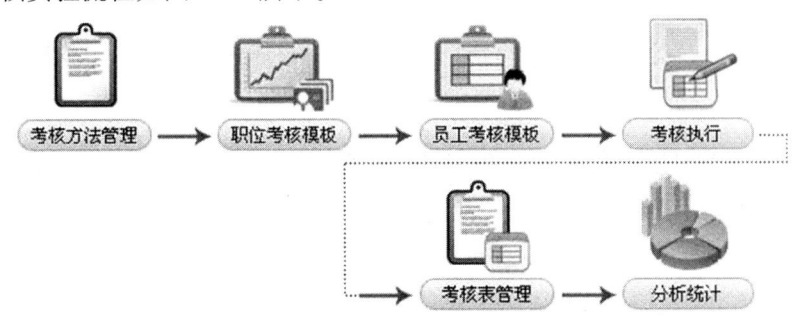

图 7 – 1　绩效考核实验流程

三、实验目的

绩效管理是组织人力资源管理系统的核心，使学生通过实验认识到公共部门通过绩效管理可以充分发挥职工的潜能和积极性，更好地实现公共部门的各项目标。

第三节 实验指导

一、实验情景

人事机关欲建立起科学、全面、合理的评估体系。采用包括交替排序法、简单排序法、KPI 考核法、BSC 考核法、强制正态分布法、指标考核法以及 360 考核法在内的多种考核方法,并自定义制定员工考核模板和职位考核模板。考核执行完成后,可以通过饼图和柱状图来进行统计。

二、实验数据

实验数据会随考核方法的不同而有调整。考核方法如表 7-2 所示。

表 7-2　　　　　　　　　　　　考核方法

考核方法名称	序列比较法
考核方法简介	序列比较法是对按员工工作成绩的好坏进行排序考核的一种方法。在考核之前,首先要确定考核的模块,但是不确定要达到的工作标准。其次,将相同职务的所有员工在同一考核模块中进行比较,根据他们的工作状况排列顺序,工作较好的排名在前,工作较差的排名在后。最后,将每位员工几个模块的排序数字相加,就是该员工的考核结果。总数越小,绩效考核成绩越好

三、实验任务

考核方法添加;制定岗位考核模板;设置默认考核模板;制定员工考核模板;考核执行;考核表管理;考核分析统计。

四、实验步骤

完成任务七之后,自动弹出任务八的接受窗口,点击【接受】,如图 7-2 所示。

图 7-2　绩效考核任务接受界面

1. 考核方法添加

根据提示，下一步骤为"考核方法添加"。

在"绩效管理"下选择【考核方法管理】，可以查看到考核方法列表，点击列表下方的【添加考核法】，如图7-3所示。

图7-3 考核方法管理界面

填写考核方法的名称以及简介，点击【确定】，如图7-4所示。

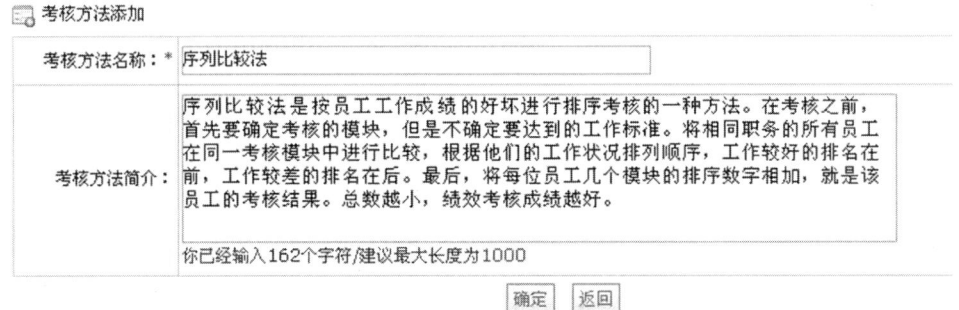

图7-4 考核方法添加界面

2. 制定岗位考核模板

根据提示，下一步骤为"制定岗位考核模板"。

选择"绩效管理"下的【职位考核模板】，点击【添加考核模板】，如图7-5所示。

图7-5 职位考核模板管理界面

填写考核模板的内容，点击【考核项选择】，如图 7-6 所示。

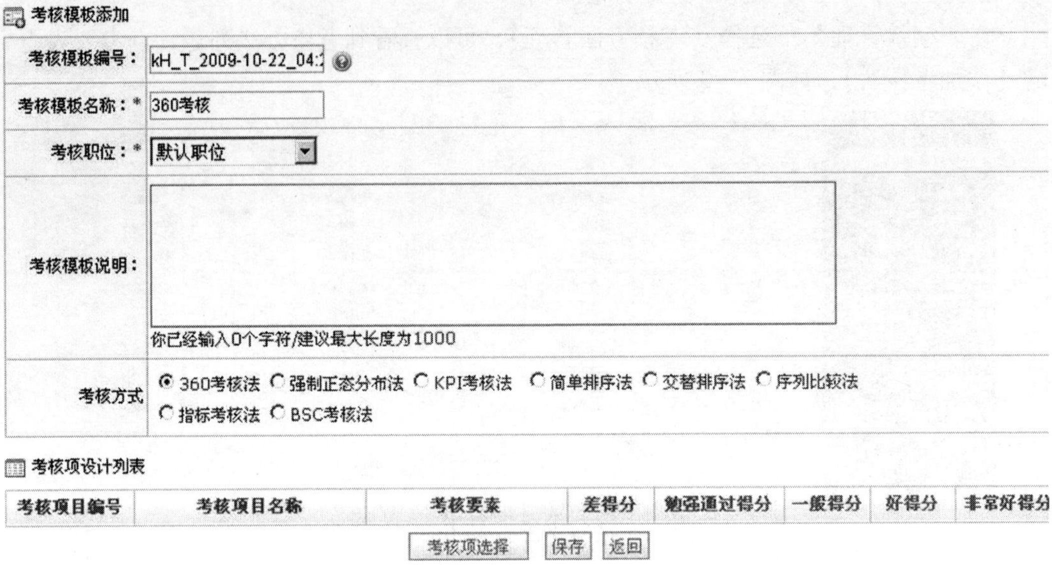

图 7-6 考核模板添加界面

选择具体考核项，点击【保存】，如图 7-7 所示。

图 7-7 考核项添加界面

填写考核项得分，点击【保存】，如图 7-8 所示。

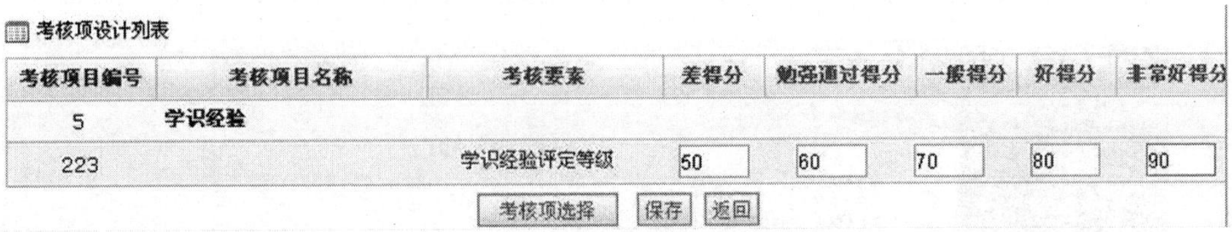

图 7-8 考核项得分界面

3. 设置默认考核模板

根据提示，下一步骤为"设置默认考核模板"。在职位考核模板列表中，选中该模板，点击下方的【设置为默认考核模板】，如图 7-9 所示。

图 7-9　设置默认考核模板界面

4. 制定员工考核模板

根据提示，下一步骤为"制定员工考核模板"。

选择"绩效管理"下的【员工考核模板】，点击【添加员工考核模板】，如图 7-10 所示。

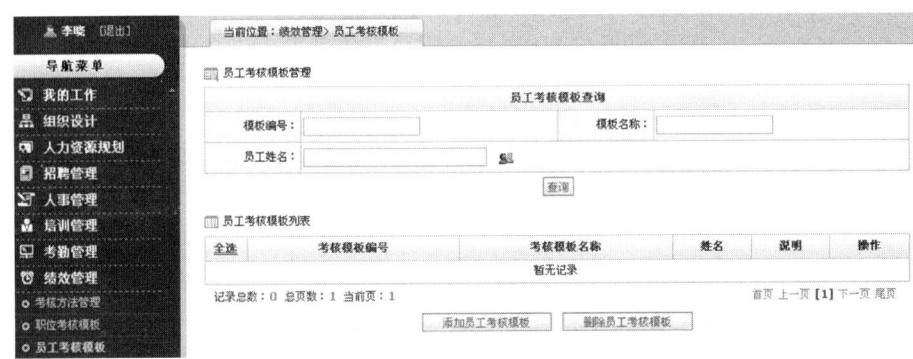

图 7-10　员工考核模板管理界面

填写员工考核模板信息，点击【考核项选择】，如图 7-11 所示。

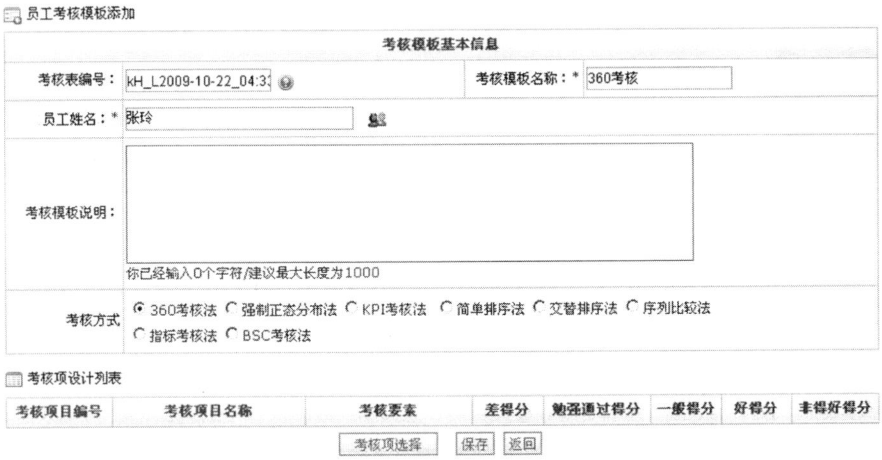

图 7-11　考核模板添加界面

选择具体考核项，点击【保存】，如图7-12所示。

图7-12 考核项添加界面

设置考核项得分，点击【保存】，如图7-13所示。

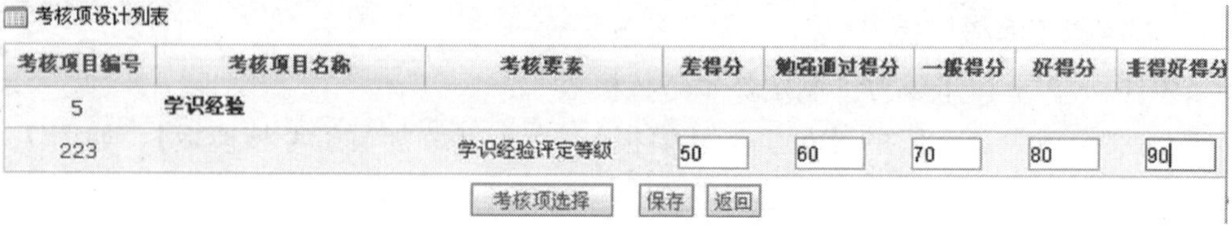

图7-13 考核项得分设置界面

5. 考核执行

根据提示，下一步骤为"考核执行"。

选择"绩效管理"下的【考核执行】，如图7-14所示。

图7-14 考核执行界面

点击**张玲**后的【考核】。填写考核评语，选择要执行的操作，选择考核得分，点击【提交】，如图7-15所示。

切换用户，进入**普通科长张玲**的账户，继续考核，如图7-16所示。

依次切换用户，进入**人事科长李明**、**处长王军**的账户，对其进行考核。

考核之后，切换用户，进入**张玲**的账户，对其进行总评，如图7-17所示。

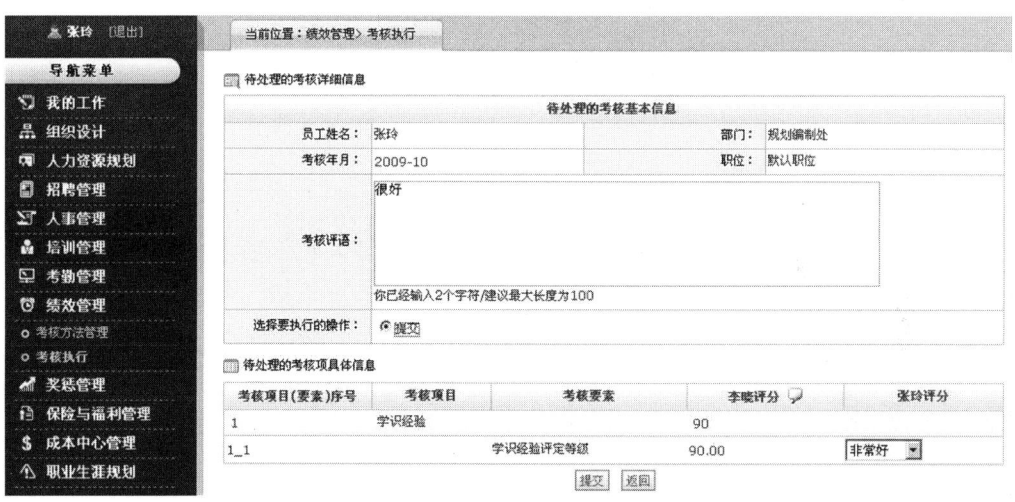

图 7-15　员工考核界面

图 7-16　自我考核界面

图 7-17　总评界面

填写总评的具体信息以及得分,并可以查看到其他人对其的评分,点击【保存】,如图 7 - 18 所示。

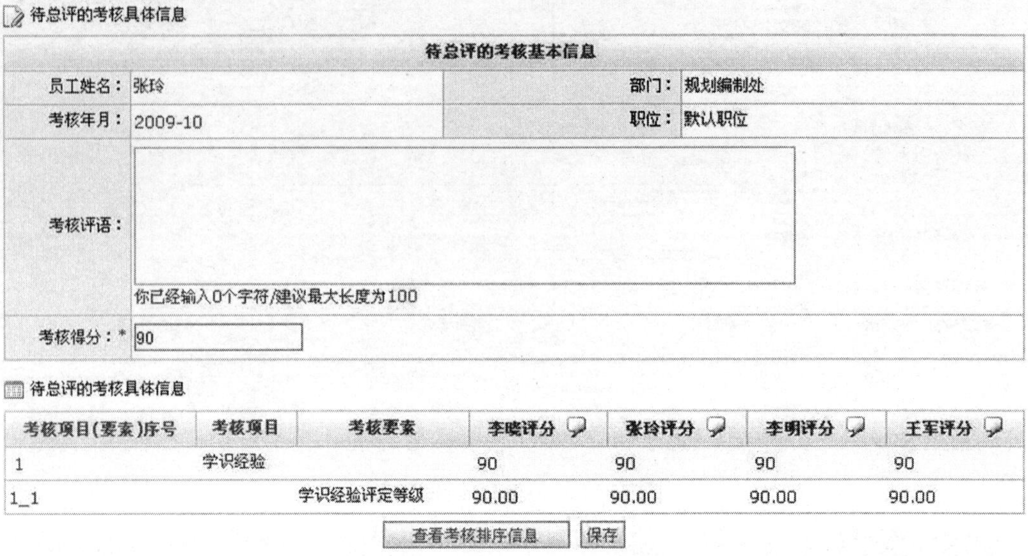

图 7 - 18 总评具体信息界面

6. 考核表管理

根据提示,下一步骤为"考核表管理"。

切换用户,进入**人事科员李晓**的账户。在"绩效管理"下选择【考核表管理】,如图 7 - 19 所示。

图 7 - 19 考核表管理界面

可以选中具体员工,设置其考核是否与薪酬挂钩,然后点击【保存设置】,如图 7 - 20 所示。

图 7-20　设置考核与薪酬挂钩界面

7. 考核分析统计

根据提示，下一步骤为"考核分析统计"。

选择"绩效管理"下的【分析统计】。可以查看饼图和柱状图，如图 7-21 所示。

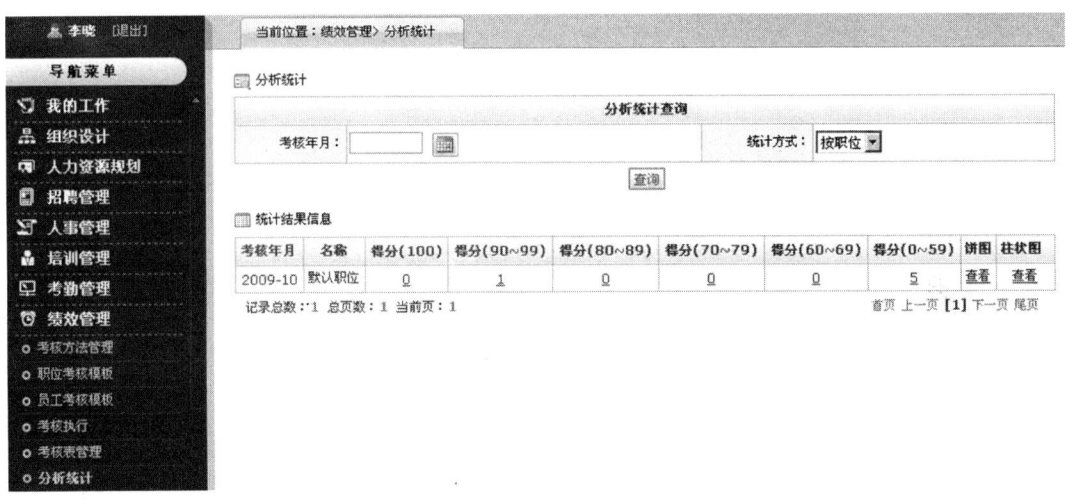

图 7-21　分析统计界面

第八章

奖惩管理

【学习目标】
了解奖惩管理的概念，掌握奖惩管理制度的内容意义以及存在的问题。

【引导案例】
2016年，山西环保局和山西省财政厅对外宣布，针对该省重点城市空气质量改善工作，两个部门联合制定出一项具体的奖励办法，主要内容如下：

奖励金额：退出大气污染最严重城市排名前5名的，各奖70万元；空气质量指数位次前移10位的奖励150万元。省级考核的11个城市及119个县（区），退出全省大气污染最严重城市排名前5名的，各奖70万元；空气质量指数位次前移10位的，奖励150万元。

奖励对象：以对个人奖励为主，主要为各重点城市的市县（区）委和市县（区）政府的主要负责人、分管领导、环保部门领导及有关人员。

资金来源：奖金的资金来源初步拟定从山西环保专项基金和经费划拨，主要来自排污费。这在山西省环境保护工作中尚属首次，全国也无二例。消息刚一公布，就引起众多争议。

反对者认为，"工作都是分内之事，即便做得很出色，也不至于奖励上百万元吧"（北京一名中学老师刘小刚）；"如果有些县市能在短期内达到奖惩的要求，说明之前相关领导并没有很好地履行职责，或者现在可能有弄虚作假的行为"（北京大学生张佑）。

赞成者认为，"别说是奖励150万元，奖励1500万元都行，只要把临汾的环境治理好"；"重奖表明了山西省政府治理污染的决心和信心，但得见好就收，下不为例"；"重奖并非治本之策"。

[后续]：山西省财政厅和环保局称目前尚未涉及具体操作，仍在讨论阶段。山西省环保局有关官员在接受记者采访时称，他们从未说将给环保摘"黑帽子"的行政"一把手"个人百万重奖，更没有说某位市长已获百万大奖。

启发问题：
1. 如何看待材料所反应的重奖"一把手"的问题？
2. 你认为重奖"一把手"会产生怎样的不利后果？
3. 该案例暴露出了公务员绩效考评机制的哪些弊端？

第一节 实验基础知识

一、奖惩制度的概述

1. 奖惩制度的历史演变

中国古代早有官吏奖惩制度,从秦简《为吏之道》中记载的"五善""五失"的规定,到清代的"议叙""处分"制度,都是封建社会"吏治"的重要内容。现代奖惩的基本原则是:是非分明,赏罚得当。各国对公务人员的奖励办法不同,但主要方式分三种:一是物质奖励,如颁发奖金、实物等;二是精神鼓励,如通令嘉奖,颁发奖章、奖状;三是物质与精神相结合,如提职、提薪等。其目的都在于表彰先进鼓励有功者。

西方文官制度中,很少有关于奖励的单项规定,大都将奖励措施插入有关实体法的条文中,使奖励与实际工作结合起来,易于执行,效果较好。有的国家除一般奖励办法外,对成绩特优的公务人员还由行政首脑亲授各级勋章以示隆重。

1957 年中华人民共和国国务院颁布的《关于国家行政机关工作人员的奖惩暂行规定》中的奖励方式分为:记功、记大功、授予奖品或者奖金、升级、升职、通令嘉奖。各国对公务人员的惩罚办法不同,主要方式有刑事惩罚和行政纪律惩罚两种。前者由司法机关依法进行惩处,后者由行政机关依据违反行政纪律的情况进行惩罚。为了使惩罚更加慎重、公正,许多国家都规定公务人员如受到不当处分,可向专门机关提出申诉,如英国设有文官"申诉委员会",美国设有"功绩制保护委员会"。《关于国家行政机关工作人员的奖惩暂行规定》中的惩罚方式分为:警告、记过、记大过、降级、降职、撤职、开除留用察看、开除。对于违法失职、渎职人员可依法予以刑事处罚。在奖励方面重视实效性,不流于形式;在惩罚方面,强调公正性,实现违法必究、有错必纠的法制精神。

2. 奖惩制度的内容

奖惩制度,是指国家行政机关对所属机关和公务人员依法进行奖励或惩罚,以强化人事行政的制度。包括实行奖惩的原则、条件、种类、方式、程序、手续,以及行使奖惩权限的机关等内容。奖励,是对成绩优秀的机关、公务人员,给予精神和物质的嘉奖,以激励全体成员。惩罚,是对工作不力或犯有过失、违反纪律的机关、公务人员进行的行政处罚或行政制裁。奖励与惩处具有激励与控制的双重功能,二者相辅相成,结合使用。现代奖惩的基本原则是:是非分明,赏罚得当。

(1)奖惩的条件。

对于忠于职守、廉洁奉公,有发明创造,做出突出贡献的劳动者,给予奖励;对于违反劳动纪律,违反操作规程,玩忽职守、有渎职行为,造成经济损失的劳动者,给予惩处。

(2)奖惩的种类。

奖励一般分为:记功、晋级、通令嘉奖、授予先进生产(工作)者、劳动模范荣誉称号等。在给予这些奖励的时候，往往同时发给获奖者一次性奖金，有的还发奖章。惩罚分行政处分和经济制裁两种。行政处分（也称纪律处分）一般分为：警告、记过、降级、降职、撤职、留用察看、开除等。开除是最高的行政处分。经济制裁，主要是给予一次性罚款，或者扣发一定数额的工资。

（3）奖惩的批准权限。

一般的奖励和惩罚，根据不同情况，有的由单位行政领导决定，有的则由上级机关决定。

3. 实行奖惩制度的意义

中国在制定和实行奖惩制度中，要求思想政治工作同经济手段相结合，做到有奖、有惩，奖惩严明。以奖励为主，惩罚为辅。在奖励上，坚持精神鼓励和物质鼓励相结合，以精神鼓励为主。对犯错误的工作人员，坚持以教育为主、惩罚为辅。惩罚的目的，在于惩前毖后，治病救人。实行奖惩制度，能够鼓励劳动者进行创造性劳动，提高思想觉悟和技术、业务水平；能够教育劳动者遵守劳动纪律，维护正常的工作秩序。

二、公共部门人力资源激励概述

1. 公共部门人力资源激励的含义

美国学者哈罗德·孔茨（Harold Koontz）和海因茨·韦里克（Heinz Weihrich）认为："激励是一个通用名词，应用于动力、愿望、需要、祝愿以及类似力量的整个类别。如说到主管人员激励他们下属人员时，也就是说，他们做那些希望的事情，将会满足这些动力和愿望并引导下属人员按要求的方式去行动。"

激励从其词义上看，就是指激发和鼓励的意思。所谓激发和鼓励就是指通过某些刺激措施使人兴奋起来。科学研究和管理实践的经验表明：在人们的实践活动中，人的行为来源于人的动机，而人的动机又源自人的需要。需要是人的一种必不可少的主观心理状态，是生活与实践中各种相关事物在人头脑中的具体反映。动机是对需要的满足程度，是由需要引发的内在动力。而行为则是人在动机支配下的外在表现。激励是指通过采取激发人的动机和动力的手段与策略，使人朝着组织期望的目标前进的活动过程。

公共部门是相对于私营部门的一种组织形态。一般意义上来说，公共部门主要是指以公共权力为基础，运用公共权力管理社会公共事务，谋取社会公共利益的具有法律和习惯赋予强制性权力的组织机构。它主要包括国家立法机关、行政机关、司法机关等，其中国家行政机关即政府组织是这一角色的最主要承担者。第二次世界大战以后，随着行政权的扩大，政府的管理功能不断扩张，公共部门的范围也发生了显著变化。公共部门不仅包括国家政权组织，还包括由政府直接投资、在所有制形式上属于国有的企业、医院、学校等。公共部门人力资源激励是指公共部门采取激发人的动机和动力的手段与策略，调动公共部门人员的积极性，使其朝着实现公共部门目标的方向前进的管理活动过程。

2. 公共部门人力资源激励的原则

为了确保公共部门人力资源激励机制的有效性，公共部门人力资源激励必须遵循以下基本原则：

（1）物质激励与精神激励相结合的原则。

到目前为止，我国对公务员的激励主要以精神激励为主，相对忽略物质激励。我们当然要重视公务员的行政激励和道德激励，但绝不能忽略物质激励手段的运用，这是由社会主义市场经济的内在本质决定的。市场经济实质上是一种利益经济，每个主体都内在地追求个人利益的最大化。市场经济的这种精神实质必然要反映到公务员的激励中来。我们要保证公务员在追求个人合理的物质利益时，绝不能损害公共利益，要保证把公共利益融于公务员的个人利益之中，在实现公务员个人"私利"的同时实现公共利益。对公务员的激励，我们在相对满足他们的物质需求后，要加强精神激励，使两者相辅相成。

（2）外在激励与自我激励相结合的原则。

从激励的形式上来看，激励有自我激励与外在激励两种类型。所谓自我激励，就是激励对象通过自我启发、自我诱导的方式，激发自己的主动精神，充分发挥内在潜力。所谓外在激励，就是运用环境条件来制约人们的动机，以此来强化或削弱各种行为，进而提高人员的工作积极性。自我激励多表现为自我反省、自我约束、自我激发。通过自我激励使自己受到启发与触动，真正从思想上提高认识，树立起工作的信念。外在激励多以行为规范的形式出现，通过建立一些措施和制度，鼓励或限制某些行为的产生。从两种激励的表现形式上来看，自我激励带有自觉性的特征，外在激励却表现出某种程度的强迫性。人的行为是外在诱因和内在动机共同刺激的产物。在激励过程中，我们要综合运用这两种激励手段，从不同角度来加强激励的效果。

（3）权变激励与强化激励相结合的原则。

人的行为源于动机，而动机又由需要产生。不同的需要产生不同的动机，引导人的行为的是由优势需要产生的主导动机。不同的人有不同的优势需要，同一个人在不同的时期优势需要也会发生变化，甚至在特定的时间和场合，优势需要可以被替代。因此，在激励工作中，我们必须根据具体情况和激励对象的优势需要，有区别地激励，使激励更具有针对性。

3. 激励的作用

（1）吸引优秀的人才到部门来。

在发达国家的许多部门中，特别是那些竞争力强、实力雄厚的部门，通过各种优惠政策、丰厚的福利待遇、快捷的晋升途径来吸引部门需要的人才。

（2）开发组织成员的潜在能力，促进在职组织成员充分的发挥其才能和智慧。

美国哈佛大学的詹姆士（W. James）教授在对组织成员激励的研究中发现，按时计酬的分配制度仅能让组织成员发挥20%～30%的能力，如果收到充分激励的话，组织成员的能力可以发挥出80%～90%，两种情况之间60%的差距就是有效激励的结果。管理学家的研究表明，组织成员的工作绩效是组织成员能力和受激励程度的函数，即绩效 = F（能力 * 激励）。如果把激励制度对组织成员的创造性、革新精神和主动提高自身素质意愿的影响考虑进去的话，激励对工作绩效的影响就更大了。

（3）留住优秀人才。

德鲁克认为，每一个组织都需要三个方面的绩效：直接的成果、价值的实现和未来的人力发展。缺少任何一方面的绩效，组织非垮不可。因此，每一位管理者都必须在这三个方面均有贡献。在这三个方面的贡献中，对"未来的人力发展"的贡献就是来自激励工作。

(4) 造就良性的竞争环境。

科学的激励制度包含一种竞争精神，它的运行能够创造出一种良性的竞争环境，进而形成良性的竞争机制。在具有竞争性的环境中，组织成员就会受到环境的压力，这种压力将转变为组织成员努力工作的动力。正如麦格雷戈所说："个人与个人之间的竞争，才是激励的主要来源之一。"在这里，组织成员工作的动力和积极性成了激励工作的间接结果。

三、奖惩制度存在的问题

1. 竞争上岗激励机制及其存在问题

竞争上岗激励机制是公务员在职务任用上广泛采用的手段。其一般的操作程序为：①确定竞争职位；②公布任职要求；③公开报名；④资格审查；⑤竞争演说；⑥民主评议；⑦领导集体研究确定任职人员；⑧公布聘任人员。竞争的职位可以是中层领导职位，也可以是一些普遍的职位，参与对象一般是本部门中层及以下公务员。通过竞争上岗使部门内部公务员任用工作民主化，体现公务员职位任用的竞争性和公正性。

目前，竞争上岗激励存在两个主要的问题：一是人为因素的干扰。由于竞争上岗没有打破部门的界线，往往限于部门内部，因此，竞争对手之间"抬头不见，低头见"；竞争"旁观者"则是"你好，他好，大家都好"。并且在民主评议中，就个体而言，主观性判断往往多于客观性评价，评议结果的高低较难正确反映竞争人员之间能力的大小、水平的高低，更多体现人际关系的好坏。二是任职标准不明确。现行的内部竞争上岗往往只有确定的竞争职位，而没有明确对竞争人员的任职要求，包括素质要求和能力要求等，缺少一把客观、公正评价任职人员素质、能力、水平的标尺，也缺少岗位环境、岗位责任标准。由于缺少对内外因素衡量的标准，所以，有时竞争上岗激励也成为个别领导排斥异己的"正当"手段。

2. 考核评比激励机制及其存在问题

为正确评价公务员的工作实绩和德才表现，各地纷纷制定了考核实施办法。如浙江省制定了《浙江省国家公务员年度考核实施办法》，此办法明确要求考核工作注重实绩，坚持客观公正的原则；考核等级分为优秀、称职、基本称职、不称职四个等次，其中，优秀人员的比例一般控制在12%以内；考核结果作为公务员奖惩、培训、辞退以及调整职务、级别和工资的依据。这种办法注重的是结果，强调的是公务员行为过程中的总体表现。

但是，由于岗位目标不够明确，职责分工不够详细，考核指标难以量化，而且政府部门与党政部门之间、政府各部门之间、部门内不同岗位之间的考核内容和标准无法统一，考核结果的可比性并不强。同时，年终考核评比中精神激励与物质激励不平衡，物质激励往往是象征性的，缺乏物质的刺激性，因而，在一些地方和部门出现优秀等次"轮流坐庄"的现象。现实的考核评比结果大多比较温和，不称职或基本职称的人几乎没有。如绍兴市20000多名公务员在近两年的考核中，被确定为基本称职或不称职的也就20多位，约占总数的1‰。可见，考核激励机制对多数公务员而言并没有多大的约束性和激励性。

3. 职级工资激励机制及其存在问题

职务工资与级别工资是国家公务组织成员工资构成中最主要的两个部分。职务工资按职务等级晋升，若连续两年考核称职可晋升一档职务工资；级别工资依据工资政策调整：连续五年考核称职或者连续三年考核优秀可晋升一级级别工资。

一般来说，连续三年或者连续五年考核称职不成问题，只是时间长短而异。目前，公务员队伍中存在实职多于虚职的现象，由于同一级别虚实职的职务工资是相同的，如科长与主任科员，而且，虚职相比实职责任更轻，工作量更少，受监督的面更小，因此，在一些部门呈现出竞争上岗没有竞争对手，宁要虚职不要实职的状况，说明职级工资激励机制对公务员还缺乏足够强的吸引力。

4. 末位淘汰激励机制及其存在问题

实施末位淘汰制度以年度考核为基础，注重于履行本职工作的全过程和目标任务的完成程度。通常操作程序是：个人对工作目标完成情况进行述职；就其实绩进行民主评议；单位领导从客观环境变化和主观努力两个方面对其综合评价；民主评议分与领导综合评价分合并确定总分；由高分到低分排列程序；公布末位人员名单。对末位人员做出处理决定：下岗待聘或解除人事关系。

第二节 系统综述

一、系统简介

奖惩管理就是公共部门为了激发职工的潜能，发挥他们的斗志，使各个组织中的成员都发挥他们最大的能力而采取的一种管理制度。

奥派公共部门人力资源管理教学系统软件中的奖惩管理系统包含奖励申请、奖励申请审批、奖励公告发布、惩罚申请、惩罚申请审批、惩罚公告发布功能模块，用简单的六个模块将奖惩管理系统功能概括出来，使得该系统结构简单、清晰，但又不失功能的完备性。让学生在很短的时间里就可以了解奖惩管理的含义和奖惩流程以及各个流程点的重要性。

二、实验流程

奖惩管理实验流程如图8-1所示。

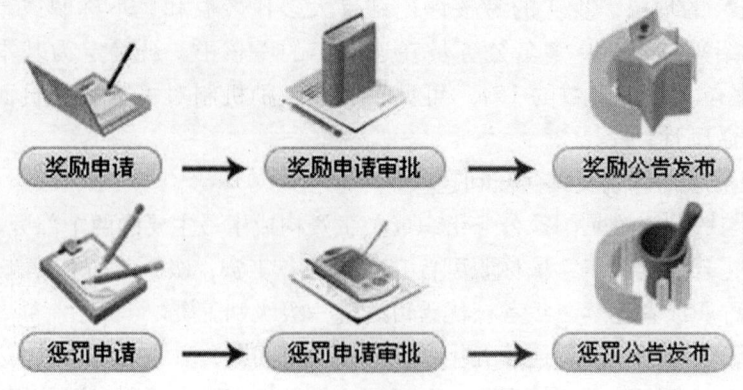

图 8-1　奖惩管理实验流程

三、实验目的

以此规范公务人员的行为，鼓励和鞭策其奋发向上，促进工作效率。

第三节　实验指导

一、实验情景

考核完毕后，可以针对考核成绩的高低，给予适当的奖惩，以督促工作更好地展开，提高公共部门的工作效率。

二、实验数据

奖励申请如表 8-1 所示。

表 8-1　　　　　　　　　　奖励申请

奖励申请名称	考核奖励
员工姓名	张玲
奖励类型	表扬
奖励说明	考核成绩优秀，予以奖励

三、实验任务

奖励申请；奖励审批；惩罚申请；惩罚审批；发布奖惩公告。

四、实验步骤

完成任务八后,自动弹出任务九的接受窗口,点击【接受】,如图8-2所示。

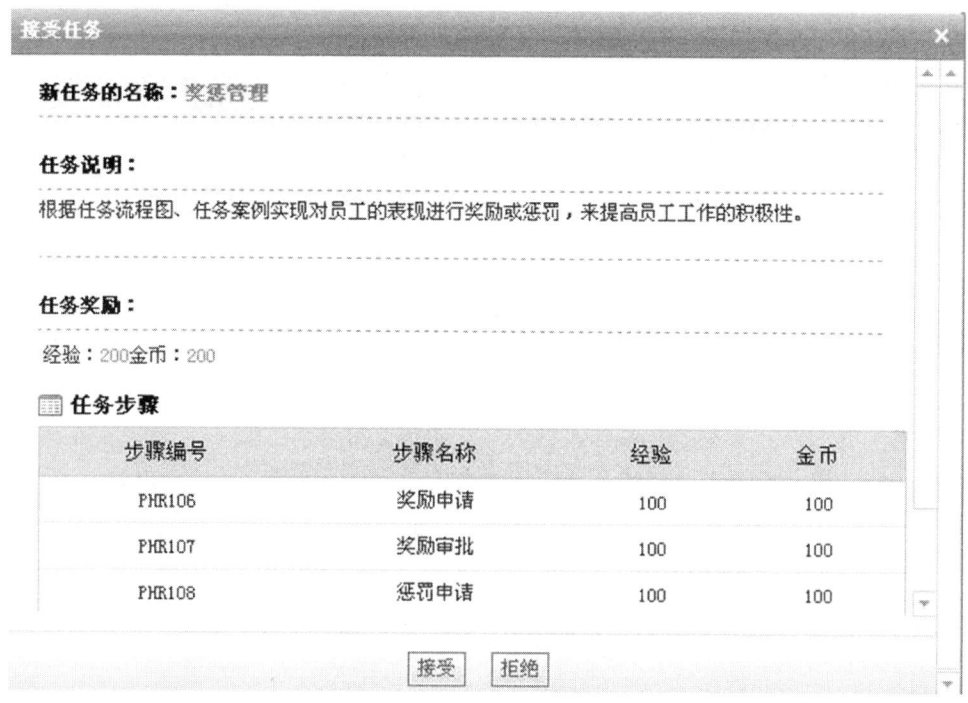

图8-2 奖惩管理任务接受界面

1. 奖励申请

根据提示,下一步骤为"奖励申请"。

切换用户,进入**普通科长张玲**的账户。在"奖惩管理"下选择【奖励管理】,点击【添加】,如图8-3所示。

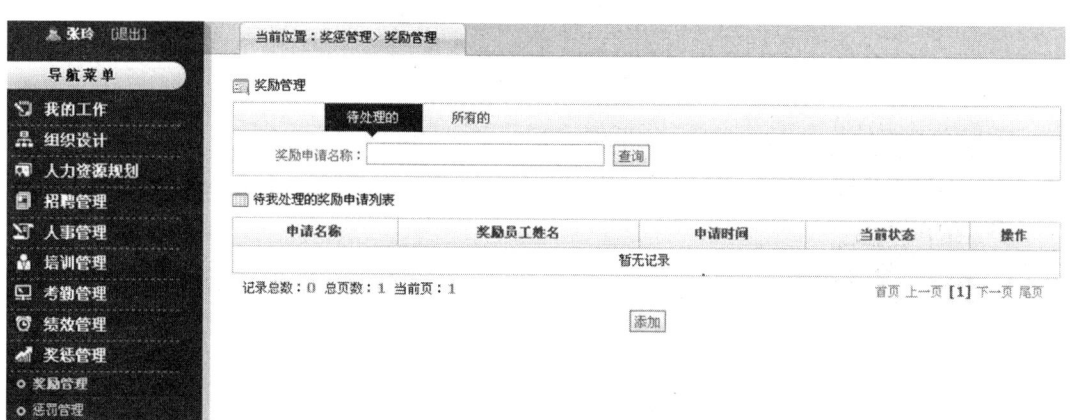

图8-3 奖励管理界面

填写奖励申请表，选择要执行的操作，点击【确定】，如图8-4所示。

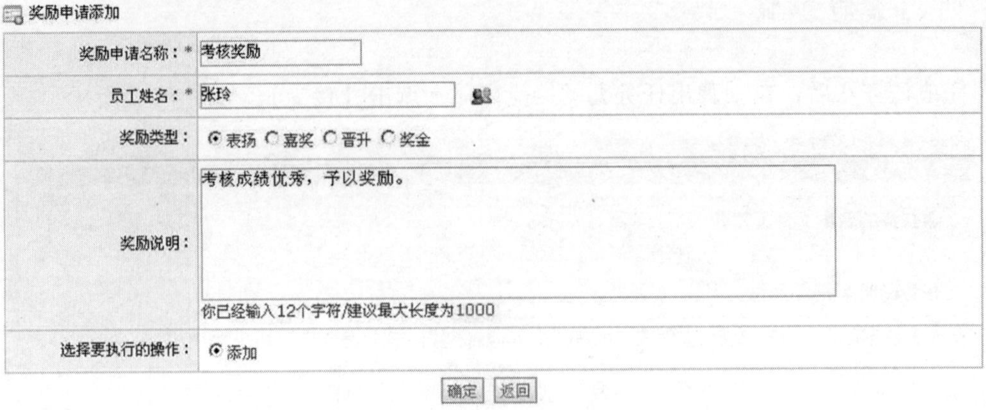

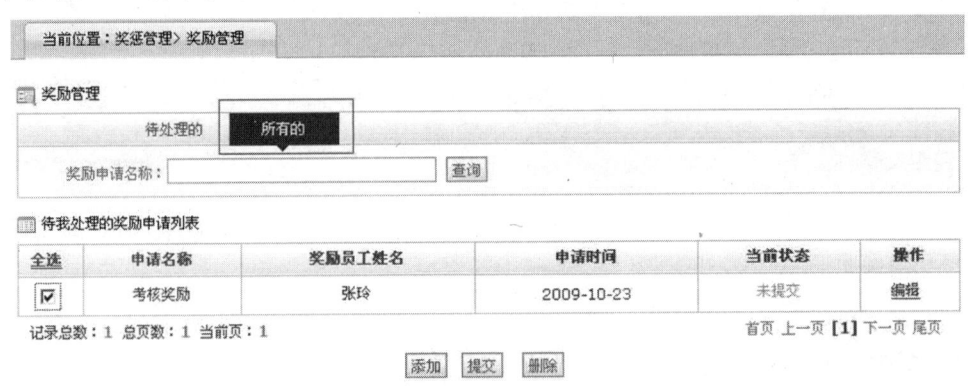

图8-4　奖励申请添加界面

在"所有的"状态下，对奖励申请进行提交。选中该奖励申请，点击下方的【提交】，如图8-5所示。

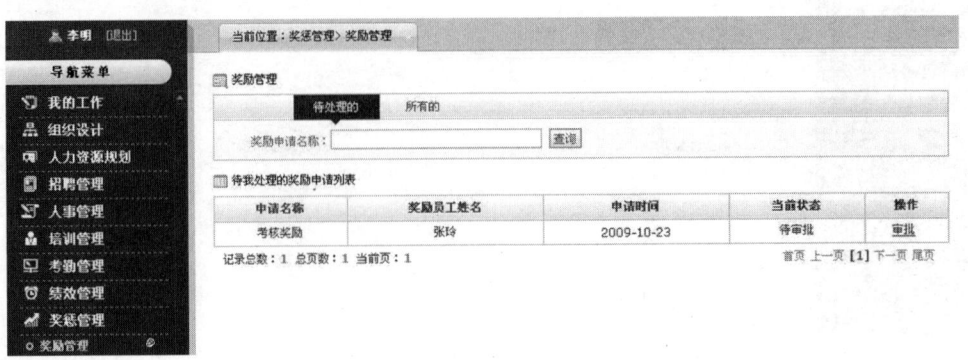

图8-5　奖励申请提交界面

2. 奖励审批

根据提示，下一步骤为"奖励审批"。

切换用户，进入**人事科长李明**的账户，对该奖励申请进行审批，如图8-6所示。

图8-6　奖励申请待审批界面

填写审批说明，选择要执行的操作，点击【确定】，如图8-7所示。

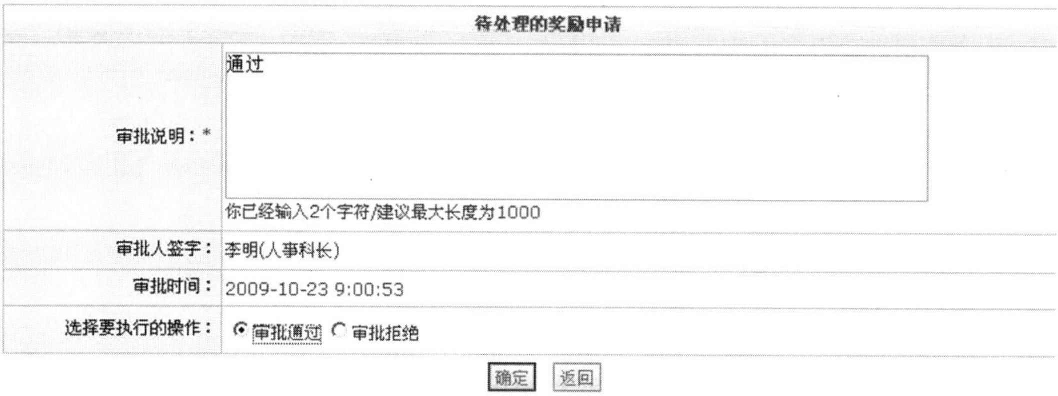

图8-7　奖励申请审批界面

切换用户，进入**处长王军**的账户，继续对该申请进行审批，如图8-8所示。

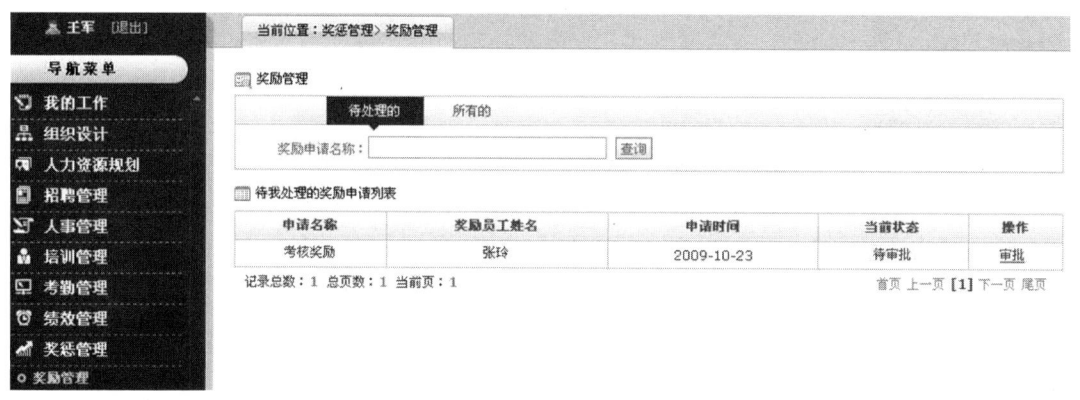

图8-8　处长审批界面

填写审批说明，选择要执行的操作，点击【确定】，如图8-9所示。

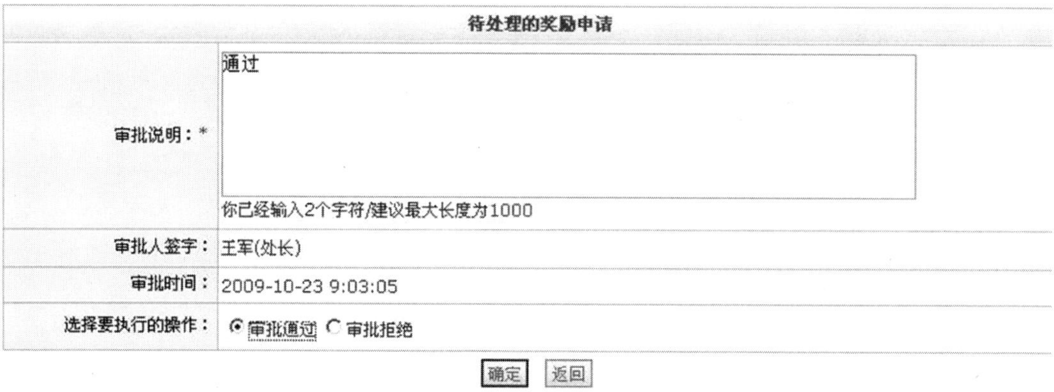

图8-9　处长审批填写界面

这样，奖励申请审批过程就完成了。

同样地，惩罚管理的申请以及审批过程与此相同。

3. 发布奖惩公告

当惩罚申请和审批完成之后，根据提示，下一步骤为"发布奖惩公告"。

切换用户，进入人事科员李晓的账户，在"奖惩管理"下选择【发布公告】。

在"奖励公告"或者"惩罚公告"下可以查询到经过审批的奖励和惩罚列表，点击操作下方的【发布】，如图 8-10 所示。

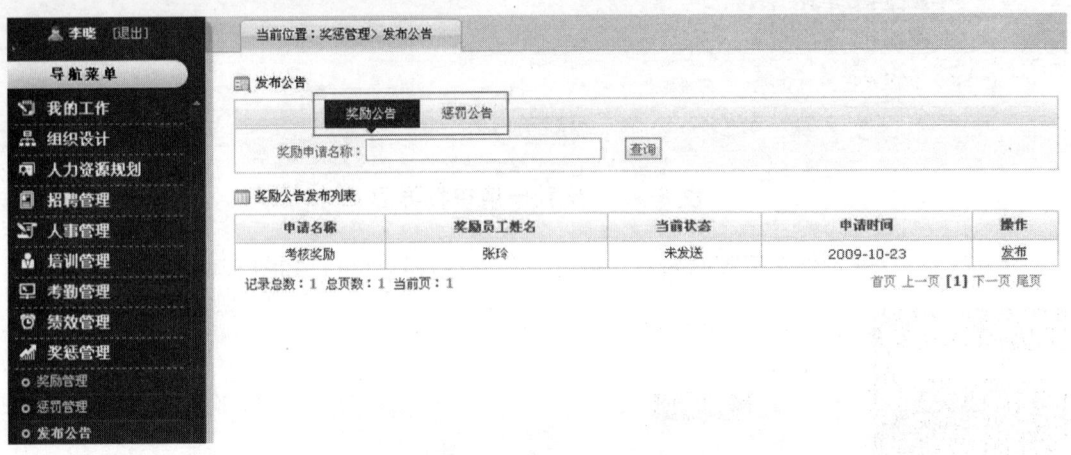

图 8-10　奖励公告发布界面

选择接收该条公告的员工，点击【添加】，如图 8-11 所示。

图 8-11　接收公告员工选择

点击【发送】，如图 11-12 所示。

图 8-12　公告发送界面

第九章

保险与福利管理

【学习目标】

通过本章的学习，了解我国公共部门保险与福利的内容及种类、现阶段保险与福利管理现状，掌握公共部门员工保险相关知识和员工福利的性质及管理原则。

【引导案例】

上海：公务员除工资外可享受年金福利。

根据《上海市实施人才强市战略行动纲要》（以下简称《纲要》），上海将创新分配激励制度，其中包括建立党政机关人员奖励制度、构建符合不同类型事业单位特点和适应事业发展的收入分配体系及建立统一的市级人才表彰奖励制度等方面。

在建立党政机关人员奖励制度方面，《纲要》称将在进一步完善"阳光工资"制度的基础上，制定以部门首长为实施主体的奖励办法，成立党政机关考核委员会，根据工作业绩确定奖励方案。奖励经费统一由财政列支，同时，探索建立长效激励的公务员年金制度和福利制度。

在构建符合不同类型事业单位特点和适应事业发展的收入分配体系方面，要对经营性事业单位实行工资总量放开政策，允许其自主决定工资水平，并按规定列入成本。对政府事务服务类和社会公共服务类事业单位，实行工资总量动态管理，在提高社会和经济效益的基础上加大可分配工资总量。对行政执行类事业单位，研究制定依照公务员工资制度管理的办法。

此外还将探索事业单位财政投入模式改革。根据市场化程度和经济社会发展水平，对事业单位提供的服务进行公共性界定，确定公共财政的保障范围和公共支出的标准，实行财政拨款、财政补贴和市场运作的预算分类管理。

至于鼓励和引导企事业单位创新分配制度的问题，《纲要》鼓励各单位积极落实技术、专利、品牌、管理等要素参与分配的各种实现方式，积极探索股权、虚拟股、特殊贡献分红、协议工资、项目工资、年薪制、利润分享、年度奖励、风险收入、补充保险、福利待遇等多元化的分配形式，选择和跟踪一批不同类型企事业分配制度改革的样本单位，及时总结和提炼样本单位的做法和经验，并进行宣传引导，把单位领导推动按要素参与分配和形成有激励作用的分配方法作为重要内容纳入干部考核之中。

《纲要》还计划建立统一的市级人才表彰奖励制度，梳理整合各类人才奖励项目，建立由市委、市政府批准，市人才工作协调小组组织，涵盖全市优秀党政人才、企业经营管理人才、专业技术人才及留学回国人才、高技能人才和外国专家的市级人才综合奖项。

启发问题：

1. 上海市调整公务员工资的大背景？
2. 我国公务员制度中的公务员工资与福利状况？
3. 谈谈自己的看法？

第一节　实验基础知识

一、社会保险的性质与种类

保险（insurance）是指一个人在遭遇意外事故损害后，设法使其安全渡过，予以生活保障。保险是人类设想出来的应付这些意外事故的最好的一种办法。广义的保险包括三部分：一是商业保险；二是被保险人集资合办，体现互保互助原则的合作保险；三是国家法定的强制性保险，即社会保险。

社会保险（social insurance）是国家通过立法的形式，由社会集中建立基金，以使劳动者在年老、患病、工伤、失业、生育等丧失劳动能力的情况下能够获得国家和社会补偿与帮助的一种社会保障制度。社会保险是国家为了预防和强制社会多数成员参加的，具有所得重分配功能的非营利性的社会安全制度。

社会保险计划由政府举办，强制某一群体将其收入的一部分作为社会保险税（费）形成社会保险基金，在满足一定条件的情况下，被保险人可从基金获得固定的收入或损失的补偿，它是一种再分配制度，它的目标是保证物质及劳动力的再生产和社会的稳定。社会保险的主要项目包括养老保险、医疗保险、失业保险、工伤保险、生育保险。

1. 养老保险

养老保险是劳动者在达到法定退休年龄退休后，从政府和社会得到一定的经济补偿、物质帮助和服务的一项社会保险制度。国有部门、集体部门、外商投资部门、私营部门和其他城镇部门及其职工，实行部门化管理的事业单位及其职工必须参加基本养老保险。

参统单位（指各类部门）单位缴费费率确定为19%，个人缴费费率确定为8%，个体工商户及其雇工、灵活就业人员及以个人形式参保的其他各类人员，根据缴费年限实行的是差别费率。参加基本养老保险的个人劳动者，缴费基数在规定范围内可高可低，多交多受益。职工按月领取养老金必须是达到法定退休年龄，并且已经办理退休手续；所在单位和个人依法参加了养老保险并履行了养老保险的缴费义务；个人缴费至少满15年。

目前中国的部门职工法定退休年龄为：男职工60岁，从事管理和科研工作的女干部55岁，女职工50岁。基本养老金由基础养老金和个人账户养老金组成，职工达到法定退休年龄且个人缴费满15年的，基础养老金月标准为省（自治区、直辖市）或市（地）上年度职工月平均工资的20%。个人账户养老金由个人账户基金支付，月发放标准根据本人账户储存额除以120。个人账户基金用完后，由社会统筹基金支付。

2. 医疗保险

城镇职工基本医疗保险制度，是根据财政、部门和个人的承受能力所建立的保障职工基本医疗需求的社会保险制度。所有用人单位，包括部门（国有部门、集体部门、外商投资部门和私营部门等）、机关、事业单位、社会团体、民办非部门单位及其职工，都要参加基本医疗保险，城镇职工基本医疗保险基金由基本医疗保险社会统筹基金和个人账户构成。基本医疗保险费由用人单位和职工个人账户构成。基本医疗保险费由用人单位和职工个人共同缴纳，其中，单位按10%比例缴纳，个人缴纳2%。用人单位所缴纳的医疗保险费一部分用于建立基本医疗保险社会统筹基金，这部分基金主要用于支付参保职工住院和特殊慢性病门诊及抢救、急救。发生的基本医疗保险起付标准以上、最高支付限额以下符合规定的医疗费，其中个人也要按规定负担一定比例的费用。个人账户资金主要用于支付参保人员在定点医疗机构和定点零售药店就医购药符合规定的费用，个人账户资金用完或不足部分，由参保人员个人用现金支付，个人账户可以结转使用和依法继承。参保职工因病住院先自付住院起付额，再进入统筹基金和职工个人共付段。

参加基本医疗保险的单位及个人，必须同时参加大额医疗保险，并按规定按时足额缴纳基本医疗保险费和大额医疗保险费，才能享受医疗保险的相关待遇。

3. 工伤保险

工伤保险也称职业伤害保险。劳动者由于工作原因并在工作过程中受意外伤害，或因接触粉尘、放射线、有毒害物质等职业危害因素引起职业病后，由国家和社会给负伤、致残者以及死亡者生前供养亲属提供必要物质帮助。工伤保险费由用人单位缴纳，对于工伤事故发生率较高的行业，工伤保险费的征收费率高于一般标准，一方面是为了保障这些行业的职工发生工伤时，工伤保险基金可以足额支付工伤职工的工伤保险待遇；另一方面是通过高费率征收使部门有风险意识，加强工伤预防工作，使伤亡事故率降低。

职工上了工伤保险后，职工住院治疗工伤的，由所在单位按照本单位因公出差伙食补助标准的70%发给住院伙食补助费；经医疗机构出具证明，报经办机构同意，工伤职工到统筹地区以外就医的，所需交通、食宿费用由所在单位按照本单位职工因公出差标准报销。另外，工伤职工因日常生活或者就业需要，经劳动能力鉴定委员会确认可以安装假肢、矫形器、假眼、假牙和配置轮椅等辅助器具，所需费用按照国家规定的标准从工伤保险基金中支付。工伤参保职工的工伤医疗费一至四级工伤人员伤残津贴、一次性伤残补助金、生活护理费、丧葬补助金、供养亲属抚恤金、辅助器具等、工伤康复费、劳动能力鉴定费都应从工伤保险基金中支付。

4. 失业保险

失业保险是国家通过立法强制实行的，由社会集中建立基金，对因失业而暂时中断生活来源的劳动者提供物质帮助的制度。

各类部门及其职工、事业单位及其职工、社会团体及其职工、民办非部门单位及其职工，以及国家机关与之建立劳动合同关系的职工都应办理失业保险。失业保险基金主要是用于保障失业人员的基本生活。城镇部门、事业单位、社会团体和民办非部门单位按照本单位工资总额的0.5%缴纳失业保险费，其职工按照本人工资的0.5%缴纳失业保险费。无固定工资额的单位以统筹地区上年度社会平均工资为基数缴纳失业保险费。单位招用农牧民合同制工人本人不缴纳失业保险费。

当前中国失业保险参保职工的范围包括：在岗职工；停薪留职、请长假、外借外聘、内退等在册不在岗职工；进入再就业服务中心的下岗职工；其他与本单位建立劳动关系的职工（包括建立劳动关系的临时工和农村用工）。城镇部门事业单位失业人员按照有关规定具备以下条件的失业职工可享受失业保险待遇：按照规定参加失业保险，所在单位和本人已按照规定履行缴费义务满1年的；不是因本人意愿中断就业的；还有已经办理失业登记，并有求职要求的。

5. 生育保险

生育保险是针对生育行为的生理特点，根据法律规定生育保险，在职女性因生育子女而导致暂时中断工作、失去正常收入来源时，由国家或社会提供的物质帮助。生育保险待遇包括生育津贴和生育医疗服务两项内容。生育保险基金由用人单位缴纳的生育保险费及其利息以及滞纳金组成。女职工产假期间的生育津贴、生育发生的医疗费用、职工计划生育手术费用及国家规定的与生育保险有关的其他费用都应该从生育保险基金中支出。

所有用人单位（包括各类机关、社会团体、部门、事业、民办非部门单位）及其职工都要参加生育保险。生育保险由用人单位统一缴纳，职工个人不缴纳生育保险费。生育保险费由用人单位按照本单位上年度职工工资总额的0.8%缴纳。享受生育保险待遇的职工，必须符合以下三个条件：用人单位参加生育保险在6个月以上，并按时足额缴纳了生育保险费；符合计划生育政策有关规定生育或流产的；在本市城镇生育保险定点医疗服务机构，或经批准转入有产科医疗服务机构生产或流产的（包括自然流产和人工流产）。

二、福利的性质与种类

福利有广义和狭义之分。从广义上讲，凡是改善员工生活质量的公益性事业和所采取的措施都可称为福利。它几乎概括了人们所享受的一切物质待遇，当然也囊括了社会保险、社会救助、社会优抚等内容。狭义的福利则专指社会保障体系中除社会保险、社会救助、社会优抚之外，改善员工生活质量而采取的一系列措施。

公务员福利制度是指国家和公务员所在单位为保障和解决公务员工作、生活及家庭中的基本需要和特殊困难，在工资和保险之外给予经济帮助和生活照顾的一种保障制度。建立公务员福利制度有利于改善公务员的工作生活条件，稳定公务员队伍，激励公务员更加努力的工作。在我国，公务员福利制度主要包括休假、优抚等比较传统的福利制度。

公务员的福利是由各单位根据其自身经济实力、管理目标和组织成员的不同需要自主建立的，因此，不同单位之间的福利内容可能差别很大。我国现行的公职人员福利主要有：福利补贴补助、探亲制度、休假制度和集体生活福利设施。其中，福利补贴补助包括生活补助、上下班交通费补贴、冬季宿舍取暖补贴、通信补助。探亲制度的享受对象有一定的条件：凡在公共部门工作满1年以上，与配偶不住在一起，并且不能公休假日团聚的，可以享受探望配偶的待遇；与父母都不在一起且不能在公休假日团聚的，可享受探望父母的待遇等。我国实行劳动者每日工作时间不超过8小时，平均每周不超过40小时的工作时制度，元旦、春节、国际劳动节、国庆节及法律法规规定的其他休假节日为公职人员的法定休假日。单位集体生活福利是公职人员福利的主要内容，其目的是尽可能减轻公职人员的家务劳动负担，使其有更充沛的工作精力和更充分的自我发展机会，包括员工食堂、保育设施、员工住宅、集体文化娱乐设施等。福利管理的主要内容包括：确定福利总额、明确实施福利的目标、确定福利的支付形式和对象、评价福利措施的实施效果。

福利管理的四项原则：

（1）合理性原则。服务和设施项目应当在规定的范围内，力求以最小费用达到最大限度效果。

（2）必要性原则。国家规定的福利条例，部门必须坚决严格执行。另外，部门提供福利应当最大限度地与组织成员保持一致。

（3）计划性原则。福利制度的实施应当建立在福利计划的基础上。

(4) 协调性原则。部门在推行福利制度时，必须考虑与社会保险、社会救济、社会优抚的匹配和协调。

改革公务员的福利制度是形势发展的客观要求。根据我国福利工作的实际情况，今后我国公务员福利制度的总目标是要改善公务员病事假待遇，完善和规范其他福利措施，力争尽快建立起与公务员制度相配套，与社会主义市场经济相适应的一套独立、完善、规范的公务员福利体系。当然，公务员福利待遇的改善和提高，最终取决于国家的经济和社会发展水平以及财力状况。但改革的方向是：改革福利制度，将一部分福利性的补贴纳入工资，尽可能实现公务员收入的"工资化""货币化"；积极发展第三产业，改革机关办社会的现象，提高福利工作的"社会化""商品化"程度；建立健全有关规章制度和加强监督管理，使公务员的福利制度能够充分发挥应有的作用。

从国际经验来看，在美国、日本、英国、法国、德国、加拿大和新加坡等主要市场经济国家以及我国的香港和澳门地区，同级公务员的工资和福利标准基本上是统一的。而我国内地的实际情况却是，随着1993年工资制度改革的进行，不同地区和同一地区的不同政府部门之间出现了工资水平的较大差异。导致这种局面产生的一个原因在于，1993年工资制度改革时，国家就规定建立地区附加津贴制度，使不同地区机关工作人员工资的提高与经济发展联系起来，允许省、自治区、直辖市运用地方财力安排工资性支出。但是，由于多种原因，这一制度一直未能实施。近年来，各地区、各部门在国家统一规定之外纷纷自行出台津贴补贴政策，出现了分配秩序混乱的现象。在有的地区和单位，地方和单位自行发放的津贴补贴超过了基本工资（而根据国际一般情况，公务员的工资收入一般占总薪酬收入的70%~80%，津贴约占20%~30%）。由于各地区以及各部门的资源状况不同，津贴补贴发放称谓不同、数量不同，造成在不同地区之间、不同部门之间的收入差距不断加大。除了地区之间有差异外，不同部门之间公务员的工资水平也出现了差异。

随着经济的迅速发展，公务员工资、福利不平衡的状况日益凸显。特别是在经济比较发达的上海，这个问题更为严重，于是，上海主动采取了一系列措施来调整公务员的工资、福利。从材料中可以看出，其并不是简单的给某个部门加工资或是变相补贴，而是严格按照公务员法的相关规定，为改革收入分配制度、规范收入分配秩序、构建科学合理和公平公正的社会收入分配体系而采取的重要举措之一。上海市采取"阳光工资"与年金福利相结合，是对我国公务员工资福利制度改革的有益探索，这将有利于改变长期以来我国公务员工资福利制度一直不甚合理的局面。

当然，上海的改革只是开了个头，各地公务员工资、福利制度的改革也正在进行之中。公务员工资、福利制度改革的一个重要目的就在于清理规范各种津贴和补贴，合理确定津贴补贴项目和标准，坚决遏制津贴补贴发放混乱的现象，严格规范工资分配秩序，做到基本统一同一地区不同单位的公务员收入水平，使地区之间公务员收入差距控制在一个合理的范围内。所以，公务员工资、制度改革重在规范秩序和建立健康、可持续的工资增长机制，即建立国家统一的职务与级别相结合的公务员工资制度，建立地区附加津贴制度，完善艰苦边远地区津贴制度，形成正常增长的公务员工资调整机制，建立调控有力的公务员工资管理体制。这不仅是《中华人民共和国公务员法》的要求，同时也是建立廉洁、透明、高效政府的需要。

第二节 系统综述

一、系统简介

公共部门建立养老、医疗等项目的社会保险制度，有利于维护社会安定和谐，吸引和留住更多人才，满足以公务员为主体的机关事业单位员工对社会保险的需求，从而保障其基本生活需要，提高其福利待遇。

学生通过完成这部分实验，能够轻松了解公共部门的各种保险与福利，了解社会公共部门保险与福利设置的重要性。

二、实验流程

保险与福利管理实验流程如图9-1所示。

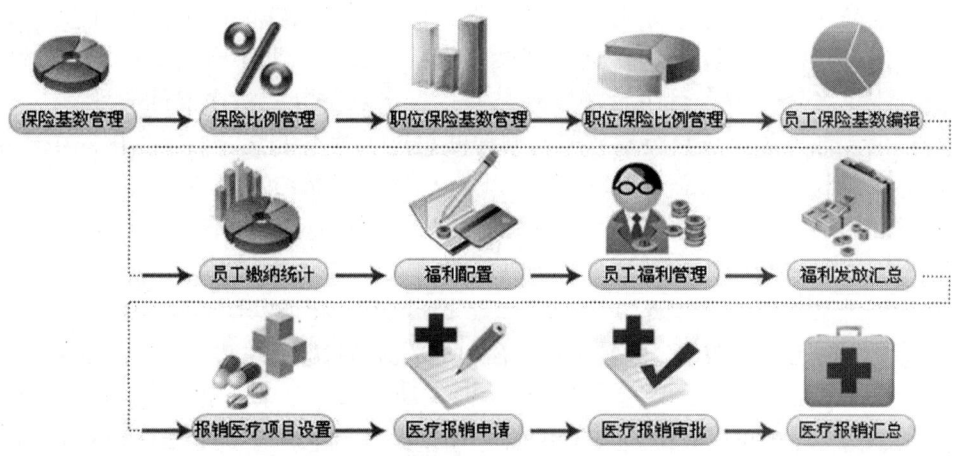

图9-1 保险与福利管理实验流程

三、实验目的

使学生通过这部分实验，了解公共部门保险与福利的作用以及重要性。

第三节 实验指导

一、实验情景

规划局为公务人员配置的保险和福利的相关信息；设置医疗项目；通过审批；保障其

利益。

二、实验数据

具体实验数据如表9-1至表9-4所示。

表9-1　　　　　　　　　　保险基数管理

所在城市	新安
社保基数最低值（元）	1455
社保基数最高值（元）	9042
公积金基数最低值（元）	850
公积金基数最高值（元）	8900

表9-2　　　　　　　　　　保险比例　　　　　　　　　　单位：%

所在城市	新安		
养老保险公司缴纳比例	2	养老保险个人缴纳比例	8
医疗保险公司缴纳比例	8.5	医疗保险个人缴纳比例	2
工伤保险公司缴纳比例	0.4	工伤保险个人缴纳比例	0
失业保险公司缴纳比例	1	失业保险个人缴纳比例	1
生育保险公司缴纳比例	0.7	生育保险个人缴纳比例	0
公积金公司缴纳比例	10	公积金个人缴纳比例	10

表9-3　　　　　　　　　　福利项目添加

福利项目名称	计划生育补贴
福利项目解释	计划生育补贴

表9-4　　　　　　　　　　医疗报销申请

医疗报销申请名称	计划生育手术
医疗报销项目名称	医疗费
医疗费用（元）	1000
医疗明细	计划生育所需手术的费用

三、实验任务

保险基数添加；保险比例添加；职位保险基数添加；职位保险比例添加；员工保险基数设置；福利配置；员工福利管理；福利项目汇总；报销医疗项目配置；医疗报销申请；

医疗报销审批；医疗报销汇总。

四、实验步骤

完成任务九后，自动弹出任务十的接受窗口，点击【接受】，如图9-2所示。

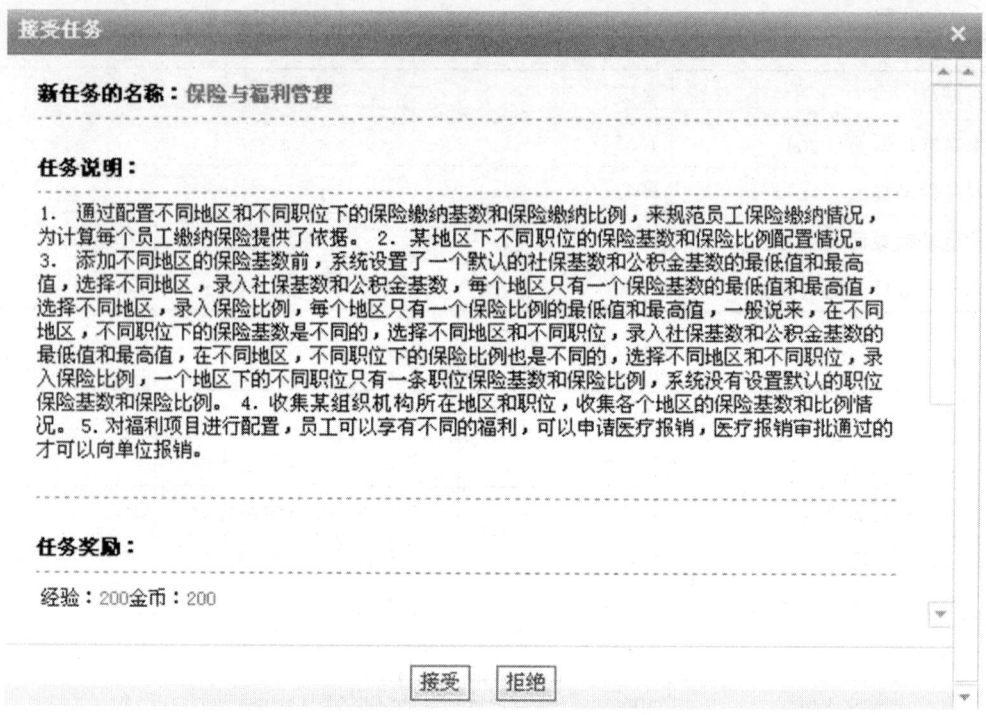

图9-2 保险与福利管理任务接受界面

1. 保险基数添加

根据提示，下一步骤为"保险基数添加"。

选择"保险与福利管理"下的【添加】，如图9-3所示。

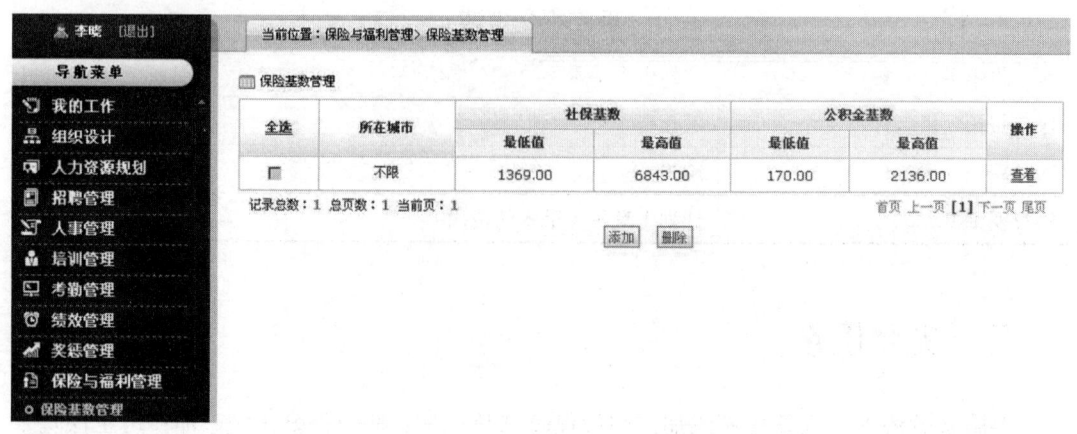

图9-3 保险基数管理界面

填写社保基数以及公积金基数的最低值和最高值，点击【确定】，如图 9-4 所示。

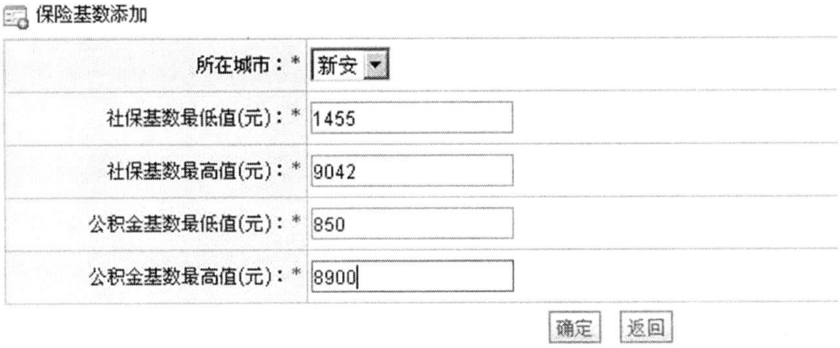

图 9-4　保险基数添加界面

2. 保险比例添加

根据提示，下一步骤为"保险比例添加"。

选择"保险与福利管理"下的【保险比例管理】，点击【添加】，如图 9-5 所示。

图 9-5　保险比例管理界面

填写各种保险公司和个人缴纳的比例，点击【确定】，如图 9-6 所示。

图 9-6　保险比例添加界面

3. 职位保险基数添加

根据提示，下一步骤为"职位保险基数添加"。

选择"保险与福利管理"下的【职位保险基数管理】，点击【添加】，如图 9–7 所示。

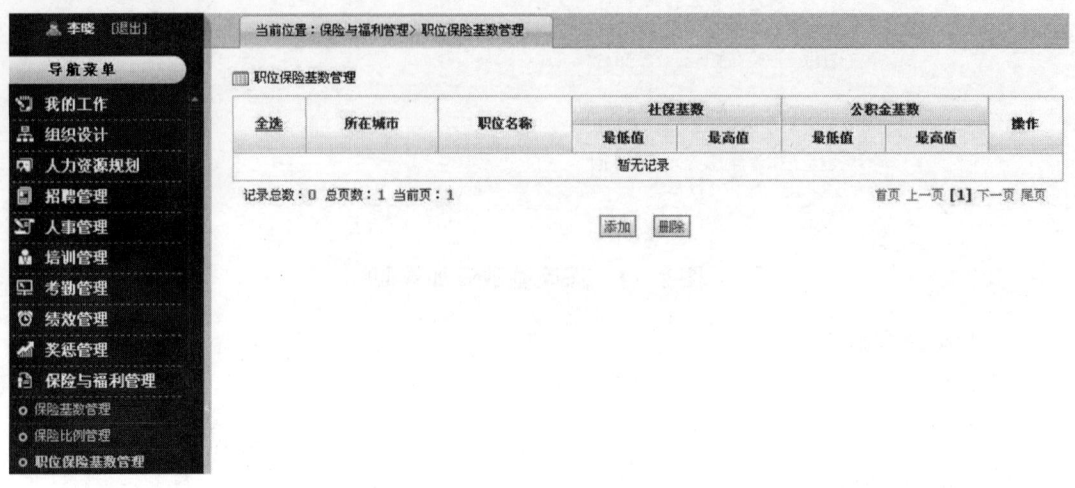

图 9–7　职位保险基数管理界面

填写职位保险基数，点击【确定】，如图 9–8 所示。

图 9–8　职位保险基数添加界面

4. 职位保险比例添加

根据提示，下一步骤为"职位保险比例添加"。

选择"保险与福利管理"下的【职位保险比例管理】，点击【添加】，如图 9–9 所示。

填写职位保险比例，点击【确定】，如图 9–10 所示。

5. 员工保险基数设置

根据提示，下一步骤为"员工保险基数设置"。

选择"保险与福利管理"下的【员工保险管理】，可以查看到员工保险管理列表，如图 9–11 所示。

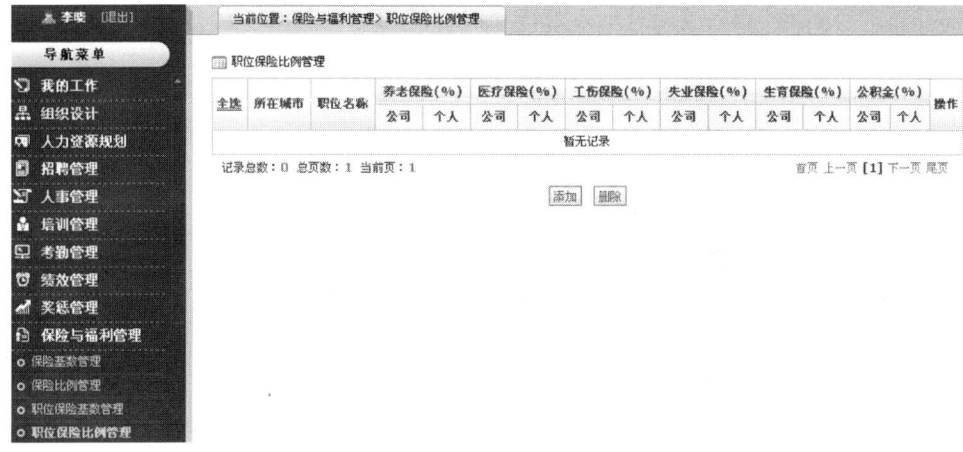

图 9-9　职位保险比例管理界面

图 9-10　职位保险比例添加界面

图 9-11　员工保险管理界面

点击【基数编辑】，可以针对个人进行社保基数和公积金基数的修改，修改完成后点击【确定】，如图9-12所示。

图9-12 基数编辑界面

6. 福利配置

根据提示，下一步骤为"福利配置"。

选择"保险与福利管理"下的【福利配置】，点击【添加福利项目】，如图9-13所示。

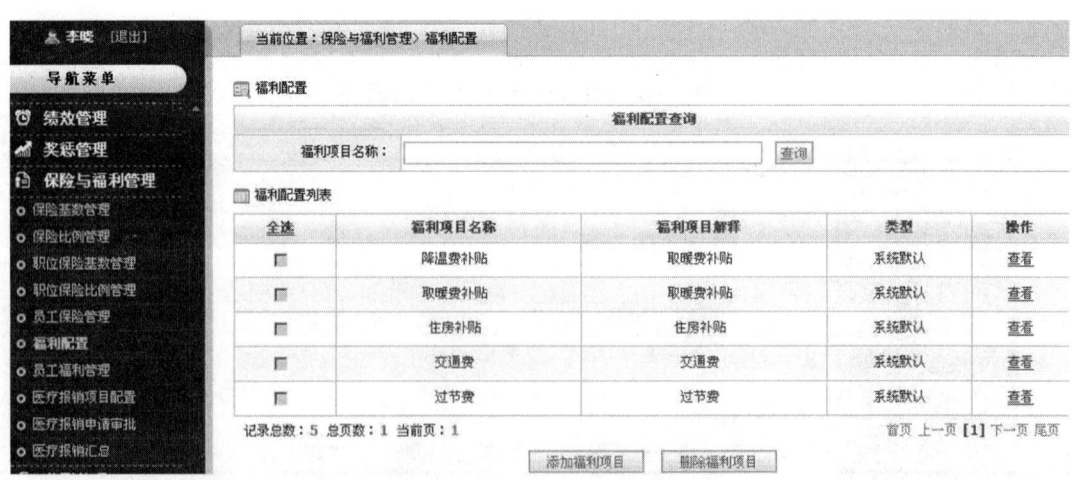

图9-13 福利配置界面

填写福利项目的名称及内容，点击【确定】，如图9-14所示。

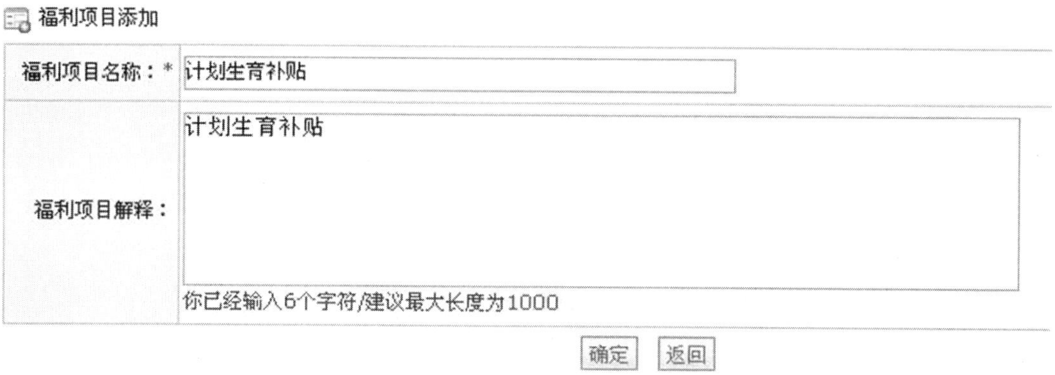

图 9-14　福利项目添加界面

7. 员工福利管理

根据提示，下一步骤为"员工福利管理"。

选择"保险与福利管理"下的【员工福利管理】，点击员工后的【福利项目配置】，对其福利项目进行管理，如图 9-15 所示。

图 9-15　员工福利管理界面

点击【福利项目选择】，如图 9-16 所示。

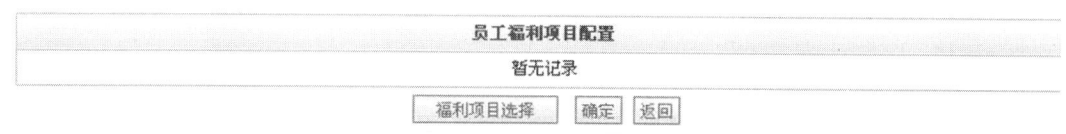

图 9-16　福利项目选择界面

选择该员工享受的福利项目，点击【添加】，如图 9-17 所示。

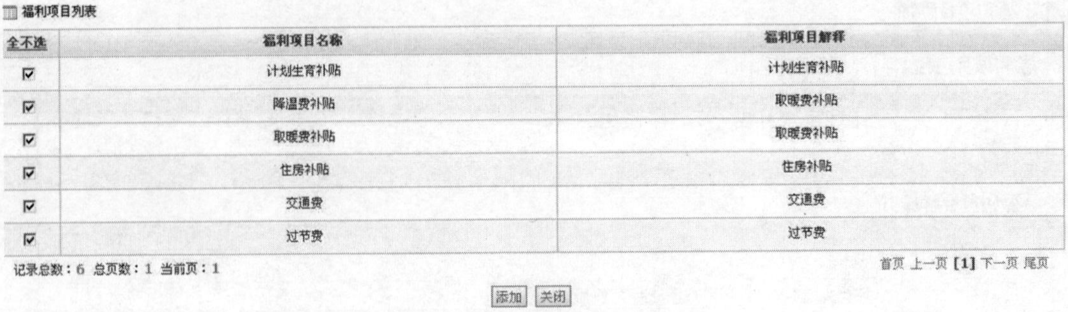

图 9 – 17 福利项目选择界面

为各项福利设置金额，点击【确定】，如图 9 – 18 所示。

图 9 – 18 员工福利项目配置界面

8. 福利项目汇总

根据提示，下一步骤为"福利项目汇总"。

点击【福利发放汇总】，能够查看到员工福利项目年度汇总列表，也可以将其导出，如图 9 – 19 所示。

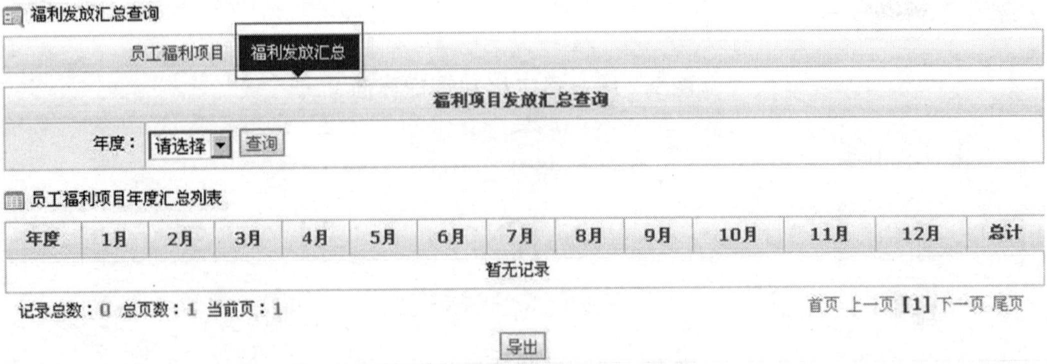

图 9 – 19 福利发放汇总界面

9. 报销医疗项目配置

根据提示,下一步骤为"报销医疗项目配置"。

选择"保险与福利管理"下的【医疗报销项目配置】,点击【添加医疗报销项目】,如图 9 – 20 所示。

图 9 – 20　医疗报销项目配置界面

填写医疗报销项目,点击【确定】,如图 9 – 21 所示。

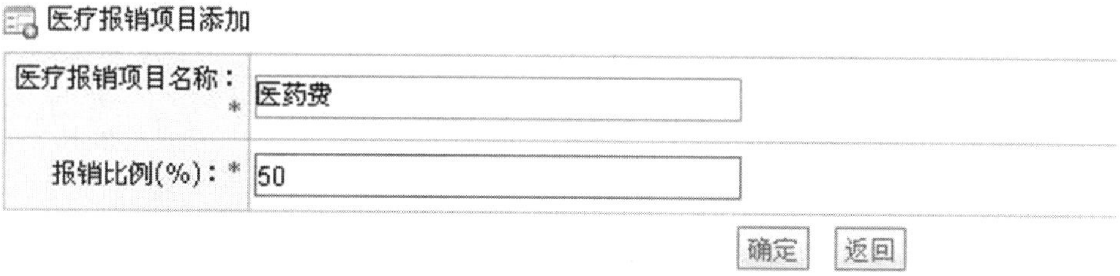

图 9 – 21　医疗报销项目添加界面

10. 医疗报销申请

根据提示,下一步骤为"医疗报销申请"。

选择"保险与福利管理"下的【医疗报销申请审批】,点击【添加】,如图 9 – 22 所示。

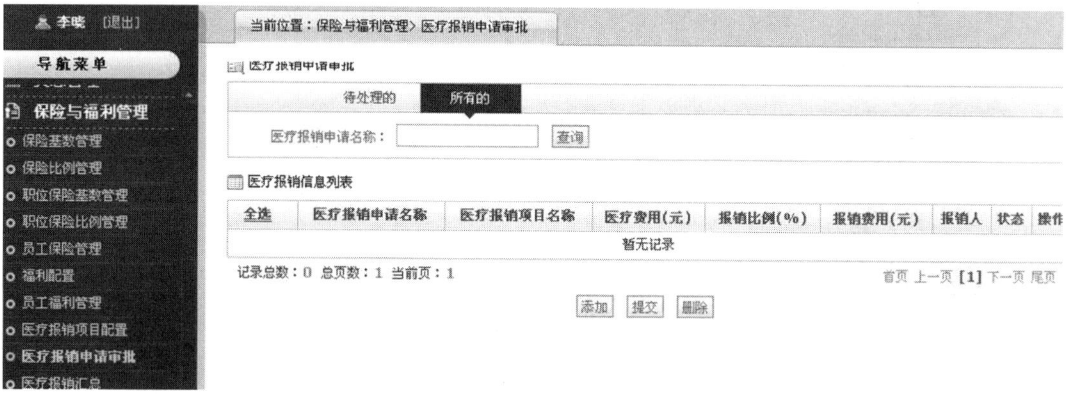

图 9 – 22　医疗报销申请界面

填写医疗报销申请表,点击【提交】,如图9-23所示。

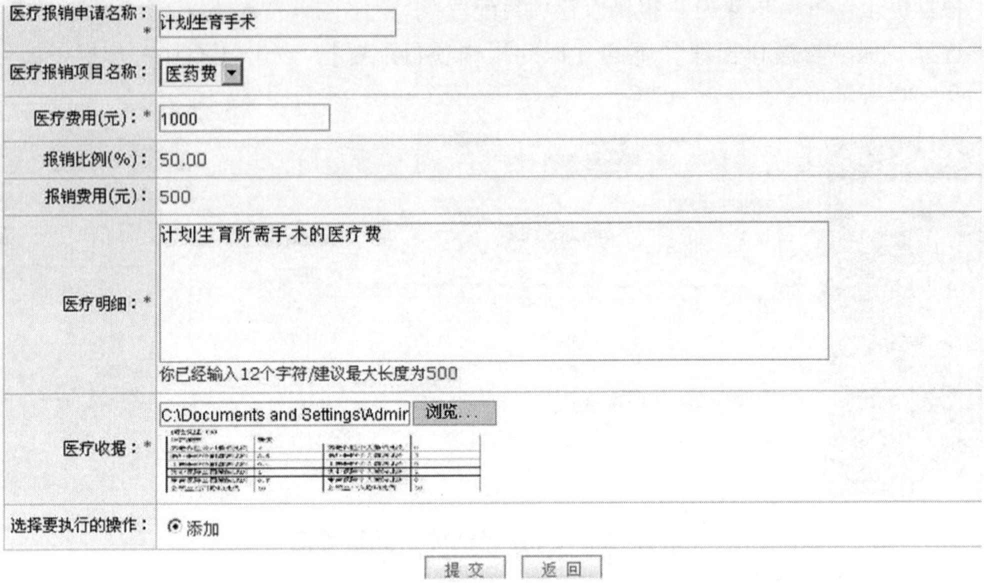

图9-23 医疗报销申请填写界面

11. 医疗报销审批

根据提示,下一步骤为"医疗报销审批"。

在"所有的"状态下,选中该医疗报销申请,点击【提交】,如图9-24所示。

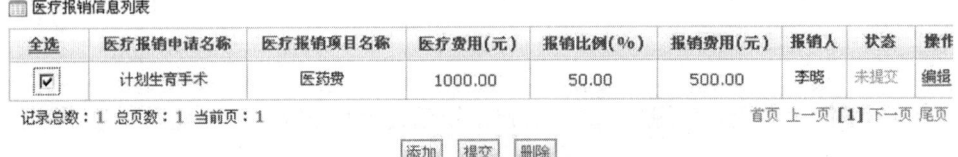

图9-24 医疗报销申请提交界面

切换用户,进入普通科长张玲的账户,对该申请进行审批,如图9-25所示。

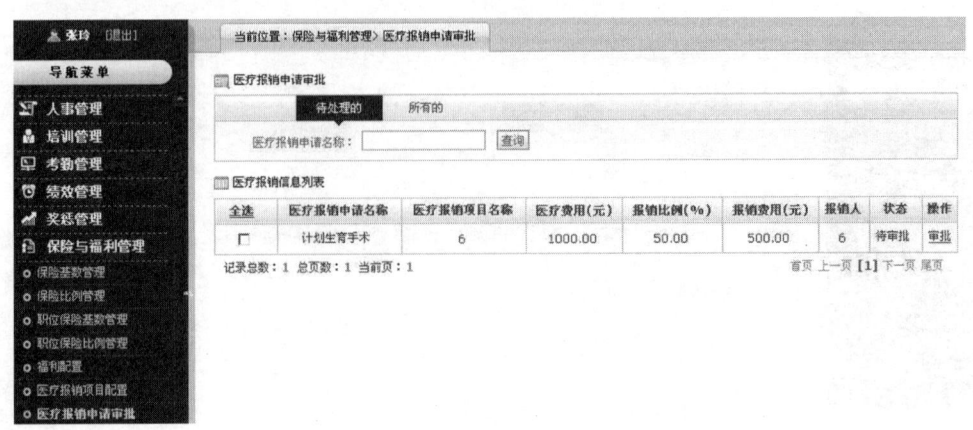

图9-25 医疗报销申请审批界面

紧接着切换用户，由**处长王军**继续进行审批。

医疗申请以及审批过程至此结束。

12. 医疗报销汇总

根据提示，下一步骤为"医疗报销汇总"。

选择"保险与保险管理"下的【医疗报销汇总】，可以查看到医疗报销年度汇总列表，并可以将其导出，如图 9-26 所示。

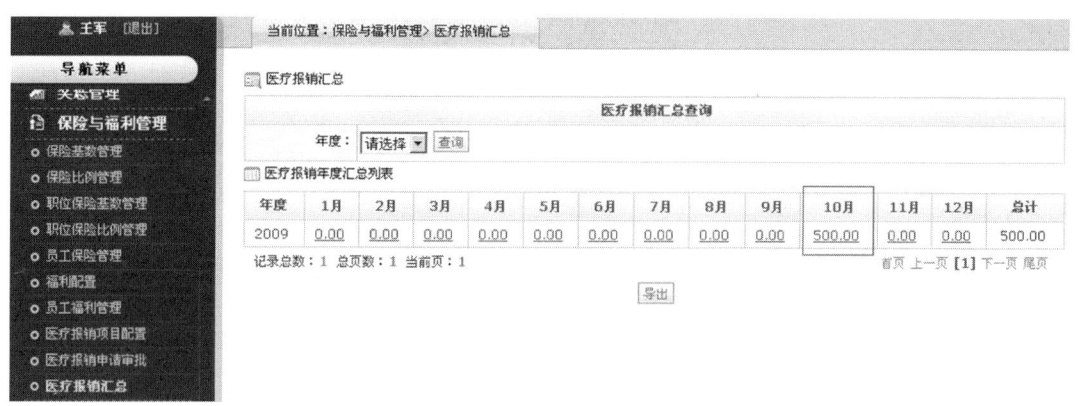

图 9-26　医疗报销汇总界面

第十章

薪酬管理

【学习目标】

通过学习了解薪酬的概念、薪酬管理的基本原则,掌握影响薪酬的主要因素、薪酬设计的步骤,熟悉薪酬政策,了解我国公务员目前工资制度存在的问题。

【引导案例】

新公务员工资制度改革: 职务与职级并行

2014年,公务员在网上"晒"工资似乎成了家常便饭。公务员们大吐苦水,"工作三年多,现在还要靠父母,工资早该涨了"。叶某是浙江省金华市法院的一名普通公务员。他告诉本刊记者,自己每月拿到手的工资只有4000多元,其中基本工资1200元,津贴3400元。

随着近两年"八项规定"的不断深入及依法治国等治国方略的推进,更让本来就处于风口浪尖的公务员群体变得焦虑,辞职潮也悄悄蔓延开来。

"我是副科级,每月工资4000元左右,在北京买房连月供都交不起。"在北京市某镇政府工作的程鹏告诉记者,他身边有很多同事都辞职去了企业,薪水比做公务员多一倍都不止。程鹏2009年通过了北京市公务员考试并成为一名基层公务员。工作至今,他的工资从来没有丁点儿变化,"六年物价都翻了多少倍,希望公务员的工资也能随着经济形势的变化而浮动,不要六年不变,要不真的干不下去了"。

对于在广西某县担任副县长的时某来说,工资也一直是他难以启齿的事情。作为副处级干部,他每月拿到手的工资不过4000多元。

"在现行公务员管理体制下,职务直接决定着公务员地位的高低及其相关薪酬待遇。职务和行政级别越高,工资越高,这对于基层公务员很不公平",时某说。例如,北京市在2003年实施"3581"阳光工资体系,即科、处、局、部级干部月薪分别为3000元、5000元、8000元以及10000元。据国家行政学院副教授胡颖廉透露,现实中,省与省之间最高和最低津补贴相差可达3~4倍,同一省内不同地区也存在很大差距,不仅挫伤了积极性,也直接影响了行政效率。

据悉,现行公务员工资制度按照施行于2006年的《中华人民共和国公务员法》,以企业相当人员薪酬水平及变动情况作为参考依据,实行国家统一的职务与级别相结合的工资制度。目前,公务员工资包括基本工资、津贴、补贴和奖金。

根据2006年《中华人民共和国公务员法》,职务决定职级,公务员职务与职级是公务员工资和其他待遇的依据。这意味着,公务员的工资待遇是由其职务决定的。在通行的公务员工资体系中,由职务所决定的职务工资和地区津贴占65%,职级工资只占25%。此外,职级工资还受职务的限制。也就是说,如果职务不晋升,副科不管干多少年都享受不了正科的待遇。

据国家公务员局统计，全国现在有700多万名公务员。其中，超过90%的公务员属于科员及科员以下职务，有60%是在县级以下政府机关工作。既然现行制度存在一些问题，新一轮薪酬改革方向在哪里？

根据2013年2月国务院转发的《深化收入分配制度改革若干意见》工作任务，人社部正在研究制定公务员薪酬体系改革方案。胡颖廉指出，"薪酬改革的重点是提高基层公务员待遇，有两个主要任务：一是规范公务员地区附加津贴制度；二是完善职务和职级并行的薪酬制度"。而中央全面深化改革领导小组会议近期审议的《关于县以下机关建立公务员职务与职级并行制度的意见》，决定在职务之外开辟职级晋升通道。这对于公务员工资改革来说，是向前迈了一大步。

据了解，未来的级别工资将体现同一职务层次的公务员工作年限、资历和能力差别，使公务员不提升职务也能通过晋升级别提高待遇，从而把激励重心更多放在级别和专业技术职称上来。

启发问题：
1. 公务员的工资由哪几部分组成？
2. 什么是公务员的职务、职级？二者的区别是什么？
3. 结合案例内容，谈谈建立健全公务员职务与职级并行制度有何意义？
4. 你认为建立健全公务员职务与职级并行制度还应该注意哪些问题？

第一节 实验基础知识

一、薪酬制度内涵

薪酬（compensation）泛指组织成员获得的一切形式的报酬，包括薪资、福利和保险等各种直接或间接的报酬。从某种意义上说，薪酬是部门对组织成员的贡献包括组织成员的态度、行为和业绩等所做出的各种回报，包括外部回报和内部回报。

所谓外部回报是指组织成员因为雇佣关系从自身以外所得到的各种形式的回报，也称外部薪酬。外部薪酬包括直接薪酬和间接薪酬。直接薪酬是组织成员薪酬的主要部分，它包括组织成员的基本工资、激励薪酬，如绩效工资、红利和利润分成等。间接薪酬即福利，包括公共部门提供的各种保险、非工作日工资、额外津贴和其他服务等。

所谓内部回报是指组织成员自身心理上感受到的回报，主要体现为一些社会和心理方面的回报。具体包括参与部门决策、获得更大的工作空间或权限、更大的责任、更有趣的工作、个人成长的机会和活动的多样性。因组织成员为部门所提供的贡献，以及工龄、知识、技能、体力和工作表现等支付给组织成员相应的报酬或回报。很显然，组织成员薪酬实质上是一种交换或交易，也就是以某种程度的补偿作为一种交换或交易，它必须服从市场的交换或交易规律。

薪酬制度是部门整体人力资源管理制度与体系的重要组成部分。科学有效的激励机制能够让组织成员发挥出最佳的潜能，为部门创造更大的价值。激励的方法很多，但是薪酬可以说是一种最重要的、最易使用的方法。它是部门对组织成员给部门所做的贡献（包括他们实现的绩效，付出的努力、时间、学识、技能、经验和创造）所付给的相应的回报和答谢。

科学有效的激励机制能够让组织成员发挥出最佳的潜能，为部门创造更大的价值。激励的方法很多，但是薪酬可以说是一种最重要的、最易使用的方法。在组织成员的心目中，薪酬不仅仅是自己的劳动所得，它在一定程度上代表着组织成员自身的价值、代表部门对组织成员工作的认同，甚至还代表着组织成员的个人能力和发展前景。

二、公共部门薪酬管理的概念及特点

薪酬管理是指根据部门总体发展战略的要求，通过管理制度的设计与完善以及薪酬激励计划的编制与实施，最大限度地发挥各种薪酬形式如工资、奖金和福利等的激励作用，为部门创造更大的价值。其原则包括：第一，对外具有竞争力原则。支付符合劳动力市场水平的薪酬，确保部门的薪酬水平与类似行业、类似部门的薪酬水平相当。第二，对内具有公正性原则。支付相当于组织成员岗位价值的薪酬。薪酬的设定应该"对岗不对人"。第三，对组织成员具有激励性原则。适当拉开组织成员之间的薪酬差距。根据组织成员的实际贡献付薪，贡献越多，薪酬越多。第四，对成本具有控制性原则。部门应当充分考虑自己的财务实力和实际的支付能力，根据部门的实际情况，对人工成本进行必要的控制。

薪酬管理是组织为实现管理目标而对其内部人力资源进行的规划、获取、维持、开发、激励、评估等一系列的管理行为。与公共部门相适应，公共部门薪酬管理就是指公共部门为了履行公共管理职能、实现公共利益，而根据国家相关法律、政策的规定，对公共部门人力资源进行的规划、获取、维持、开发、激励、评估等一系列的管理活动和过程。对于公职人员来说，薪酬是其付出劳动和提供服务的回报或交换，是对个人人力资本使用的补偿，是个人经济收入和经济安全的主要来源，也是维持个人和家庭生活的重要因素之一。

公共部门薪酬管理具有一般薪酬管理的共性，但由于公共部门自身的特性，决定了公共部门薪酬管理有其特殊性。这种特殊性主要表现为利益取向的公共性、管理层级的复杂性、管理行为的政治性、法律规制的严格性和绩效评估的困难性。公共部门薪酬管理的特点主要包括：第一，薪酬主要由政府决定；第二，薪酬水平相对稳定；第三，薪酬制度规范性强、透明度高；第四，直接报酬相对较低，其他报酬相对较高。

公共部门薪酬管理实质上是公共部门根据自身发展战略和目标，依据国家政策与法律，并综合各方面的因素，确定薪酬策略并付诸实施的整个过程。信息管理与组织发展是相辅相成的，其主要目的是为了在保障员工基本生活的同时，充分激励、发挥员工的能力，实现组织的发展目标。薪酬管理也是为了组织能够留住人才，拥有合理的人才成本，并保障组织内部的薪酬公平。公共部门薪酬管理在人力资源管理上的重要作用主要体现在两个方面：一方面，薪酬管理决定着人力资源的合理配置与使用；另一方面，薪酬管理直接决定着组织效率。

公共部门薪酬制度的功能包括保障功能、调节功能和激励功能。其中，保障功能主要体现为薪酬能够保障员工及其家庭的基本生活；调节功能主要体现为人才的合理流动，吸引和留住人才，调节组织内部的分配关系，协调个人、组织和国家三者之间的利益关系；激励功能主要体现为薪酬向有突出成绩的员工和核心员工倾斜，在政策上对其进行奖励，通过薪酬增加其归属感，从而提高员工的工作效率。

三、公共部门薪酬制度的基本构成

公共部门的薪酬制度是实现公共部门组织目标的重要保证。从内容上说，公共部门薪酬制度的基本构成主要包括工资制度、社会保险制度和福利制度，其中社会保险制度和福利制度在本书第九章已经介绍过了，这里就不再赘述，本章主要介绍公共部门的工资制度。

所谓公共部门工资制度，是指公职人员依法履行职责、完成本职工作后，国家以法定货币支付给公务员个人劳动报酬的制度。工资制度有广义和狭义之分。广义的工资制度是指，依照分配原则计算工作人员的工作质量、数量和相应的报酬，并进行工资支付而建立的一套工资收入分配的规章制度、措施和所采用的各种分配形式的总和；狭义的工资制度是指基本的工资制度，也就是我们经常说的工资等级制度。

1. 工资等级制度

工资等级制度指对从事不同岗位、担任不同职务的职工，根据其技术复杂程度、劳动繁重程度、操作熟练程度和工作责任大小等因素，划分劳动等级来相对区分其劳动差别，再按劳动等级规定相对应的工资等级标准，据以支付劳动报酬的一类基本工资制度。

工资等级制度从其工资标准的确定依据来划分，可分为能力工资制、工作工资制、结构（组合）工资制、年功工资制四种类型。

（1）能力工资制。

能力工资制是以劳动者本人的劳动技能（业务）水平确定工资标准，如技术等级工资制、职能工资制等。其特点是对人不对事。能力工资制的形式可以由各单位自己设计。

（2）工作工资制。

工作工资制是在评价工作（岗位、职务）的基础上确定工资标准的一种工资制度，如职务工资制、岗位工资制等。从表面上看，工作工资似乎不是等级工资。但就一个企业（机关单位、事业单位）来说，各岗位（职务）是按劳动质量差别而排列顺序和规定水平不同的工资标准，所以就整体而言，其工资是分等级的。工作工资制的特点是对"事"不对"人"。

（3）结构工资制。

结构工资制又称分解工资制，依据工资的各种职能，将构成工资标准的诸因素分别规定工资额，再将各部分汇总，即为职工的工资标准。被分解的各部分工资既有其相对独立性，相互之间又有密切联系，并互相制约，形成一个有机的统一体。

（4）年功工资制。

年功工资在日本称为年功序列薪酬。所谓年功，即指年龄越大，工龄越长，劳动熟练程度就越高，功劳越大。所谓序列，即等级的意思。年功序列工资制就是按年龄和本单位的工龄来决定工资等级和工资标准的一种工资等级制度。具体办法是，职工新参加工作后，按其年龄和学历决定初始级别和资历（工龄）工资，以后随着年龄（工龄）的增长每年增加一次工资。

年功工资制是一种纯粹以劳动者为中心的工资制度。它的基本标志是逐年定期增资，职工的基本工资和增资与本人的工作能力和所担任的工作没有直接联系。因而使青年职工同老年职工的工资矛盾较大,不能很好地贯彻按劳分配原则,导致论资排辈思想的蔓延,不利于鼓励中、青年职工努力上进,钻研技术业务。但是,它对于补偿职工过去的劳动贡献,保持平滑的年龄收入曲线(老年职工不致于因年老体衰、贡献减少而降低收入过多),以及稳定职工队伍,增强凝聚力和促进组织文化建设等有一定的积极作用。在我国,若单独实行这一制度,显然弊大于利,但若发挥其有利之处,作为工资等级制度中的子项,则是有必要借鉴和采用的。

2. 工资形式

工资形式是对员工实际劳动付出量和相应劳动报酬所得量进行具体计算和支付的方法。在工资分配过程中,工资等级制度只是依据按劳付酬的原则,规定了一定时期的工作标准和工资标准。但员工在各个不同时期和不同工资条件下,所付出的劳动量、提供的工作质量和数量是不同的,因此需要采取各种具体的方法,将工作标准和工资标准与员工的实际贡献相对照,并加以考核,计算出员工应得的工资数额,这就是工资形式。工资形式主要有基本工资(包括计时工资和计件工资)、奖金和津贴三种。

3. 我国公共部门工资制度

从新中国成立至今,我国公务员共经历了1956年、1985年、1993年、2006年四次大的工资制度改革。1956年第一次工资改革实行职务等级工资制度。各种职务由高到低共分30个等级,其中最高的国家主席、总理月工资为404.8元,最低为一般工人,为25.5元,高低相差16倍。

随着时间的推移,职务等级工资制度逐步演变成了属人工资制度,出现了管理高度集中、职级不符、劳酬脱节、功能单一、机制僵化的弊端,导致机关效率低下,人才流失严重。为此,1985年中央决定进行第二次工资改革,开始实行以职务工资为主要内容的结构工资制度。改革的主要内容是标准工资加上副食补贴及行政费节支奖,按工资的不同职能分基础工资、职务工资、工龄津贴和奖励工资四个组成部分。基础工资按工作人员本人生活费确定,六类地区每人每月40元。职务工资按职务高低、责任大小、工作繁简和业务水平确定,一个职务设几个等级的工资标准,上下职务的工资适当交。国家主席和总理的工资是办事员工资的10倍。每人按担任的实际职务及级别领取职务工资。工龄工资按工作年限每年以0.5元计算;奖励工资用以奖励有显著成绩的公务员,奖励工资没有拉开差距。以职务工资为主的结构工资制度较过去单一的等级工资制,突出了岗位因素,更好地反映了工资的多种功能,对于公务员的激励性更强,并且实现了与事业单位工资制度的分离,取得了较好的效果。

随着改革的逐步深入,1985年结构工资的弊端越来越明显,不适应形势发展的需要,因此从1993年开始进行了以职级工资制度为主的第三次工资制度改革。这一次工资制度改革动作比较大。改革的主要内容是实行职级工资制,按工资的不同职能设职务工资、级别工资、基础工资和工龄工资四个部分,并决定建立正常的工资增长机制。增加工资的途径有三个:一是定期考核晋升工资档次;二是随职务、级别晋升相应增加工资;三是根据物价波动指数和企业同类人员工资水平增长情况相应调整。这次改革,工资增长幅度较大,逐步理顺了一些工资关系,较好地调动了公务员的积极性。

从2006年起施行的《中华人民共和国公务员法》对于公务员的工资制度作了进一步

完善，从制度上规范了国家公务员的工资分配行为。《中华人民共和国公务员法》规定，公务员工资包括基本工资、津贴、补贴和奖金。同时，公务员可按照国家规定享受福利待遇，这也从法律层面确定了公务员的工资和福利制度。

我国现行公务员工资制度包括改革公务员工资制度，完善机关工人岗位技术等级（岗位）工资制，完善津贴补贴制度，健全工资水平正常增长机制，实行年终一次性奖金。现行公务员工资制度确立的原则包括：一是贯彻按劳分配原则，进一步理顺工资关系，合理拉开不同职务、级别之间的工资差距。二是坚持职务与级别相结合，增强级别的激励功能，实行级别与工资待遇适当挂钩。三是健全公务员工资水平正常增长机制，建立工资调查制度。四是加强工资管理，严格监督检查，有效调控地区工资差距，逐步将地区工资差距控制在合理的范围。

四、影响公共部门薪酬管理的因素

政府的薪酬实践表明，由于薪酬制度的不恰当所造成的不满和矛盾比数额本身所引起的不满和矛盾有过之而无不及；由于薪酬制度与组织战略没有有机地配合而导致组织战略夭折的现象也屡见不鲜。因此，政府在充分认识薪酬对于公共组织人员以及公共部门的巨大影响和战略意义的基础上，十分重视公共部门薪酬制度的确立。在确立薪酬制度时，要重视影响薪酬制度的因素，这些因素主要有：

（1）组织外部因素。组织外部因素包括国家政策及法律法规、劳动力的市场情况、当地的经济发展状况、物价水平和社会经济文化环境等。

（2）组织内部因素。组织内部因素有组织的经济实力、组织的战略规划、组织文化和管理决策层的态度等。

（3）组织成员个人因素。组织成员个人因素有组织成员的职位职务、组织成员的绩效表现、组织成员的资历与个人素质，以及组织成员的心理因素等。

在确立公共部门的薪酬制度时，除了考虑上面介绍的影响薪酬管理的因素外，还要考虑薪酬制度本身的一些因素：首先，要与公共部门管理和服务活动的性质和任务相适应，能充分反映员工劳动耗费大小，并能保证对工作的数量和质量进行客观、精确的计量和评价。其次，薪酬制度的计算方法要简单明了，员工易于自我了解薪酬与工作的关系。再次，不变薪酬与可变薪酬、长期薪酬与短期薪酬兼顾，且薪酬制度构成各部分的比例要恰当，能充分反映薪酬的各项功能。最后，薪酬制度要不断创新，要随着客观条件变化及时改换不合适的薪酬制度。对不完全适用的薪酬制度要改造、加工，形成新的适合工作特点的薪酬制度。

第二节 系统综述

一、系统简介

薪酬管理是指组织针对所有职工所提供的服务来确定他们应当得到的报酬总额以及报

酬结构和报酬形式的一个过程。在这个过程中，公共部门就薪酬水平、薪酬体系、薪酬结构以及薪酬构成，对职工薪酬做出决策。同时，公共部门还要持续不断地制定薪酬计划，拟定薪酬预算，就薪酬管理问题与职工进行沟通，同时对薪酬系统的有效性做出评价而后不断予以完善。

奥派公共部门人力资源管理教学系统软件中的薪酬管理系统包含发薪时间和城市的配置、四舍五入配置、薪酬项目、职位和员工薪酬模板、工资税率配置以及工资提交等模块，构成薪酬管理系统，功能齐全、结构清晰，可以让学生在很短的时间内了解薪酬管理流程以及如何进行薪酬分析和管理。

二、实验流程

薪酬管理实验流程如图10-1所示。

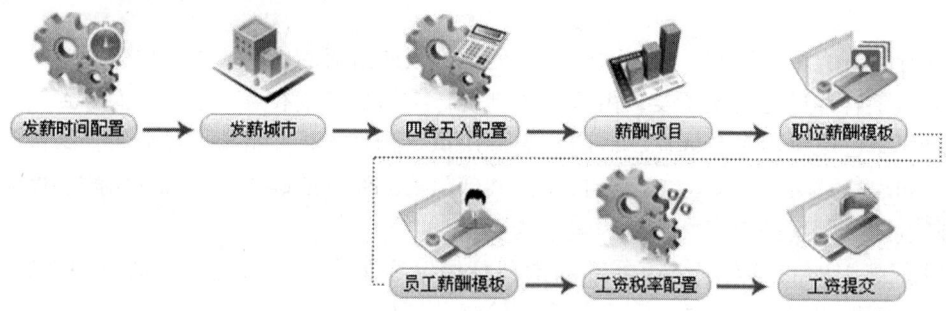

图10-1　薪酬管理实验流程

三、实验目的

薪酬管理是组织激励、牵引、约束和发展等诸多机制中的核心环节，是指组织针对所有职工所提供的服务来确定他们应当得到的报酬总额以及报酬结构和报酬形式的一个过程。

第三节　实验指导

一、实验情景

新安市规划局的薪酬项目包括基本工资、职位工资、绩效工资、住房津贴、加班费、值日津贴等多项。人事部门根据各人制定不同的工资，设定固定的日期发放工资。

二、实验数据

薪酬项目如表10-1所示。

表 10 – 1　　　　　　　　　　　薪酬项目

薪酬项目名称	职工教育经费	薪酬类型	其他支付
缩写名	JYJF	发薪批次	1
是否自动计算	否	是否使用	是
是否与成本相关	是	计税方式	税前
最大值	10000	最小值	2000
四舍五入	0.5 > 1，0.4 > 0	表达式	
说明	职工教育经费		

三、实验任务

发薪时间配置；发薪城市配置；四舍五入配置；薪酬项目添加；岗位薪酬模板设置；员工薪酬模板设置；工资税率配置；工资提交。

四、实验步骤

完成任务十后，自动弹出任务十一的接受窗口，点击【接受】，如图 10 - 2 所示。

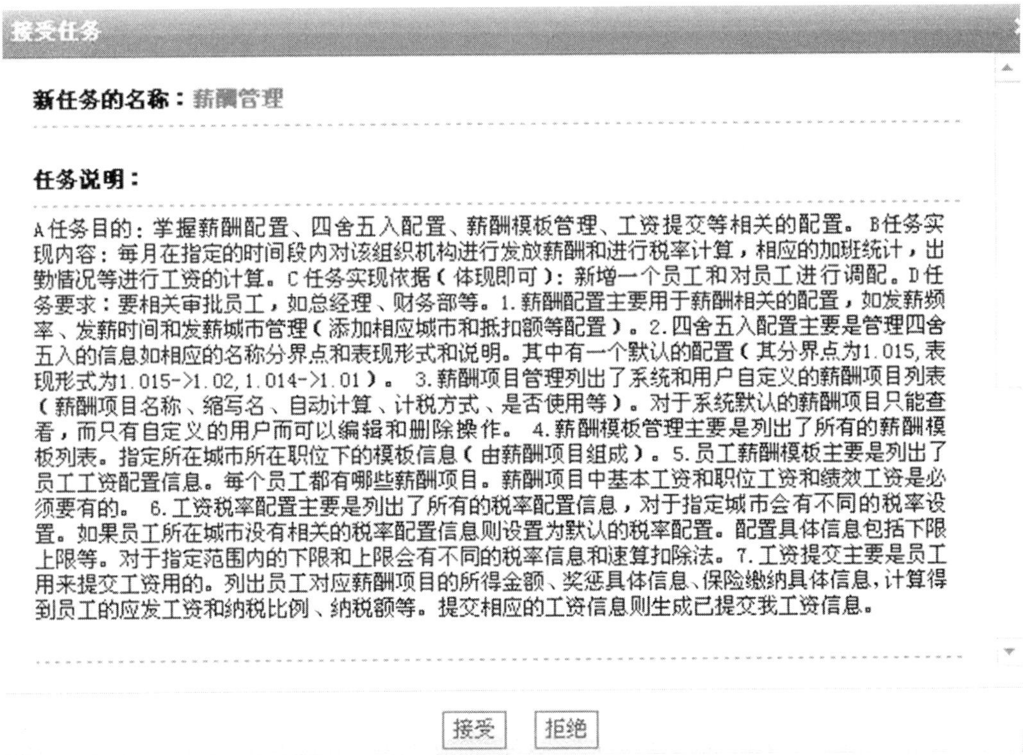

接受任务

新任务的名称： 薪酬管理

任务说明：

A 任务目的：掌握薪酬配置、四舍五入配置、薪酬模板管理、工资提交等相关的配置。B 任务实现内容：每月在指定的时间段内对该组织机构进行发放薪酬和进行税率计算，相应的加班统计，出勤情况等进行工资的计算。C 任务实现依据（体现即可）：新增一个员工和对员工进行调配。D 任务要求：要相关审批员工，如总经理、财务部等。1. 薪酬配置主要用于薪酬相关的配置，如发薪频率、发薪时间和发薪城市管理（添加相应城市和抵扣额等配置）。2. 四舍五入配置主要是管理四舍五入的信息如相应的名称分界点和表现形式和说明。其中有一个默认的配置（其分界点为1.015，表现形式为1.015->1.02，1.014->1.01）。 3. 薪酬项目管理列出了系统和用户自定义的薪酬项目列表（薪酬项目名称、缩写名、自动计算、计税方式、是否使用等）。对于系统默认的薪酬项目只能查看，而只有自定义的用户而可以编辑和删除操作。 4. 薪酬模板管理主要是列出了所有的薪酬模板列表。指定所在城市所在职位下的模板信息（由薪酬项目组成）。5. 员工薪酬模板主要是列出了员工工资配置信息。每个员工都有哪些薪酬项目。薪酬项目中基本工资和职位工资和绩效工资是必须要有的。 6. 工资税率配置主要是列出了所有的税率配置信息，对于指定城市会有不同的税率设置。如果员工所在城市没有相关的税率配置信息则设置为默认的税率配置。配置具体信息包括下限上限等。对于指定范围内的下限和上限会有不同的税率信息和速算扣除法。7. 工资提交主要是员工用来提交工资用的。列出员工对应薪酬项目的所得金额、奖惩具体信息、保险缴纳具体信息，计算得到员工的应发工资和纳税比例、纳税额等。提交相应的工资信息则生成已提交我工资信息。

接受　　拒绝

图 10 - 2　薪酬管理任务接受界面

1. 发薪时间配置

根据提示，下一步骤为"发薪时间配置"。

切换用户，进入**人事科员李晓**的账户。

选择"薪酬管理"下的【薪酬配置】，在"发薪时间配置"下设置发薪的频率和时间，点击【确定】，如图 10-3 所示。

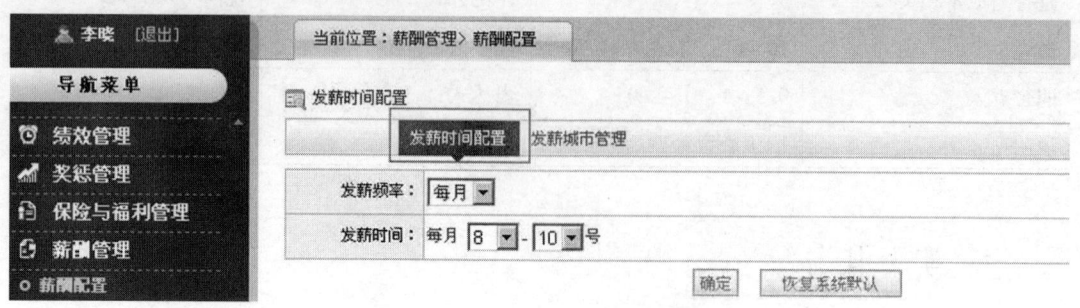

图 10-3 发薪时间配置界面

2. 发薪城市配置

根据提示，下一步骤为"发薪城市配置"。

在"发薪城市配置"下设置发薪城市，点击【确定】，如图 10-4 所示。

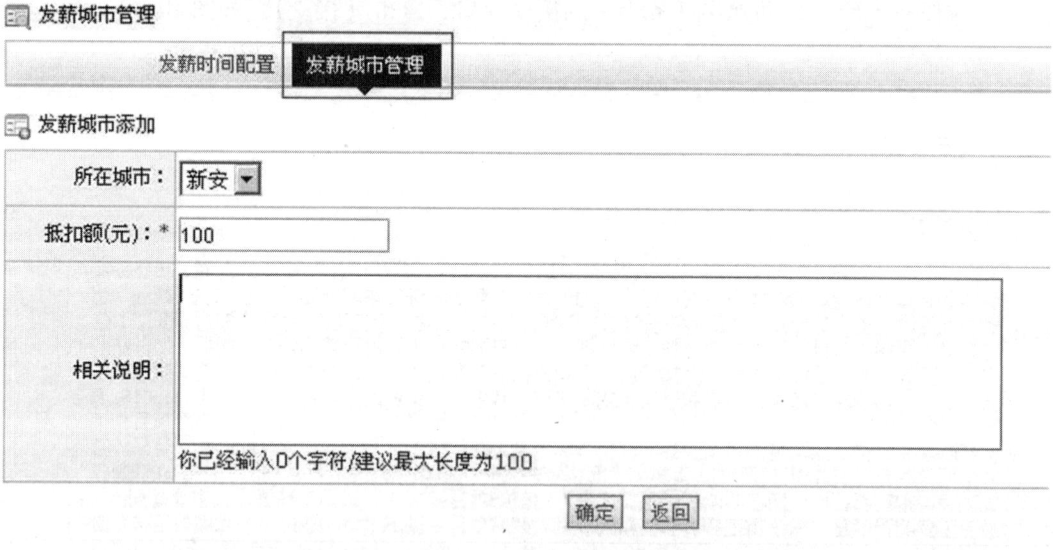

图 10-4 发薪城市管理界面

3. 四舍五入配置

根据提示，下一步骤为"四舍五入配置"。

选择"薪酬管理"下的【四舍五入配置】，点击【添加四舍五入】，如图 10-5 所示。

设置四舍五入配置的名称和分界点，会自动形成表现形式，点击【确定】，如图 10-6 所示。

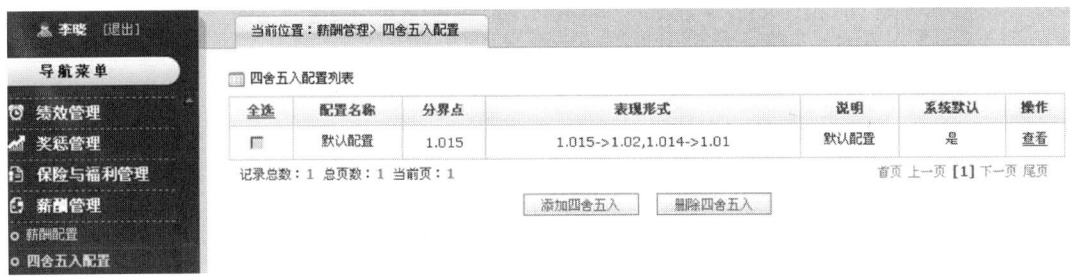

图 10-5　四舍五入配置界面

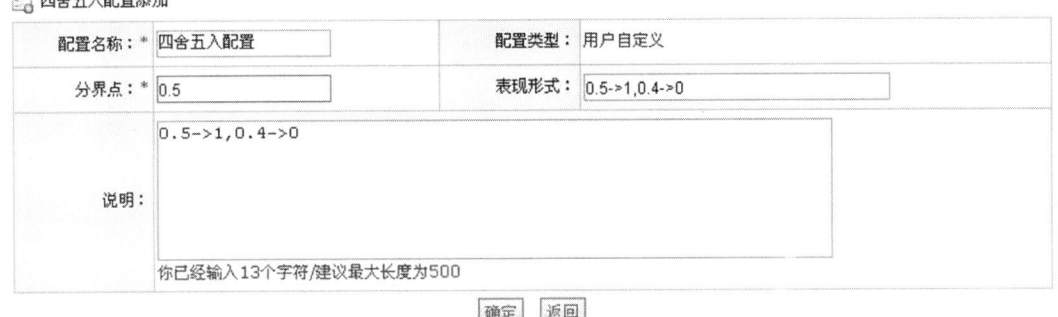

图 10-6　四舍五入配置添加界面

4. 薪酬项目添加

根据提示，下一步骤为"薪酬项目添加"。

选择"薪酬管理"下的【薪酬项目】，可以查看到薪酬项目列表，点击【添加薪酬项目】，如图 10-7 所示。

图 10-7　薪酬项目列表显示界面

填写薪酬项目的相关内容，点击【确定】，如图 10-8 所示。

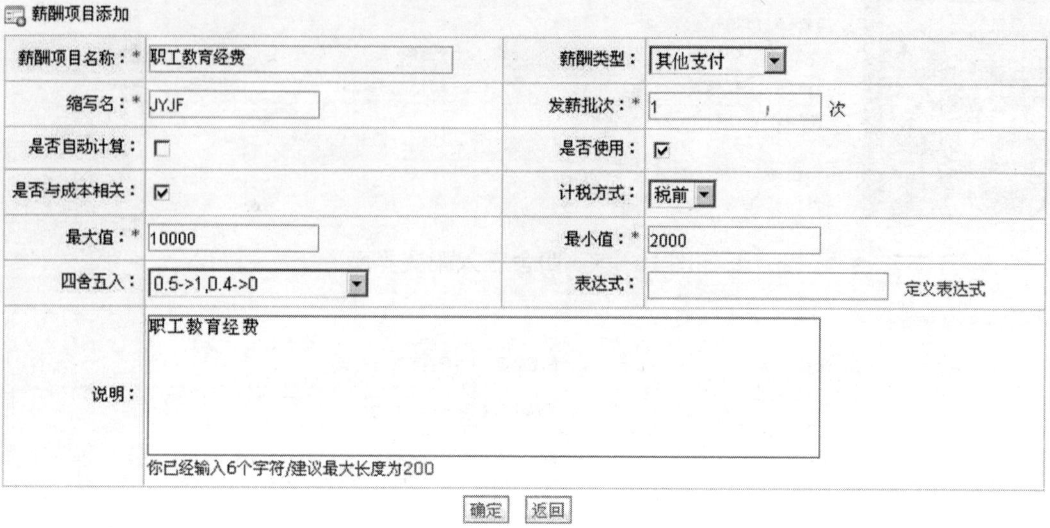

图 10-8 薪酬项目添加界面

5. 岗位薪酬模板设置

根据提示，下一步骤为"岗位薪酬模板设置"。

选择"薪酬管理"下的【职位薪酬模板】，点击【添加薪酬模板】，如图 10-9 所示。

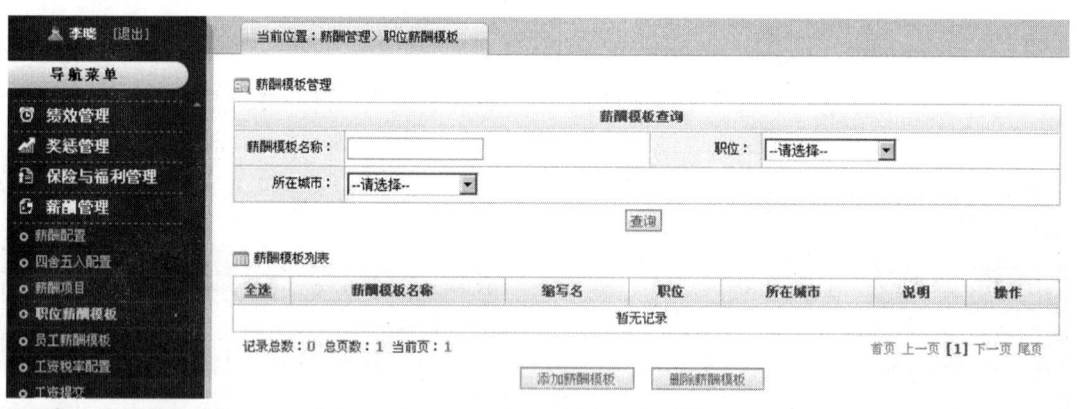

图 10-9 职位薪酬模板管理界面

填写薪酬模板的基本信息，在薪酬项目列表中选择需要的薪酬项目，点击【保存薪酬模板】，如图 10-10 所示。

6. 员工薪酬模板设置

根据提示，下一步骤为"员工薪酬模板设置"。

选择"薪酬管理"下的【员工薪酬模板】，点击【添加员工工资配置】，如图 10-11 所示。

图 10-10 薪酬模板添加界面

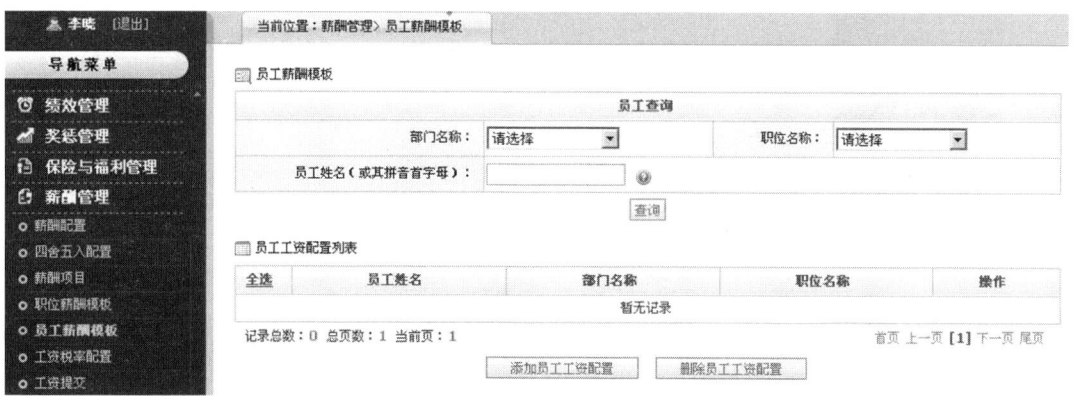

图 10-11 员工薪酬模板管理界面

选择需要进行工资配置的员工,在薪酬项目列表中选择需要进行配置的项目,点击【保存工资配置】,如图 10-12 所示。

图 10-12 员工工资配置界面

7. 工资税率配置

根据提示,下一步骤为"工资税率配置"。

选择"薪酬管理"下的【工资税率配置】,点击【添加工资税率】,如图 10-13 所示。

图 10-13 工资税率配置界面

设置配置的名称以及城市,如图 10-14 所示。

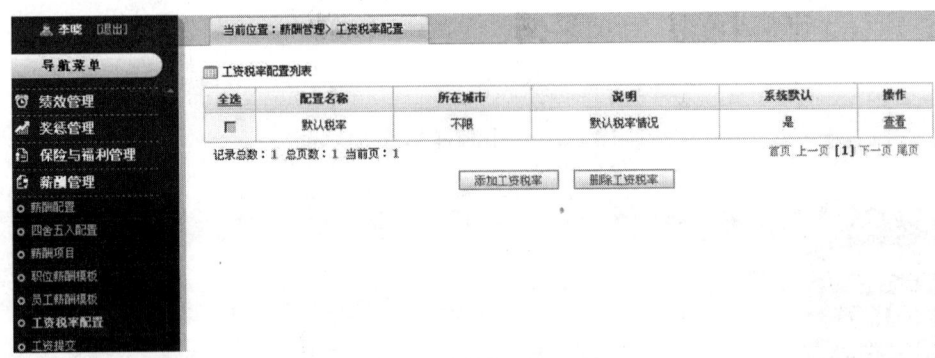

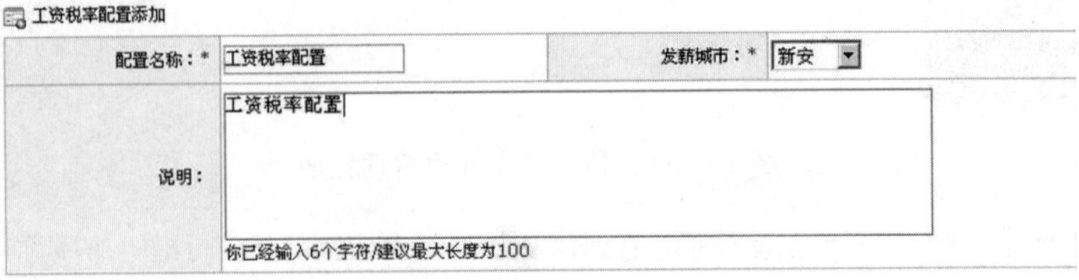

图 10-14 工资税率配置添加界面

下面是可供选择的配置具体信息列表，可以对其中的一条进行修改，或者再自行添加。最后点击下方的【确定】，如图 10 – 15 所示。

全选	下限（元）	上限（元）	税率（%）	速算扣除法（元）	说明	操作
☐	0.00	500.00	5.00	0.00	默认	编辑
☐	500.00	2000.00	10.00	25.00	默认	编辑
☐	2000.00	5000.00	15.00	125.00	默认	编辑
☐	5000.00	20000.00	20.00	375.00	默认	编辑
☐	20000.00	40000.00	25.00	1375.00	默认	编辑
☐	40000.00	60000.00	30.00	3375.00	默认	编辑
☐	60000.00	80000.00	35.00	6375.00	默认	编辑
☐	80000.00	100000.00	40.00	10375.00	默认	编辑
☐	100000.00	--	45.00	15375.00	默认	编辑

图 10 – 15　工资税率配置具体列表显示界面

8. 工资提交

根据提示，下一步骤为"工资提交"。

选择"薪酬管理"下的【工资提交】，可以查看到未提交工作列表。点击员工后面的【提交】，如图 10 – 16 所示。

图 10 – 16　工资提交界面

查看到该员工的工资表详情，点击下方的【提交】，如图 10 – 17 所示。

保险缴纳具体信息

养老保险		医疗保险		工伤保险		失业保险		生育保险		公积金	
公司	个人	公司	个人	公司	个人	公司	个人	公司	个人	公司	个人
180.00	120.00	180.00	120.00	15.00	0.00	30.00	15.00	15.00	0.00	17.50	17.50

工资总计

应发工资	纳税比例	纳税额	实发工资
2600.00	5.00%	16.38	2311.12

[提交] [返回]

图 10–17　工资表详情界面

第十一章

成本中心管理

第一节 实验基础知识

一、人力资源成本的概念

成本的种类多种多样，按照不同的标准可以分成不同的类别，有直接成本和间接成本、生产成本和销售成本之分。人力资源成本作为成本的重要组成部分，是指一个组织为了实现自己的组织目标，创造最佳经济和社会效益，而获得、开发、使用、保障必要的人力资源及人力资源离职所支出的各项费用的总和。

二、人力资源成本的构成

以个人身体为载体的全部人力资源成本包括以下六个部分。

(1) 个人原始投资。是指在企业或其他经济组织取得人力资源前，人力资源形成过程中所发生的各种费用支出的总和。

(2) 个人追加投资。是指员工进入企业、机关或其他经济组织后，自己又追加的教育和医疗等方面的费用。

(3) 人力资源吸收成本。是指在企业或其他经济组织取得人力资源过程中发生的一系列费用，包括招聘费和调入费用。

(4) 开发投资成本。是指在企业或其他经济组织取得人力资源后发生的各种教育培训费。

(5) 人力资源使用成本。是指人力资源使用过程中所发生的各种费用，包括录用、岗位调整等人力资源管理。

(6) 人力资源离职成本。是指员工因解聘、辞职或其他原因与企业或其他经济组织解除合作关系而发生的各种费用，包括解聘费用、诉讼费用或其他相关费用。

成本中心具有只考虑成本费用、只对可控成本承担责任、只对责任成本进行考核和控制的特点。其中，可控成本具备三个条件：可以预计、可以计量和可以控制。成本中心的考核指标包括成本（费用）变动额和成本（费用）变动率两项指标，其中：

成本(费用)变动额 = 实际责任成本(费用) − 预算责任成本(费用)

成本(费用)变动率 = 成本(费用)变动额/预算责任成本(费用) × 100%

第二节　系统综述

一、系统简介

奥派公共部门人力资源管理教学系统软件中的成本中心管理系统包括工资发放、员工工资变迁、工资成本汇总、培训费用审批、培训费用汇总、招聘费用审批、招聘费用汇总、人力资源规划结算以及人力资源规划归档几个模块，统计公共部门费用和发放工资的支出情况，从而通过汇总情况知道公共部门的经济效益情况。

二、实验流程

成本中心管理实验流程如图11-1所示。

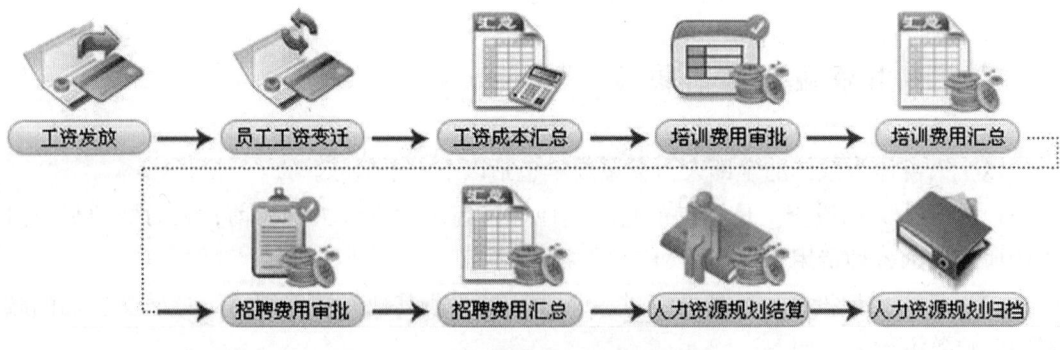

图11-1　成本中心管理实验流程

三、实验目的

统计工资支出、招聘费用和培训费用；人力资源预算结算和存档。

第三节 实验指导

一、实验情景

工资提交之后,需要对工资进行发放。对培训费用和招聘费用进行管理,以及人力资源规划的结算。

二、实验任务

工资发放;员工工资变迁查看;工资成本汇总;培训费用汇总;招聘费用汇总;人力资源规划总结。

三、实验步骤

完成任务十一后,会自动弹出任务十二的接受窗口,点击【接受】,如图 11-2 所示。

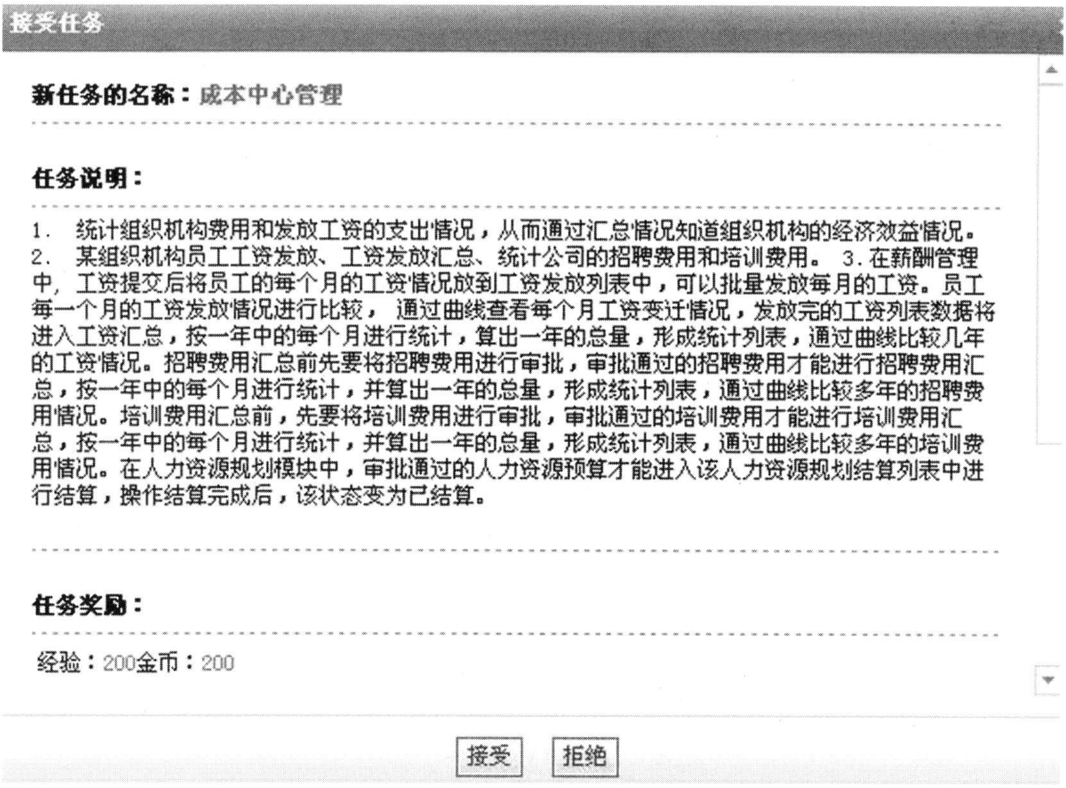

接受任务

新任务的名称: 成本中心管理

任务说明:

1. 统计组织机构费用和发放工资的支出情况,从而通过汇总情况知道组织机构的经济效益情况。
2. 某组织机构员工工资发放、工资发放汇总、统计公司的招聘费用和培训费用。 3. 在薪酬管理中,工资提交后将员工的每个月的工资情况放到工资发放列表中,可以批量发放每月的工资。员工每一个月的工资发放情况进行比较, 通过曲线查看每个月工资变迁情况,发放完的工资列表数据将进入工资汇总,按一年中的每个月进行统计,算出一年的总量,形成统计列表,通过曲线比较几年的工资情况。招聘费用汇总前先要将招聘费用进行审批,审批通过的招聘费用才能进行招聘费用汇总,按一年中的每个月进行统计,并算出一年的总量,形成统计列表,通过曲线比较多年的招聘费用情况。培训费用汇总前,先要将培训费用进行审批,审批通过的培训费用才能进行培训费用汇总,按一年中的每个月进行统计,并算出一年的总量,形成统计列表,通过曲线比较多年的培训费用情况。在人力资源规划模块中,审批通过的人力资源预算才能进入该人力资源规划结算列表中进行结算,操作结算完成后,该状态变为已结算。

任务奖励:

经验:200 金币:200

[接受] [拒绝]

图 11-2 成本中心管理任务接受界面

1. 工资发放

根据提示,下一步骤为"工资发放"。

选择"成本中心管理"下的【工资成本管理】。选中工资列表,点击【发放】,如图11-3所示。

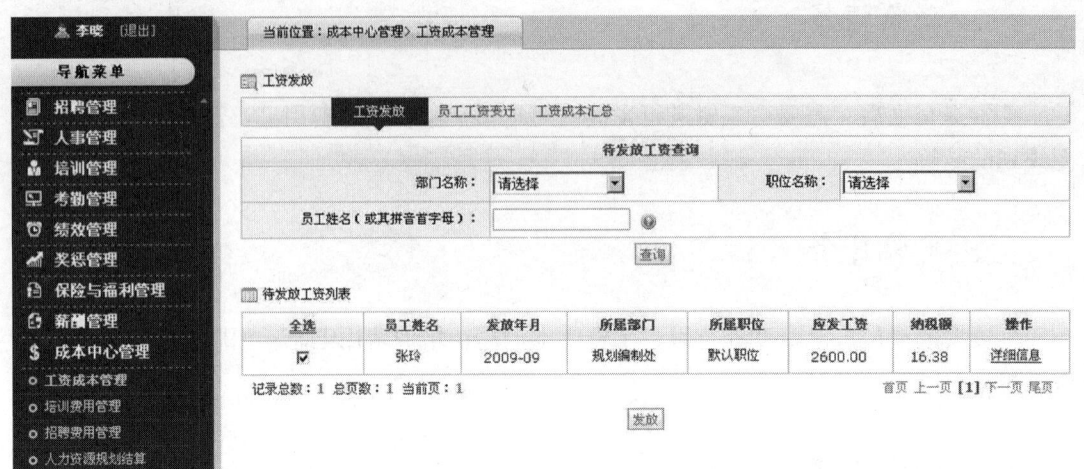

图11-3 工资发放界面

2. 员工工资变迁查看

根据提示,下一步骤为"员工工资变迁查看"。

在"员工工资变迁"下,选中员工列表,点击【比较】,如图11-4所示。

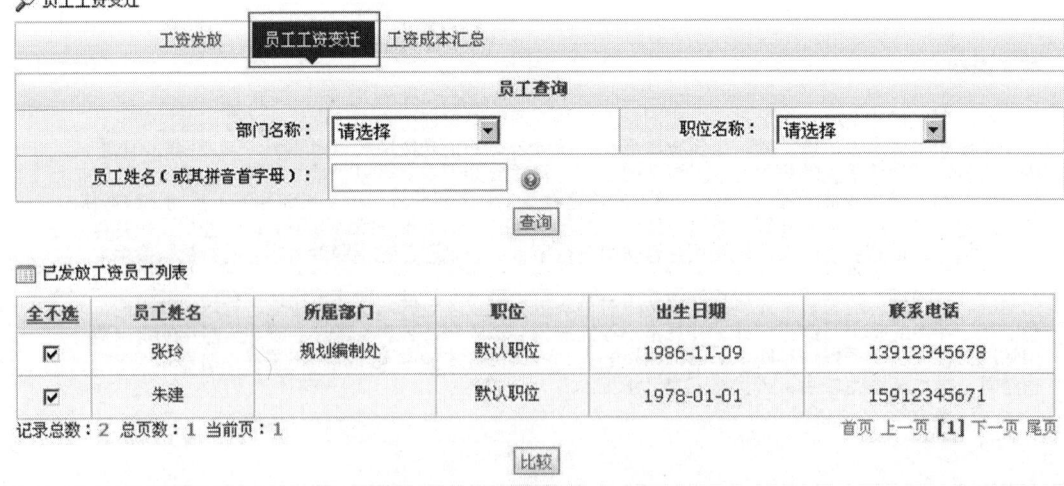

图11-4 员工工资变迁界面

3. 工资成本汇总

根据提示,下一步骤为"工资成本汇总"。

在"工资成本汇总"下,可以查看年度工资成本列表,并且可以进行对比,如图11-5

所示。

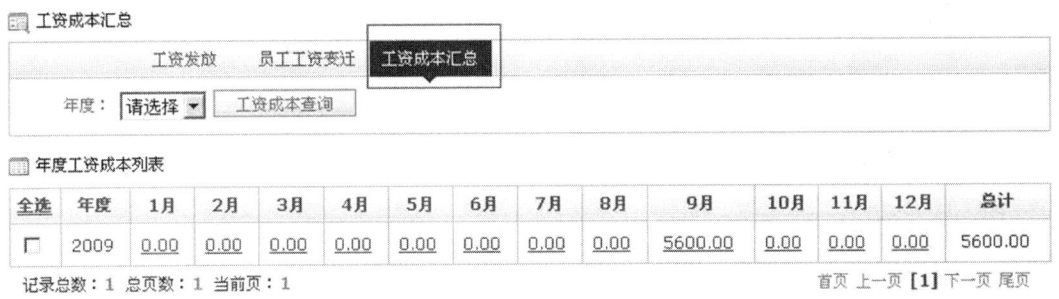

图 11-5 工资成本汇总界面

4. 培训费用汇总

根据提示，下一步骤为"培训费用汇总"。

在"成本中心管理"下选择【培训费用管理】，如图 11-6 所示。

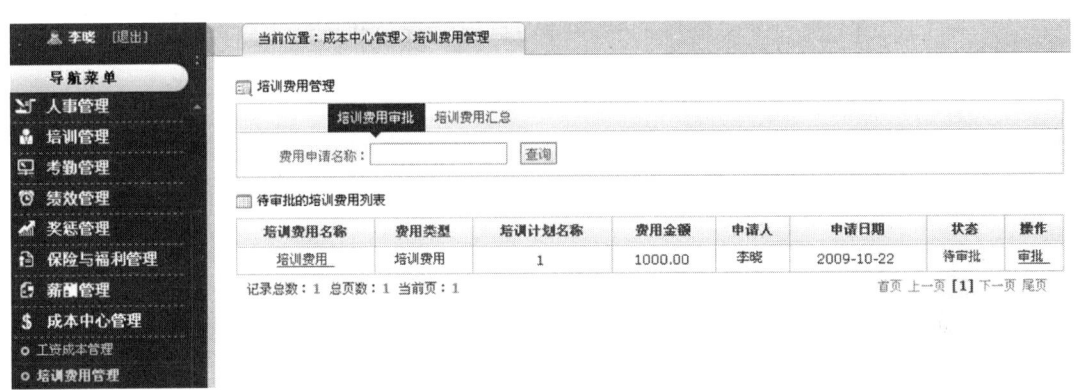

图 11-6 培训费用管理界面

李晓这时作为财务科员，需要对培训费用进行处理，点击【审批】，如图 11-7 所示。

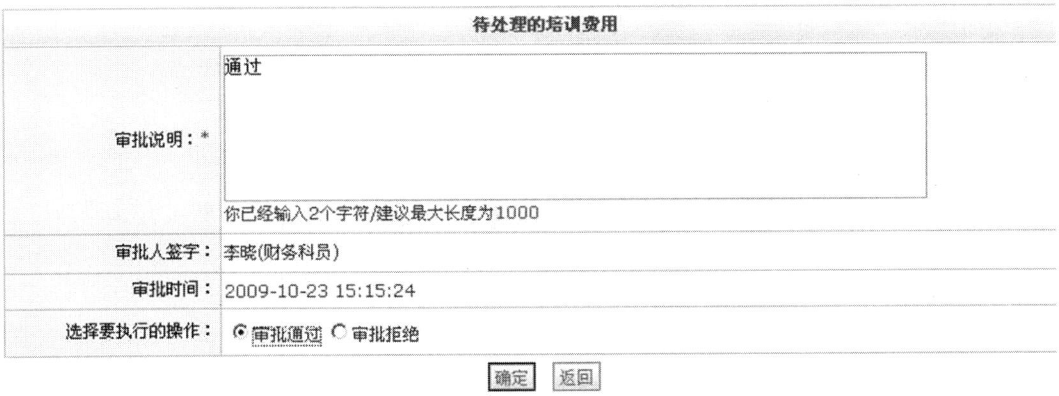

图 11-7 培训费用审批界面

切换用户，进入**财务科长吴兵**的账户，继续对费用进行审批，如图 11-8 所示。

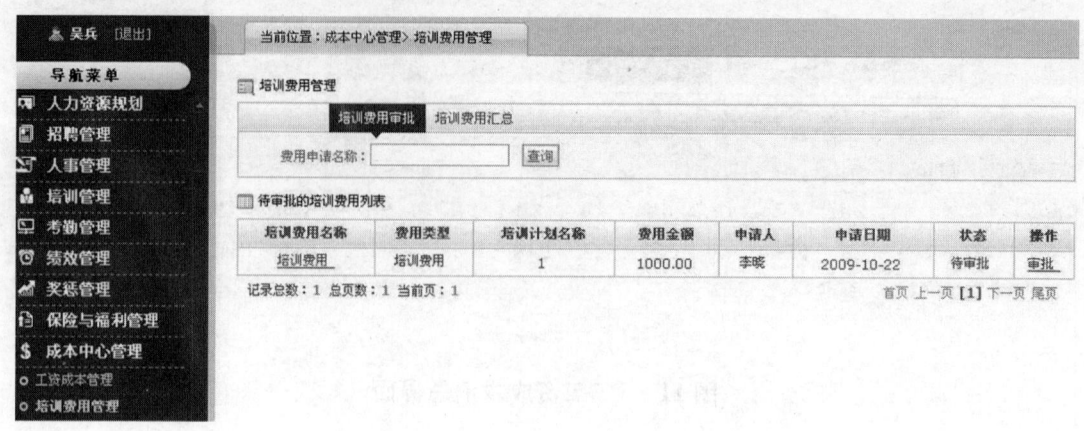

图 11-8　财务科长审批培训费用界面

接下来，由**处长王军**进行审批。

在"培训费用汇总"下，可以查看到培训费用列表，并可以进行对比，如图 11-9 所示。

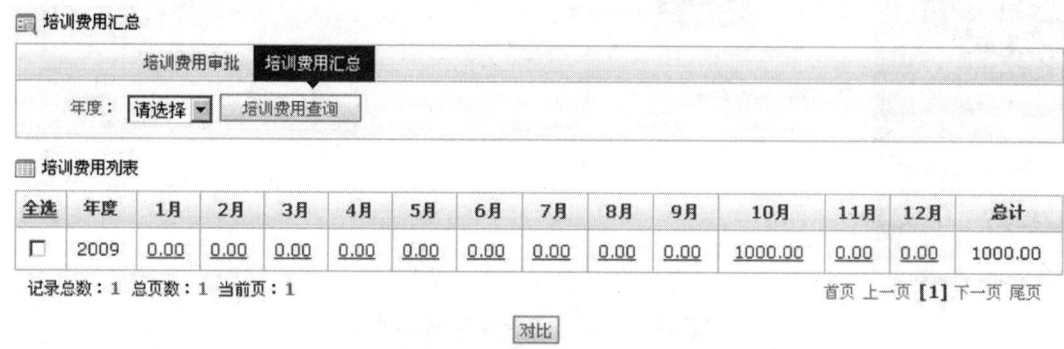

图 11-9　培训费用汇总界面

根据提示，下一步骤为"招聘费用汇总"。

同培训费用汇总一样，先进行审批，然后汇总。此处不再演示。

5. 人力资源规划总结

根据提示，下一步骤为"人力资源规划总结"。

选择"成本中心管理"下的【人力资源规划结算】。点击预算后的【结算】，如图 11-10 所示。

填写结算基本信息，点击【确定】，如图 11-11 所示。

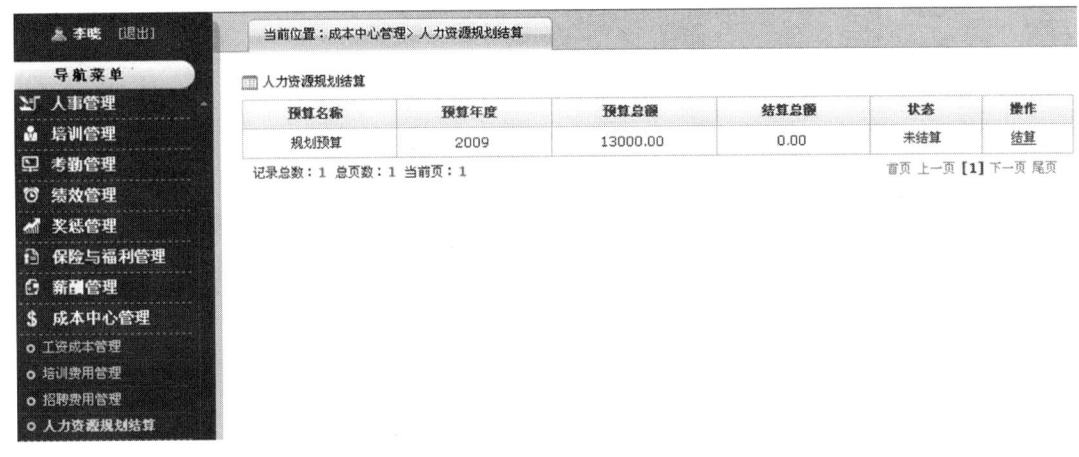

图 11–10　人力资源规划结算界面

图 11–11　结算基本信息填写界面

第十二章

报表管理

第一节 实验基础知识

一、报表的概念及分类

简单地说,报表就是用表格、图表等格式来动态显示数据,可以用公式表示为:报表=多样的格式+动态的数据。

报表的种类很多,主要可以分为四类:折叠列表式报表、折叠摘要式报表、折叠矩阵式报表、折叠钻取式报表。每种报表都有自己的优点和缺点,我们要根据需要的不同选择合适的报表。

(1) 折叠列表式报表。

报表内容按照表头顺序平铺式展示,便于查看详细信息。一般基础信息表可以用列表式体现。多用于展示客户名单、产品清单、物品清单、订单、发货单等单据或当日工作记录、当日销售记录等记录条数比较少的数据。

(2) 折叠摘要式报表。

使用频率最高的一种报表形式,多用于数据汇总统计。如按人员汇总回款额、客户数等;按日期分组汇总应收额、回款额等。摘要式报表和列表式报表唯一的差别是多了数据汇总的功能。

(3) 折叠矩阵式报表。

主要用于多条件数据统计。如按照客户所有人和客户所属地区两个值汇总客户数量。矩阵式报表只有汇总数据,但是查看起来更清晰,更适合在数据分析时使用。

(4) 折叠钻取式报表。

折叠钻取式报表是改变维的层次,变换分析的粒度。它包括向上钻取、向下钻取、穿透钻取(类似超链接)。

二、报表软件及报表管理系统

报表软件需要有专门的报表结构来动态的加载数据,同时也能够实现报表格式的多样化。公共部门人力资源管理教学系统软件中的报表管理系统包括人事资料报表、组织成员工资报表以及报税表三个模块,根据任务流程图、任务案例实现公共部门对组织成员信息进行统计、使用数据更加直观。

报表管理系统就是通过设置报表格式、定义各种取数关系和运算关系,从账务处理系统和其他单项核算系统中取得有关会计核算信息,生成会计报表,并根据需要进行报表汇总与分析的会计核算的一个子系统。

报表管理系统是一个综合性较强的相对独立的系统,通过编制会计报表,能够对单位核算的结果做出概括性说明。报表管理系统的数据来源于账务处理系统和其他各单项核算系统的有关会计信息,与其他会计核算子系统有着复杂而紧密的关系。所以,必须在做好日常核算工作的基础上,才能充分发挥报表管理系统的作用。

公共部门人力资源报表主要有以下几种:考勤表、人员出入登记表、宿舍入住表、组织成员工资报表、花名册、入职表、录用通知表、辞职单、调岗通知表、人员需求配置表、绩效考核表、办公用品进销存表、简历汇总表、辞职/离职分析表、人事资料报表和报税表等。

第二节 系统综述

一、系统简介

奥派公共部门人力资源管理教学系统软件中的报表管理系统包括人事资料报表、员工工资报表以及报税表三个模块,根据任务流程图、任务案例实现公共部门对员工信息进行统计、使用数据更加直观。

二、实验流程

报表管理实验流程如图 12-1 所示。

图 12-1 报表管理实验流程

三、实验目的

实现单位对员工信息进行统计、使用数据更加直观。

第三节　实验指导

一、实验情景

规划局以报表的形式实现对人员信息的查看，包括工资报表和报税表的导出。

二、实验任务

人事资料报表查看；员工工资报表导出；员工报税表导出。

三、实验步骤

完成任务十二后，自动弹出任务十三，点击【接受】，如图 12－2 所示。

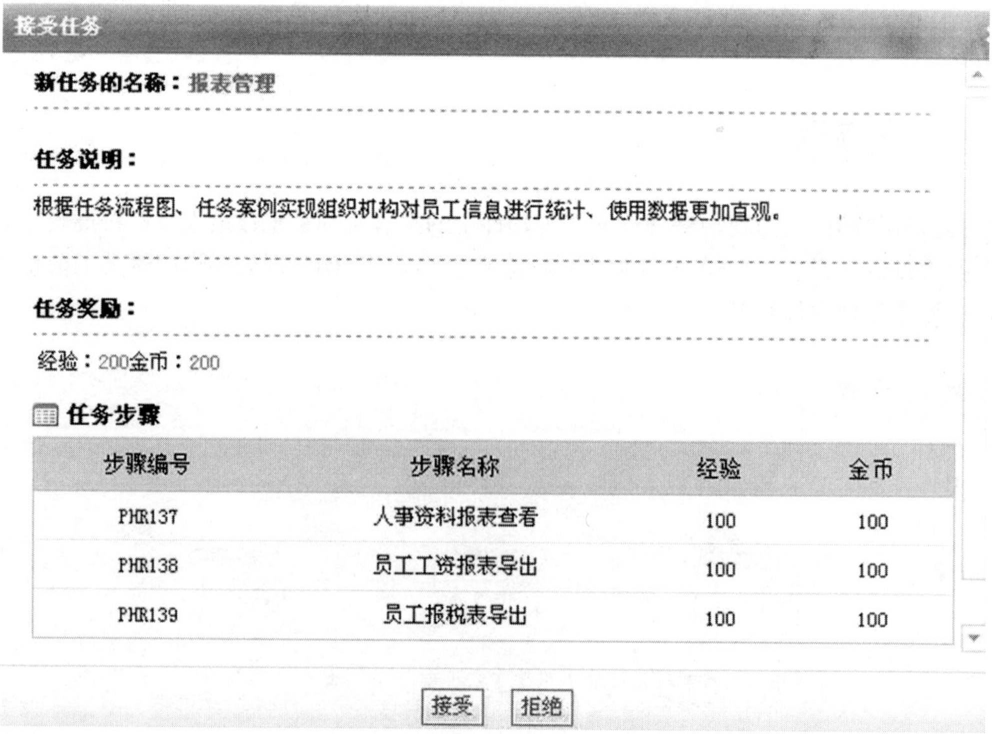
接受任务
新任务的名称：报表管理
任务说明：
根据任务流程图、任务案例实现组织机构对员工信息进行统计、使用数据更加直观。
任务奖励：
经验：200金币：200
任务步骤
步骤编号
步骤名称
经验
金币
PHR137
人事资料报表查看
100
100
PHR138
员工工资报表导出
100
100
PHR139
员工报税表导出
100
100
接受
拒绝

图 12－2　报表管理任务接受界面

1. 人事资料报表查看

根据提示，下一步骤为"人事资料报表查看"。

点击"报表管理"下的【人事资料报表】，如图 12-3 所示。

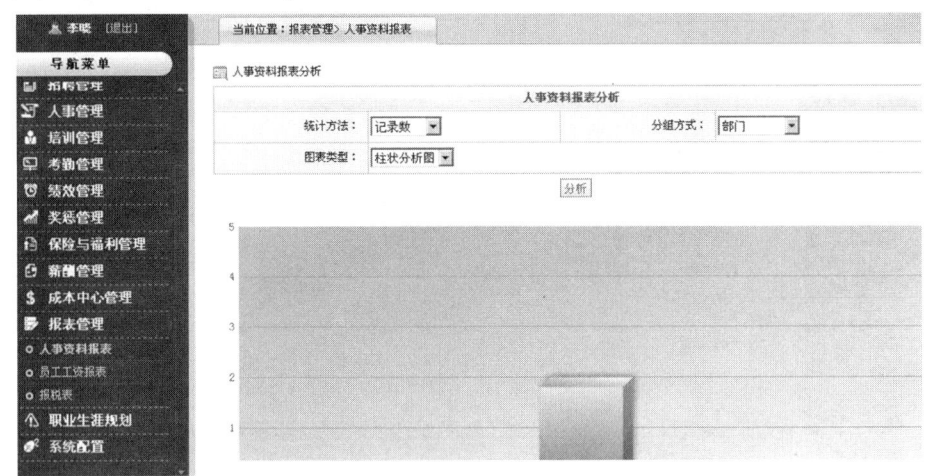

图 12-3 人事资料报表分析界面

2. 员工工资报表导出

根据提示，下一步骤为"员工工资报表导出"。

点击"报表管理"下的【员工工资报表】。点击下方的【导出】，如图 12-4 所示。

图 12-4 员工工资报表界面

保存文件，如图 12-5 所示。

图 12-5 员工工资报表导出界面

3. 员工报税表导出

根据提示，下一步骤为"员工报税表导出"。

选择"报表管理"下的【报税表】。点击【导出】。点击员工后面的【详细信息】，如图 12-6 所示。

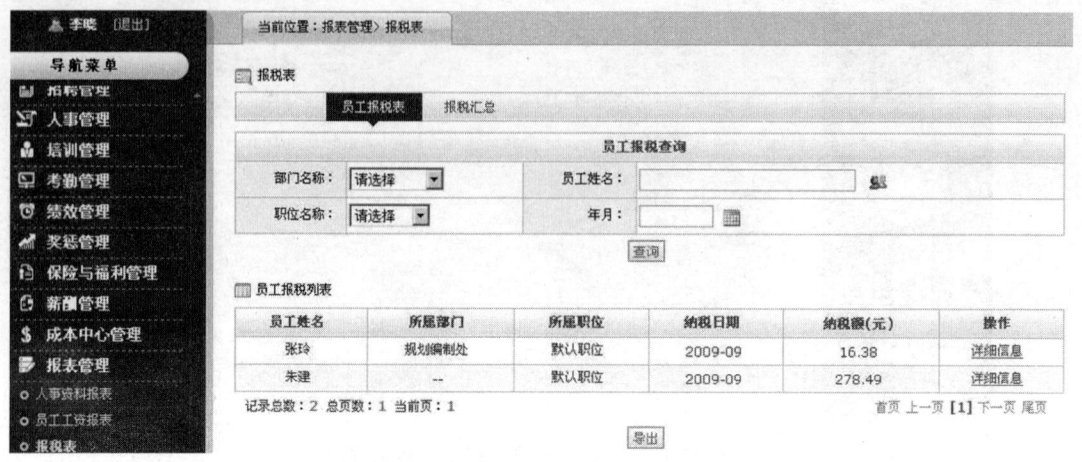

图 12-6　员工报税表界面

点击【导出】，如图 12-7 所示。

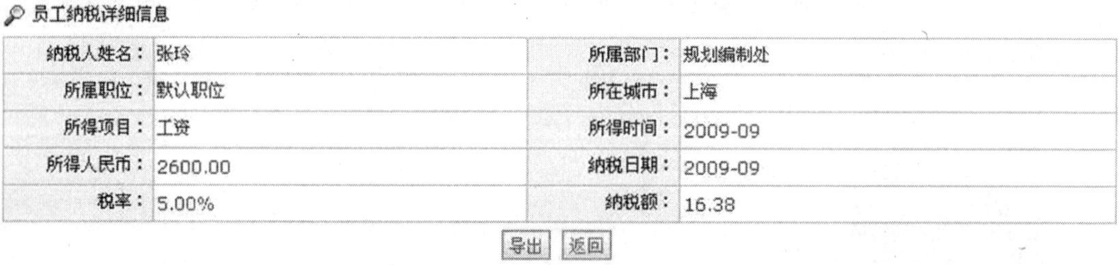

纳税人姓名：	张玲	所属部门：	规划编制处
所属职位：	默认职位	所在城市：	上海
所得项目：	工资	所得时间：	2009-09
所得人民币：	2600.00	纳税日期：	2009-09
税率：	5.00%	纳税额：	16.38

图 12-7　员工纳税详细信息界面

保存文件，如图 12-8 所示。

图 12-8　员工纳税信息导出界面

在"报税汇总"下点击【导出】，如图 12-9 所示。

图 12-9　报税汇总界面

保存文件，如图 12-10 所示。

图 12-10　报税表导出界面

第十三章

职业生涯规划

【学习目标】

职业生涯规划的概念；职业生涯规划的发展及管理的任务和意义。

【引导案例】

杨懿的职业生涯规划书

大学生活是快乐而短暂的，多姿多彩也充满诱惑，随时随地可能偏离正规。因而从大学一开始就要做好发展规划。大学生职业生涯规划包含人生理想规划、学业规划、生活成长规划、社会实践规划等。做好职业生涯规划，是进行有效学习和获得知识和技能的开始，也是实现人生理想目标的重要保证。

姓名：杨懿

规划年限：四年

起止年限：2014年9月至2018年9月

阶段目标：顺利毕业，成为一名人力资源管理人员

总体目标：成为大型集团公司的高级管理人员

一、自我评估

(1) 自我优势盘点。①积极主动，开朗热情，勤奋向上，有吃苦耐劳的精神；②实事求是，有目标有主见，追求具体明确的事情，喜欢做实际的考虑；③人际交流广泛，善于交谈沟通，懂得开导自己，并以己推人；④做事有自己的原则，严格要求自己，让自我更完善。

(2) 自我劣势盘点。①兴趣广泛，没有注重培养；②自信心不足，对失败或没有把握的事情感到紧张；③脾气有时顺和，有时急躁，不过也在不断地调整自己的心态。

(3) 个人职业分析。经济和社会的发展为企业人力资源工作提供了广阔的空间和舞台。根据个人兴趣和专业基础以及社会需求，初步选择在家电、广告策划行业发展。①相应职业类型：先从一名文员做起，然后通过不断的努力，争取做一名人力资源部高层人员；②我的职业兴趣：企业性工作，需要具备领导能力、决断能力，并能在压力下独立工作；③我的职业认识：通过对自己的认识和解析，认为自己所学的专业还比较吻合自己的个性特征。

二、职业生涯条件分析

(1) 家庭环境分析。家庭中等水平，家人理解并支持我的选择，给予我独立发展的空间。

(2) 学校环境分析。学校是不错的高等院校，师资力量较为雄厚，而且我所学的人力资源管理也是学校的名牌专业，课程设计合理丰富。

(3) 社会环境分析。中国政治稳定，持续发展，在全球经济一体化的环境中扮演着重要角色，加

入 WTO 之后，经济发展的势头会更强劲。

（4）人力资源管理专业的分析。该专业一直有着很强的生命力。随着经济发展，它又进入了一个崭新的时期！现在人力资源管理人才十分短缺，权威机构调查显示，国内现在需要中高层人力资源专业人才的量为 600 多万人，相对巨大的市场缺口，人力资源管理者的工资也不菲，而且考证也不断升温，还将是未来几年"金饭碗"之一的专业，所以就业形势相对乐观。

启发问题：
1. 请根据杨懿同学的个人具体情况，为其匹配一份你认为合适的工作。
2. 针对你给杨懿选择的工作，为其做一份职业规划。

第一节 实验基础知识

一、职业生涯的概念

所谓职业，是指有劳动能力的劳动者所从事的相对稳定的、有经济收入的专门工作或劳动。职业是个人获得经济收入的来源，是个人生存及维持家庭生活的手段。职业不同于工作，工作只是职业的组成部分，是短期的和片面的，而职业是长期的和全面的。

职业生涯的概念是由美国麻省理工学院斯隆商学院教授、著名职业指导专家埃德加·H. 沙因（Edgar H. Schein）于 20 世纪 60 年代首先提出并进行系统研究的，后被纳入人力资源管理研究范围，成为重要的人力资源开发与发展手段。

职业生涯是指一个人一生从事工作经历的总称，特别包括其职位变迁、职务变化以及个人通过工作实现理想和愿望的发展历程，反映着个人在人生不同阶段行为的取向、价值观和人生态度。

一个人的职业生涯可以分成不同的阶段，比较常见的是职业发展阶段论，该理论将职业生涯分成四个阶段。

（1）职业探索阶段。

本阶段开始于青年人刚涉足工作到 25 岁左右的时间。这一时期的职业计划主要是通过探索选定适合自己的工作和单位。

（2）立业与发展阶段。

本阶段一般在 25~44 岁之间。在经过职业探索后，逐渐选定了自己的职业，即立业。处于这一阶段的人主要关心的是在工作中的成长、发展或晋升。

（3）职业中期阶段。

本阶段是在 45~58 岁之间。处于这一阶段的组织成员，相对来说，对成就和发展的期望减弱，而维持或保住自己已有地位和成就的愿望增强。同时，他们也希望更新自己的专业知识和技能，或学习一些其他新领域的知识和技能，以免被淘汰。

（4）职业后期阶段。

本阶段一般指 58 岁以后。处于这一阶段的人准备退休，并希望为适应退休后的环境而学习或培养自己某一方面的爱好。

不同阶段的人,应考虑不同的事情。例如,在探索阶段,可以多做些尝试、探索,在工作中摸索出本人的职业性向、职业锚、职业兴趣等,逐步找到最适合自己的职业。而 40 岁以上的人,就不应该做过多的尝试,而是应该认真分析清楚本人的职业锚、职业性向,选择本人有优势的职业做长远的打算。这里的年龄阶段划分还应该针对不同职业加以区分。例如,在中国,作为职业足球运动员,30 岁已经该退休了;而作为教授,30 岁差不多是最年轻的。

二、职业生涯规划的制定

职业生涯规划,是指组织或者个人把个人发展与组织发展相结合,对决定个人职业生涯的个人因素、组织因素和社会因素等进行分析,制定针对个人一生中事业发展上的战略设想与计划安排。要做好职业生涯规划就要做好规划前的准备工作,这些准备工作主要包括以下三个方面:

(1) 自己适合从事哪些职业、工作;
(2) 自己所在单位能否提供这样的岗位以及职业通路;
(3) 在自己适合从事的职业中,哪些是社会发展迫切需要的。

研究自己适合从事哪些职业/工作,是职业生涯规划的关键和基础。回答这个问题,要考虑以下五个方面的因素:

(1) 自己所处的职业发展阶段;
(2) 自己的职业性向(就是职业类型);
(3) 自己的技能(也就是我们的自身本领,如专业、爱好、特长等);
(4) 自己的职业锚(就是职业动机);
(5) 自己的职业兴趣。

职业生涯规划的内容可以从员工个人角度和组织的角度加以考察。部门组织成员职业生涯规划是部门组织为了实现组织目标,对组织成员未来职业发展的目标、路径和实现方式进行规划,同时协助组织成员实现该规划的一系列活动的总称。包括职业生涯设计与职业生涯管理。

职业生涯规划的制定步骤如图 13-1 所示。

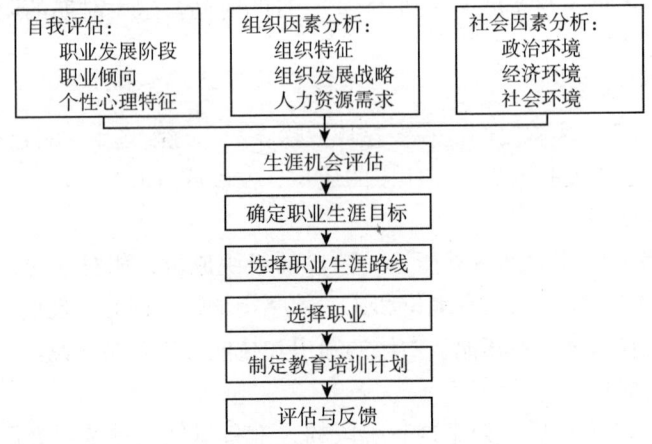

图 13-1 职业生涯规划的制定步骤

三、职业生涯发展管理

1. 职业生涯发展管理的概念

职业生涯管理是指公共部门及其成员对职业生涯进行计划、规划、执行、评估和反馈的一项综合性工作。它是人力资源管理的重要职能之一，分为组织职业生涯管理（organizational career management）和员工职业生涯管理（individual career management）。组织职业生涯管理是组织将个人发展和组织目标相结合，对决定员工职业生涯的主客观因素进行分析、测定和总结，并通过规划、设计、执行、评估和反馈，使每位员工的职业生涯目标和公司以及公共部门发展战略目标相一致的过程；员工职业生涯管理是以实现员工个人发展成就最大化为目的，通过对个人兴趣、能力和个人发展目标的有效管理实现员工发展愿望的过程。

职业发展管理是指一个组织根据自身的发展目标和发展要求，通过咨询和指导等手段，强化组织员工对个人能力、潜质和个人终生职业计划的认知，加强对组织目标与个人发展之间联系的认识，以鼓励员工在达成组织目标的同时实现自己个人的职业发展目标。同时，组织通过有计划的培训、工作设计、选拔晋升和交流调配等政策活动，以及适才适用的工作职位安排，解决员工职业发展过程中面对的多种问题，为员工提供必要的职业发展机会和途径，促使员工个人的优势、长处、潜能得到充分的施展和发挥。

员工职业生涯规划主要是在组织的支持与帮助下，通过员工充分认识自己、客观分析环境、正确选择职业、科学树立目标，并运用适当的方法与采取有效的措施，克服职业生涯发展的困阻，以获得事业的成功。员工职业生涯规划通常包括自我剖析、环境与机会评估、职业定位、目标设定、策略实施、评估与校正6个步骤。

2. 确立组织成员不同职业生涯期的职业管理任务

（1）进入组织阶段。

组织的主要任务是做好组织成员的招聘、挑选和配置工作，组织成员上岗培训，考察评定新职工，与组织成员之间达成一种可行的心理契约，接纳和整合职工。

（2）早期职业阶段。

这是职工和组织之间相互发展和相互认同的时期。组织通过试用和赋予组织成员工作责任，发现职工的才能，帮助职工确立长期贡献区，帮助职工建立和发展职业锚。

（3）中期职业阶段。

这一阶段组织成员的职业发展基本定型，个人特征表现明显，人生情感复杂化，引发职业生涯中期的危险。面对这一复杂的人性阶段，组织要特别加强职业管理。一方面，通过各种方式方法，帮助职工解决诸多实际问题，激励他们继续奋进，将危机变为成长的机会；另一方面，针对不同人的不同情况，分类指导，为其提供和理顺事业发展的职业通道。

（4）后期职业阶段。

职工年老，即将结束职业生涯，此时组织的任务依然重要。一方面，要鼓励、帮助职工继续发挥自己的能力和智慧，帮助他们在组织中成为其他成员的良师益友，传授自己的经验；另一方面，帮助职工做好退休的心理准备和退休后的安排，并适时做好更员计划和人事调整。

3. 对组织成员进行有效的职业指导

从广义上来看，部门的职业指导工作发生在两个环节或场合。

（1）就业前的职业指导。

面对就业前的诸多求职者，组织的职业指导主要有四个方面：①广泛宣传本部门的职业需求，向广大求职者提供有关本部门的职业机会、职业特点和职业要求等信息；②了解求职者的个人特质、职业意愿和要求，以及他们对本部门的工作意向；③根据本部门的职业需求计划，帮助求职者分析是否适宜在本部门工作，从而寻找合适人选，按一定程序、要求、规范、原则，选聘相应的适宜雇员；④吸收合适人选进入组织，就位于职业岗位。

（2）就业后的职业指导。

①发布部门职位要求信息；②了解组织成员的愿望、要求和想法；③帮助雇员认识、评估个人特质、能力、兴趣、爱好，选择自己适宜的职业岗位；④进行人事匹配的定位。

4. 为组织成员职业发展开辟通道

帮助组织成员制定和实施职业生涯规划包括以下五步：

（1）要确定目标。在分析重要的主、客观因素的基础上，确定个人总的发展目标，然后将目标具体化，分成多个次目标，并将目标阶段化，分成长期、中期和短期目标。

（2）执行计划。首先，将可能实现目标的途径详细列出；其次，依据个人因素和客观状况，一一评估这些途径的可行性，从中选出最合适的途径；最后，依据阶段目标，拟订执行步骤、执行进度表，付诸实施。

（3）评估与修订。计划实施后，要随时对计划内容、实施成效、执行方法加以评估，定期检测预定目标的完成进度。另一项重要工作是当阶段目标完成之时，要考虑客观环境是否有变化，以便对以后的计划内容、实施策略进行修正。

（4）建立职业生涯管理评价系统。目的：一是对组织现状进行合乎实际的理性评估，确定组织发展的阶段和组织变革方向，适时调整职位规划，并结合经营状况，控制职位的薪酬总量；二是对员工的业绩、素质、技能等进行有针对性的局部评价，把握组织人力资源的主要状况及特点，以便保持员工职业生涯设计时的组织绩效导向。

（5）完善人力资源管理体系。组织应该特别重视研究人与工作的关系，做好职位分析、职位编制计划等人力资源管理的基础性工作，进而为职业生涯管理整套方案的运行提供管理基础与平台。

四、职业生涯规划的意义

做好职业生涯规划，可以分析自我，以既有的成就为基础，确立人生的方向，提供奋斗的策略。通过职业生涯规划，可以重新安排自己的职业生涯，突破生活的格线，塑造充实的自我。通过职业生涯规划，个人可以准确评价个人特点和强项，在职业竞争中发挥个人优势。通过职业生涯规划可以评估个人目标和现状的差距，提供前进的动力，准确定位职业方向。通过职业生涯规划重新认识自身的价值并使其增值。通过自我评估，知道自己的优缺点，然后通过反思和学习不断完善自己，使个人价值增值。通过职业生涯规划，全面了解自己，增强职业竞争力，发现新的职业机遇。

不仅如此，做好职业生涯规划也有更加重要的意义：

（1）有利于增强员工把握职业的能力与提高竞争力。职业生涯管理及其所开展的职业生涯规划等方面的工作，不仅可以使员工个人了解自身的长处和短处，养成对环境和工作目标进行分析的习惯，又可以使员工合理规划、安排时间和精力进行学习培训，以胜任本职工作、提高职业技能。这些活动的开展都有利于增强员工对职业环境的把握能力和对职业困境的控制能力。而且，员工通过职业生涯管理还可以获取各种有价值的知识与技能，从而提高自身的竞争力。

（2）能够为员工提供公平的就业和发展机会。职业生涯管理考虑了员工不同的特点和需要，并据此设计不同的职业发展通道，以利于不同类型员工在职业生活中扬长避短。在职业生涯管理当中，对员工年龄、学历、性别、性格等的差异，不应采取歧视态度，而应帮助员工确定不同的职业发展方向和途径，这就为员工在组织中提供了更为公平的就业和发展机会。因此，职业生涯管理的深入实施，有利于组织人力资源水平的稳定和提高，这对于促进组织的持续发展具有至关重要的作用。

（3）可以协调和统筹员工职业和生活的关系。有效的职业生涯管理和职业生涯规划可以帮助员工综合考虑职业同个人追求、家庭目标等的平衡，避免陷入顾此失彼、左右为难的窘境。同时，员工可以从更高的角度看待职业中的各种问题和选择，将相互矛盾的事件联系起来考虑，共同服务于职业目标，使职业生活更加充实和富有成效。

（4）组织督促员工做职业发展规划有利于推动组织管理创新，是实现组织从传统人事管理向现代人力资源管理转变的重要手段；是增加组织智力资本存量，增强企业竞争力的基础；是充分利用企业的人力资源，降低企业管理成本的关键；是提高员工的工作生活质量，增加员工满意感与忠诚度的方法；是建成和延续企业文化的新思路。员工职业发展管理是建立和完善以促进人力资本增值为核心的人力资源管理开发体系的重要措施。

第二节 系统综述

一、系统简介

职业生涯规划，是指组织或者个人把个人发展与组织发展相结合，对决定个人职业生涯的个人因素、组织因素和社会因素等进行分析，制定个人一生中在事业发展上的战略设想与计划安排。职业生涯规划是一个人对其一生中所承担职务相继历程的预期和计划。本实验的目的是让学生以案例数据为基础，通过对职业生涯知识的了解、学习，可以制定出职业目标，规划出职业生涯中的短期目标（半年计划）、中期目标（五年计划）、长期目标（十年计划）。要把长远目标和短期目标结合起来，通过不断实现短期目标最终实现长远目标。

职业生涯管理已经越来越成为企业人力资源管理的一个重要部分，做好员工的职业发展管理关系到企业的人员发展及自身的长远发展。

奥派公共部门人力资源管理教学系统软件中的职业生涯规划模块，能够发挥学生的能动性，使学生了解职业生涯规划给个人和企业带来的作用，培养学生的学习兴趣，提高学生的整体系统观。

二、实验流程

职业生涯规划实验流程如图13-2所示。

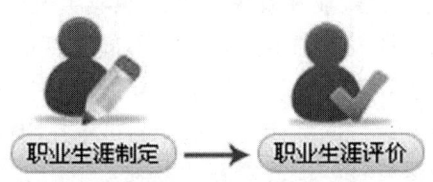

图13-2　职业生涯规划实验流程

三、实验目的

通过员工的工作及职业发展的设计，协调员工个人需求和组织需求，实现个人和组织的共同成长与发展。

第三节　实验指导

一、实验情景

职工在对职业生涯的主客观条件进行测定、分析、总结研究的基础上，对自己的兴趣、爱好、能力、特长、经历及不足等各方面进行综合分析与权衡，结合时代特点，根据自己的职业倾向，确定其最佳的职业奋斗目标，并为实现这一目标做出行之有效的安排。

二、实验数据

具体实验数据如表13-1至表13-7所示。

表 13-1　　　　　　　　　　　　　　　　　职业准备

姓名	李晓	职位	默认职位
当前状况	1. 缺乏必要的自我分析能力 2. 忽略职业的发展前景 3. 忽视自身素质的锻炼和提高		
当前阶段的发展计划	适应新的就业形势的需要，树立良好的心态		
下一发展阶段的机会	1. 解放思想，转变观念 2. 树立高尚的职业理想 3. 树立良好的敬业精神 4. 做好充分的心理准备，勇敢地迎接挑战		

表 13-2　　　　　　　　　　　　　　　　　职业选择

姓名	李晓	职位	默认职位
当前状况	1. 不知道自己属于哪种类型，不知道自己适合干什么，不适合干什么，缺乏必要的自我分析能力 2. 不知道一些职业应具备的知识和能力		
当前阶段的发展计划	1. 客观评价自己，树立良好的心态 2. 确定适当的择业目标。一个人的择业目标和本人具备的实力相当或接近，使自己在择业中处于优势地位 3. 正确认识社会，寻找最佳位置 4. 努力克服求职择业中的心理障碍		
下一发展阶段的机会	确定就业目标，自觉把学习同就业紧密地联系起来，建立合理的知识结构，培养科学的思维方式，提高自己的实用技能，以适应将来在社会上从事职业岗位的要求		

表 13-3　　　　　　　　　　　　　　　　　职业适应

姓名	李晓	职位	默认职位
当前状况	1. 实践能力有待提高 2. 社会交际能力欠缺 3. 需要提高自我发展能力		
当前阶段的发展计划	1. 培养良好的社会交际能力 2. 培养较强的组织管理能力。组织管理能力是指成功地运用管理者的知识和能力影响机构的活动，并达到最佳的工作目标的能力 3. 适应变化的自我发展能力		
下一发展阶段的机会	确定就业目标，自觉地把学习同就业紧密地联系起来，建立合理的知识结构，培养科学的思维方式，提高自己的实用技能，以适应将来在社会上从事职业岗位的要求		

表 13-4　　　　　　　　　　　　　　　　　职业稳定

姓名	李晓	职位	默认职位
当前状况	对工作缺乏安全感，来自工作中的不稳定因素		
当前阶段的发展计划	1. 培养工作上的兴趣 2. 致力于自己的本职工作，以巩固自己对这个职务的重要性		
下一发展阶段的机会	1. 认清社会所赋予这份职业的安全感，它表现为社会的安定和社会对这份职务的评价及态度 2. 正视工作本身和工作环境对职业稳定感的影响		

表 13 – 5　　　　　　　　　　　　　　　职业衰退

姓名	李晓	职位	默认职位
当前状况	1. 生理状况的变化使职业能力发生着缓慢的减退 2. 心理上趋向于求稳		
当前阶段的发展计划	接受权利和责任减少的现实，学会接受一种新角色		
下一发展阶段的机会	将大部分精力放在保有自己工作领域中的一席之地上，学会成为年轻人的良师益友		

表 13 – 6　　　　　　　　　　　　　　　工作能力

姓名	李晓	职位	默认职位
性格特征	性格低调，容易轻松相处；耐心，适应力强；平静、泰然自若；仁慈、善良、宽容		
专长	1. 全面发展，突出专长"德、智、体、美、劳全面发展，具有综合职业能力" 2. 学有所长，敢于创新		
期望培养的人格素质	是解决问题的高手，能缓和矛盾；随和、无攻击性；同情关心别人，朋友众多；不急躁，善于倾听		

表 13 – 7　　　　　　　　　　　　　　　职业生涯评价

性格评价	友好热诚；谈吐亲切，圆滑得体；感情投入，易受伤；富有创造力；做事果断，甚至武断；能力强，责任心重，做事有计划
工作能力评价	善于跟客户沟通，有一定的组织和领导能力；曾多次组织某某活动，会议等；有责任心、事业心、上进心，对工作认真负责，一丝不苟，对工作求精；团结同事，合作能力强，服务领导组织安排
职业树发展评价	具有发展前景

三、实验任务

职业生涯制定；职业生涯评价。

四、实验步骤

完成任务十三后，自动弹出任务十四的接受窗口，点击【接受】，如图 13 – 3 所示。

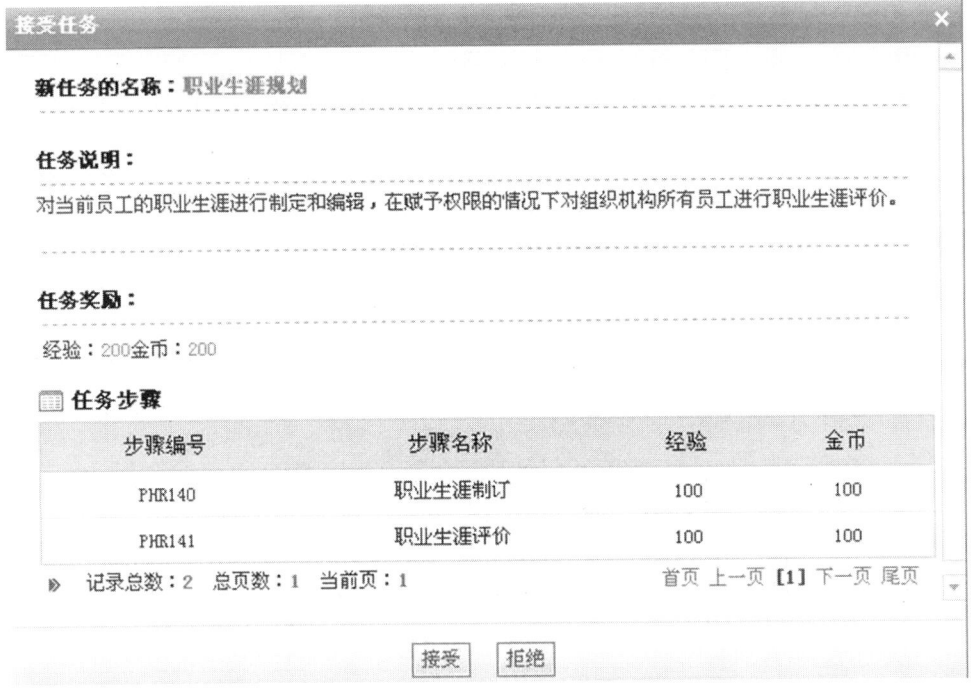

图 13-3　职业生涯规划任务接受界面

1. 职业生涯制定

根据提示，下一步骤为"职业生涯制定"。

点击"职业生涯规划"下的【职业生涯制定】。

填写职业生涯规划的相关内容。点击【下一步】。

职业准备，如图 13-4 所示。

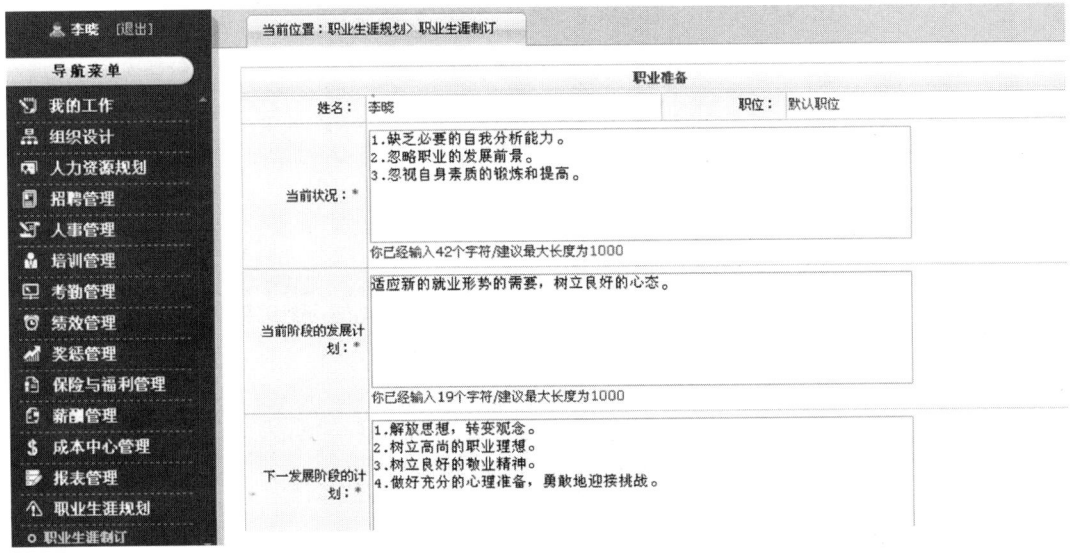

图 13-4　职业准备填写界面

职业选择，如图 13-5 所示。

职业选择			
姓名：	李晓	职位：	默认职位
当前状况：*	1.不知道自己属于哪种类型，不知道自己适合干什么，不适合干什么，缺乏必要的自我分析能力。 2.不知道一些职业应具备的知识和能力。 你已经输入65个字符/建议最大长度为1000		
当前阶段的发展计划：*	1.客观评价自己，树立良好的心态。 2.确定适当的择业目标。一个人的择业目标和本人具备的实力相当或接近，使自己在择业中处于优势地位。 3.正确认识社会，寻找最佳位置。 4.努力克服求职择业中的心理障碍。 你已经输入100个字符/建议最大长度为1000		
下一发展阶段的计划：*	确定就业目标，自觉把学习同就业紧密地联系起来，建立合理的知识结构，培养科学的思维方式，提高自己的实用技能，以适应将来在社会上从事职业岗位的要求。		

图 13-5 职业选择填写界面

职业适应，如图 13-6 所示。

职业适应			
姓名：	李晓	职位：	默认职位
当前状况：*	1.实践能力有待提高。 2.社会交际能力欠缺。 3.需要提高自我发展能力。 你已经输入36个字符/建议最大长度为1000		
当前阶段的发展计划：*	1.培养良好的社会交际能力。 2.培养较强的组织管理能力，组织管理能力是指成功地运用管理者的知识和能力影响机构的活动，并达到最佳的工作目标的能力。 3.适应变化的自我发展能力。 你已经输入89个字符/建议最大长度为1000		
下一发展阶段的计划：*	确定就业目标，自觉地把学习同就业紧密地联系起来，建立起合理的知识结构，培养科学的思维方式，提高自己的实用技能，以适应将来在社会上从事职业岗位的要求。		

图 13-6 职业适应填写界面

职业稳定，如图 13-7 所示。

职业衰退，如图 13-8 所示。

职业稳定

| 姓名： | 李晓 | 职位： | 默认职位 |

当前状况：*
对工作缺乏安全感，来自工作中的不稳定因素。

你已经输入22个字符/建议最大长度为1000

当前阶段的发展计划：*
1. 培养工作上的兴趣。
2. 致力于自己的本职工作，以巩固自己对这个职务的重要性。

你已经输入41个字符/建议最大长度为1000

下一发展阶段的计划：*
1. 认清社会所赋予这份职业的安全感，它表现为社会的安定和社会对这份职务的评价及态度。
2. 正视工作本身和工作环境对职业稳定感的影响。

图 13 - 7　职业稳定填写界面

职业衰退

| 姓名： | 李晓 | 职位： | 默认职位 |

当前状况：*
1. 生理状况的变化使职业能力发生着缓慢的减退。
2. 心理上趋向于求稳。

你已经输入36个字符/建议最大长度为1000

当前阶段的发展计划：*
接受权利和责任减少的现实，学会接受一种新角色。

你已经输入36个字符/建议最大长度为1000

下一发展阶段的计划：*
将大部分精力放在保有自己工作领域中的一席之地上，学会成为年轻人的良师益友。

图 13 - 8　职业衰退填写界面

工作能力，如图 13 - 9 所示。

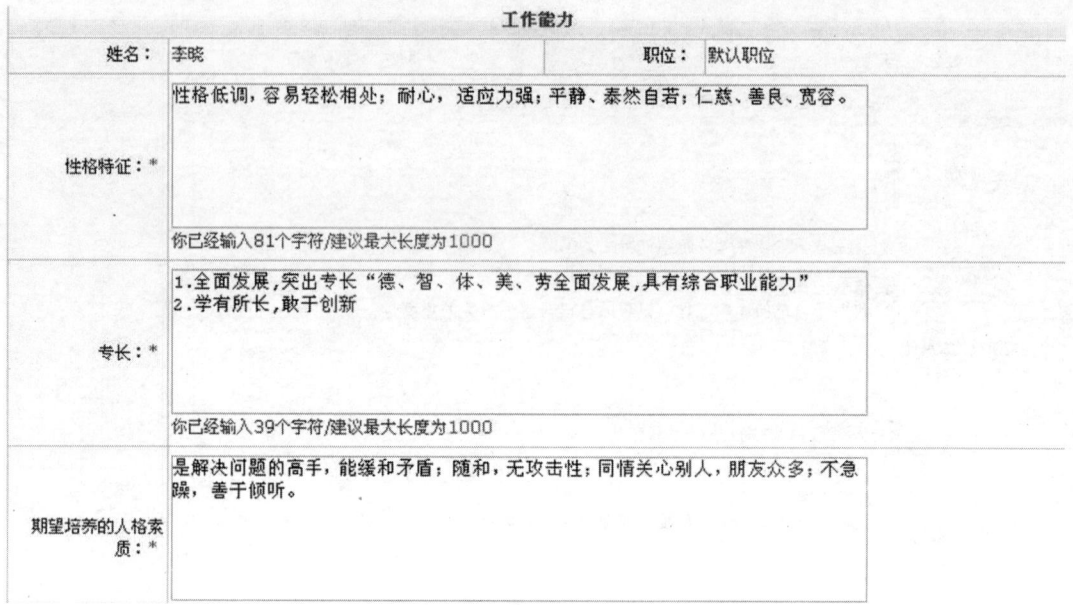

图 13-9　工作能力填写界面

2. 职业生涯评价

完成这一系列内容的填写，根据提示，下一步骤为"职业生涯评价"。

选择"职业生涯规划"下的【职业生涯评价】，点击操作下方的【评价】，如图 13-10 所示。

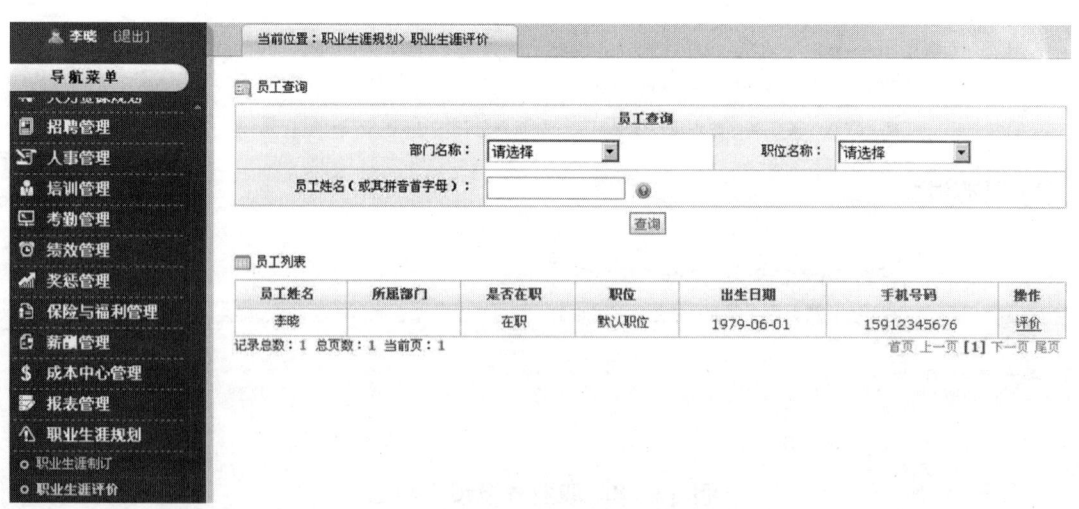

图 13-10　职业生涯评价界面

填写评价内容，点击【确定】，如图 13-11 所示。

| 姓名： | 李晓 | 职位： | 默认职位 |

性格评价：*	友好热诚；谈吐亲切，圆滑得体；感情投入，易受伤；富有创造力；做事果断，甚至武断；能力强，责任心重，做事有计划。
	你已经输入55个字符/建议最大长度为500
工作能力评价：*	善于跟客户沟通，有一定的组织和领导能力；曾多次组织某某活动、会议等；有责任心、事业心、上进心，对工作认真负责，一丝不苟，对工作求精；团结同事，合作能力强，服务领导组织安排。
	你已经输入85个字符/建议最大长度为500
职业树发展评价：*	具有发展前景。
	你已经输入6个字符/建议最大长度为500

图 13-11　职业生涯评价填写界面

第十四章

系统介绍

第一节 系统概述

一、系统概述

奥派公共部门人力资源管理系统软件分为人力资源管理和 HR 工具箱两个模块。以最简单明了的方式展现给学生，同时注重理论联系实际，使学生在应用软件的同时轻松掌握人力资源的相关知识，能够满足高等院校学生进行人力资源管理实践的需要。在开发的过程中，处处追求操作无障碍、操作智能化，始终遵循"功能越复杂，操作越简单"的设计理念。充分考虑到使用者由浅入深、循序渐进的思维过程，尽量简化、优化操作步骤；保证公共部门能够按照自己的实际管理需要自行设计、修改管理内容、编制各类报表、定义本单位的工资标准等；提供了模块级、功能级等授权功能，公共部门可以按照自己的管理要求完成每个人的权限设置，不同的用户按照各自的使用权限进行有序的工作。

该软件力求通过高度仿真的实践操作，使学生正确理解并掌握公共部门人力资源的普遍规律、基本原理以及一般方法，初步具有解决一般公共部门人力资源开发与管理问题的能力，为未来从事社会管理提供必要的专业知识。

二、系统特点

系统特点如图 14-1 所示。

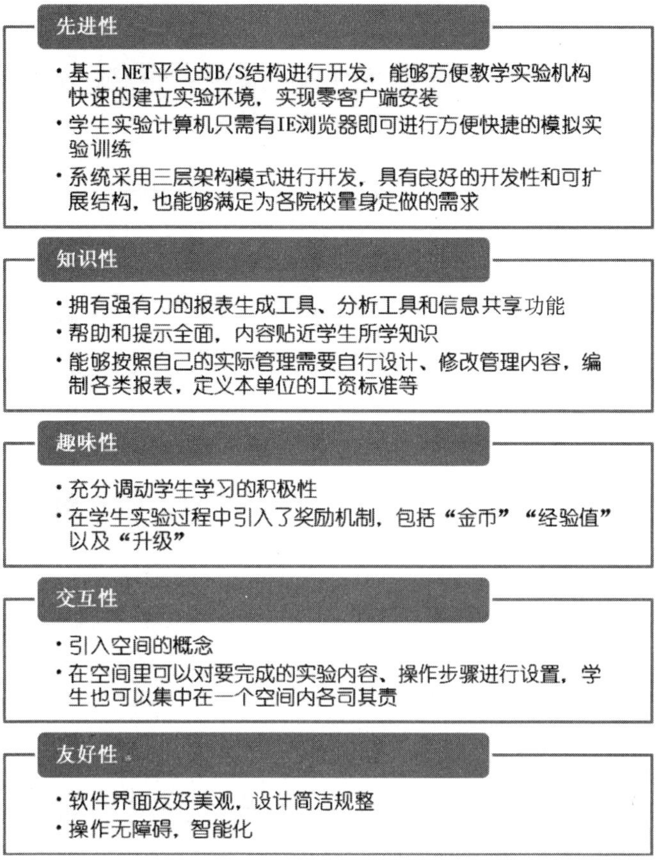

先进性
·基于.NET平台的B/S结构进行开发，能够方便教学实验机构快速的建立实验环境，实现零客户端安装
·学生实验计算机只需有IE浏览器即可进行方便快捷的模拟实验训练
·系统采用三层架构模式进行开发，具有良好的开发性和可扩展结构，也能够满足为各院校量身定做的需求
知识性
·拥有强有力的报表生成工具、分析工具和信息共享功能
·帮助和提示全面，内容贴近学生所学知识
·能够按照自己的实际管理需要自行设计、修改管理内容，编制各类报表，定义本单位的工资标准等
趣味性
·充分调动学生学习的积极性
·在学生实验过程中引入了奖励机制，包括“金币”“经验值”以及“升级”
交互性
·引入空间的概念
·在空间里可以对要完成的实验内容、操作步骤进行设置，学生也可以集中在一个空间内各司其责
友好性
·软件界面友好美观，设计简洁规整
·操作无障碍，智能化

图 14－1　系统特点

第二节　模块参数

一、参数模块

参数模块如图 14－2、图 14－3 所示。

人力资源管理
普通科员&普通科长
人事科员&人事科长
财务科员&财务科长
处长&局长&任命机关
管理员
基础信息管理 任务管理 组织设计 人力资源规划 招聘管理 人事管理 培训管理 考勤管理 绩效管理 奖惩管理 保险与福利管理 薪酬管理 成本中心管理 报表管理 职业生涯管理 系统配置

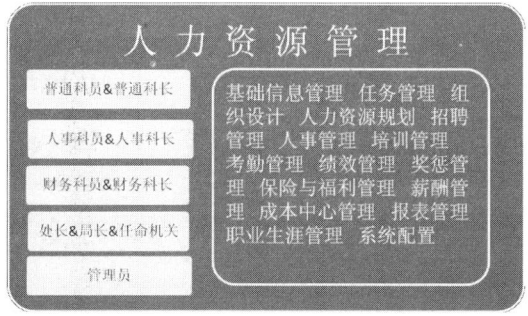

图 14－2　人力资源管理参数模块

图 14-3　HR 工具箱参数模块

二、实践参数

实践参数如表 14-1 所示。

表 14-1　　　　　　　　　　实践参数

任务/课时	目的	内容
任务一：系统配置/0.5	实现用户信息、角色信息、表单信息、合同模板和系统流程的维护和管理，为接下来的实验做准备	1. 基础信息配置 2. 用户管理 3. 权限管理 4. 表单配置 5. 合同添加 6. 流程添加
任务二：组织设计/0.5	实现公共部门组织结构的设计，掌握组织结构设计的过程，了解公共部门的组织结构情况	1. 组织机构配置 2. 部门信息配置 3. 职位信息添加 4. 职级信息添加 5. 岗位信息添加 6. 查看组织结构变迁
任务三：人力资源规划/0.6	根据公共部门在一定时期内的战略目标来确定组织对人力资源的需求，并确保组织在恰当的时间里、恰当的工作岗位上有恰当数量合格人员的过程，以实现公共组织资源的合理配置和有效利用	1. 组织战略制定 2. 人员需求分析添加 3. 人力资源供给分析 4. 人力资源预算添加 5. 工作分析 6. 工作评价
任务四：招聘管理/1.5	公共部门人力资源的甄选和录用是公共部门的一项基本任务，是在人力资源规划与预测的基础上，为组织吸收、任用和提升新的合格人才，以维持组织人员自然循环的需求，保证组织任务的完成和目标的实现	1. 招聘需求添加 2. 招聘计划添加及招聘计划审批 3. 岗位发布及导出招聘计划 4. 简历添加以及工作申请审批 5. 体检；录用信息发布；新用户报到；新员工录用审批；新员工制订合同 6. 招聘费用添加以及招聘费用审批

续表

任务/课时	目的	内容
任务五：人事管理/1	通过科学的方法、正确的用人原则和合理的管理制度，调整人与人、人与事、人与组织的关系，谋求对工作人员的体力、心力和智力做最适当的利用与最高的发挥，并保护其合法的利益	1. 员工添加；合同签订 2. 任职提名；任职审批 3. 免职申请； 4. 调入申请；调出申请 5. 变动申请 6. 转任申请 7. 挂职申请 8. 回避申请 9. 离职申请 10. 辞退申请 11. 离休申请 12. 退休申请 13. 强制退休管理
任务六：培训管理/1	公共部门通过有计划的培训、教育和人员开发活动，提高员工的知识、技能和能力水平，改善员工的态度，以提高其工作效率，促进组织的发展和员工的成长	1. 培训机构添加；培训规章制度添加；培训课程添加 2. 提出培训需求；培训需求审批 3. 培训计划制订；培训计划审批 4. 培训日程管理 5. 培训费用添加；培训费用审批 6. 培训效果评估
任务七：考勤管理/1	实现考勤类型、员工加班、请假管理和考勤数据添加、汇总	1. 班次、考勤数据添加 2. 员工班次、加班和请假管理 3. 员工考勤汇总
任务八：绩效考核/1	绩效管理是组织人力资源管理系统的核心。对公共部门人员的绩效评估，为个人提供其工作情况的反馈，对员工的努力和能力产生有效的引导，有助于形成组织和员工之间良好的互动关系，造就一种组织与员工共同发展的机制	1. 考核方法添加 2. 制订岗位、员工考核模板 3. 考核执行，考核表管理及分析统计
任务九：奖惩管理/1	奖励和惩罚申请审批及发送公告。以此规范公务人员的行为，鼓励和鞭策其奋发向上，促进工作效率	1. 奖惩申请以及审批 2. 发布奖惩公告
任务十：保险与福利管理/1	公共部门建立养老、医疗等项目的社会保险制度，有利于维护社会安定和谐，吸引和留住更多人才，满足以公务员为主体的机关事业单位员工对社会保险的需求，从而保障其基本生活需要，提高其福利待遇	1. 职位保险基数、比例管理 2. 员工保险基数管理 3. 员工福利管理 4. 员工医疗报销管理

续表

任务/课时	目的	内容
任务十一：薪酬管理/1	薪酬管理是组织激励、牵引、约束和发展等诸多机制中的核心环节，是指组织针对所有员工所提供的服务来确定他们应当得到的报酬总额以及报酬结构和报酬形式的一个过程	1. 发薪时间配置；发薪城市配置 2. 四舍五入配置 3. 薪酬项目添加 4. 岗位薪酬模板设置；员工薪酬模板设置 5. 工资税率配置 6. 工资提交
任务十二：成本中心管理/0.5	统计工资支出、招聘费用和培训费用；人力资源预算结算和存档	1. 工资发放、变迁及汇总 2. 招聘、培训费用汇总 3. 人力资源规划总结
任务十三：报表管理/0.5	实现单位对员工信息进行统计、使用数据更加直观	1. 人事资料报表查看 2. 员工工资报表导出 3. 员工报税表导出
任务十四：职业生涯规划/0.5	通过员工的工作及职业发展的设计，协调员工个人需求和组织需求，实现个人和组织的共同成长和发展	1. 职业生涯制订 2. 职业生涯评价
任务十五：我的工作/0.5	该模块的主要内容是人事人员安排、接收、提交和审批任务等，以实现组织内部的良好沟通	1. 发布、提交和审批任务 2. 公告查看，查看系统消息，发送用户消息，查看接收消息

三、学习目标

（1）正确理解并掌握公共部门人力资源的普遍规律、基本原理以及一般方法。

（2）初步具有解决一般公共部门人力资源开发与管理问题的能力，为未来从事社会管理提供必要的专业知识。

第十五章 外围框架管理

第一节 管理员篇

一、参数设置

进入奥派公共部门人力资源管理教学系统以后,在用户登录页面选择"管理员",输入管理员用户名(admin)和密码(admin),点击【登录】,如图15-1所示。

图15-1 管理员登录界面

进入管理员管理界面,点击【参数设置】,如图15-2所示。

图15-2 参数设置界面

可以设置的参数有:LOGO、版权信息、软件标题前缀、环境、实验报告表单和个人信息。

1. LOGO 设置

LOGO 是软件的图形标志，默认的是南京奥派公司的 LOGO 图片，教师可以上传所在学校（以南京大学为例）的 LOGO 图片。点击【LOGO 设置】进入 LOGO 设置界面，点击"浏览"，如图 15-3 所示。

图 15-3　logo 选择界面

选择所要上传的图片（南京大学 LOGO），点击【提交】，系统会提示操作成功，点击【确定】后，点击该页面左上方【退出】，可以在软件首页标题前面看到上传的图片，如图 15-4 所示。

图 15-4　logo 显示界面

如果要删除上传的图片，重新登录管理员管理界面，在 LOGO 设置页面点击【恢复默认】按钮即可。

2. 版权信息设置

默认的是南京奥派信息技术有限公司版权所有，也可以增加所在学校的版权信息。点击【版权信息设置】进入版权信息设置页面，在"版权信息"后方框中输入版权相关信息（南京大学），如图 15-5 所示。

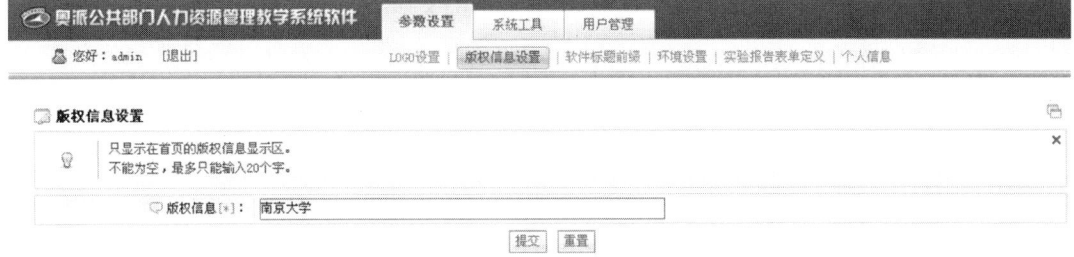

图 15 – 5　版权信息设置界面

点击【提交】按钮，系统提示操作成功。点击【确定】后，点击该页面左上方【退出】返回系统首页，在首页下方可以看到设置的版权信息，如图 15 – 6 所示。

图 15 – 6　版权信息显示界面

重新登录到管理员管理界面，点击【重置】按钮，则添加的版权信息被删除。

3. 软件标题前缀

根据实际情况，可以在软件已有标题前添加一些信息。点击【软件标题前缀】进入软件标题前缀设置界面，在"软件标题前缀"后方框中输入要添加的标题信息（南京奥派公共部门人力资源管理教学系统软件），如图 15 – 7 所示。

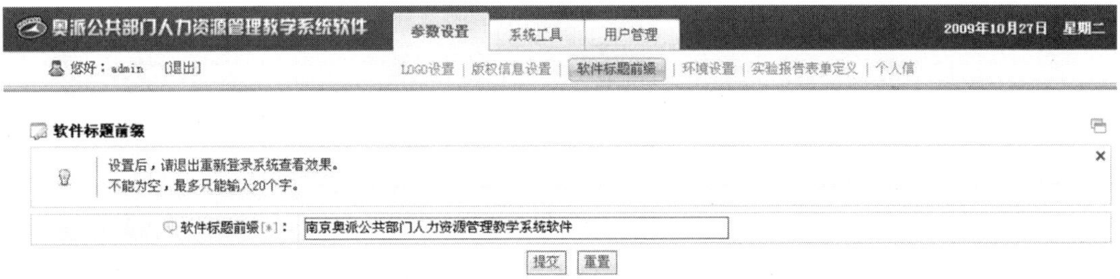

图 15 – 7　软件标题前缀设置界面

点击【提交】按钮，系统提示操作成功。点击【确定】后点击该页面左上方【退出】返回系统首页。重新登录管理员管理界面，即可看到添加的前缀内容显示在软件标题的前面。如图15-8所示。

图15-8 软件标题前缀显示界面

点击【重置】按钮，取消为软件标题添加的前缀内容。

4. 环境设置

点击【环境设置】进入环境设置界面，如图15-9所示。

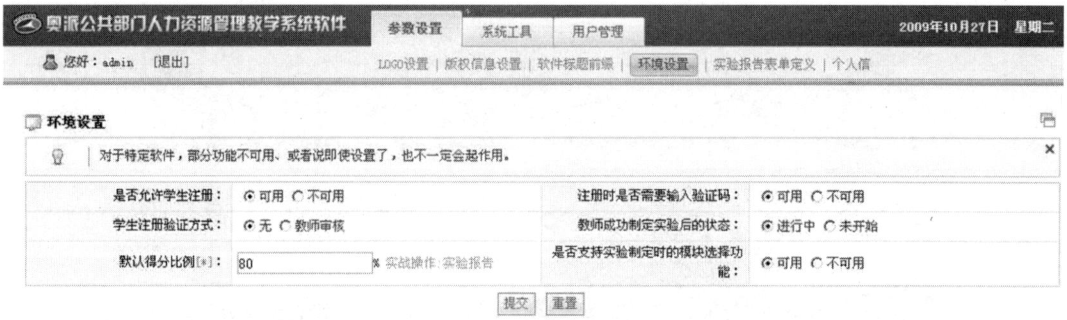

图15-9 环境设置界面

选择"是否允许学生注册"后"可用"提交后，在系统首页有"学生注册"按钮，学生点击该按钮即可注册，如图15-10所示。

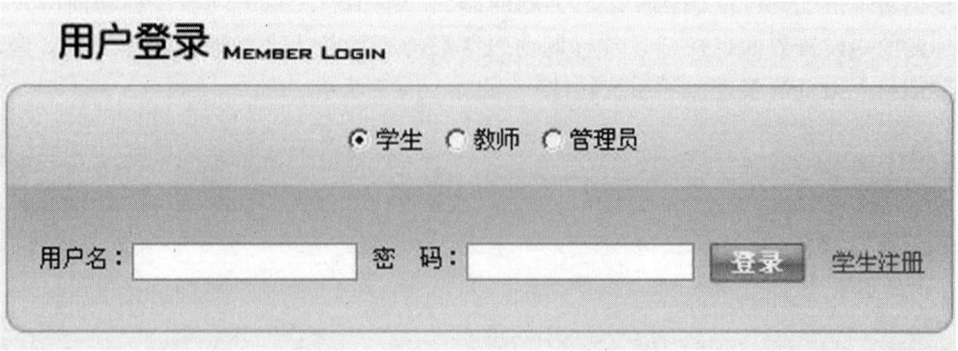

图15-10 学生注册可用界面

选择"不可用"提交后，系统首页没有"学生注册"按钮，学生不能进行注册，如图 15-11 所示。

图 15-11　学生注册不可用界面

选择"注册时是否要输入验证码"后"可用"提交后，学生注册时需要输入验证码，如图 15-12 所示。

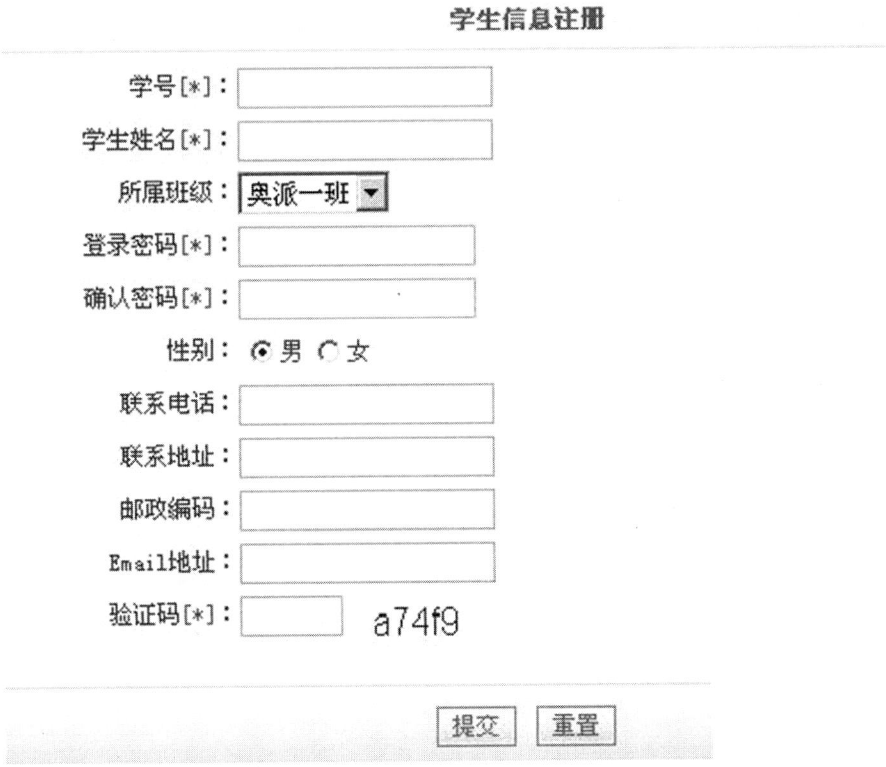

图 15-12　学生注册需输入验证码界面

选择"不可用"提交后，学生注册时没有要输入验证码的项，如图 15-13 所示。

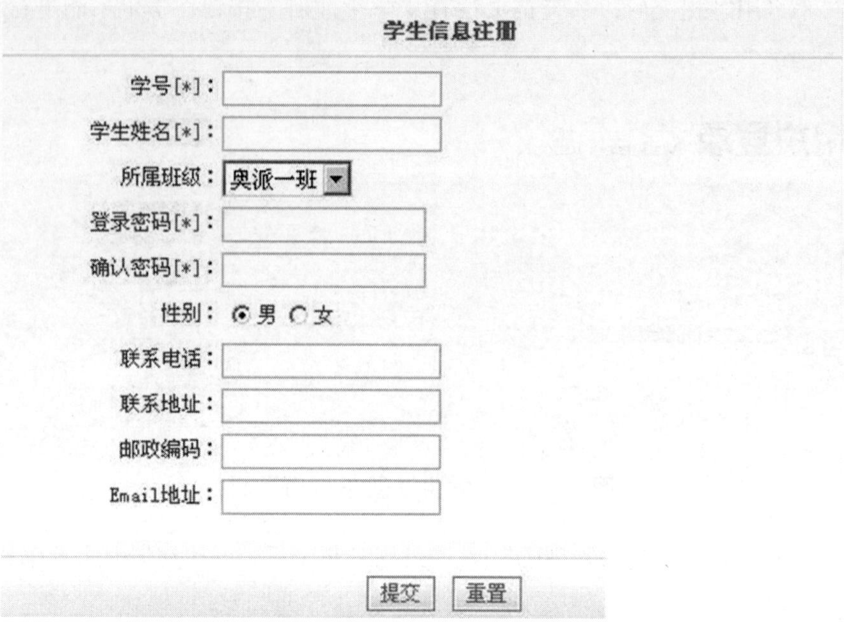

图 15 – 13　学生注册不需输入验证码界面

选择"学生注册验证方式"后单选按钮"无"提交后，学生注册时输入的验证码不需要验证。选择"教师审核"提交后，学生注册时输入的验证码需要教师验证。

选择"教师成功制定实验后的状态"后单选按钮"进行中"提交后，教师制定一个实验后，实验状态为"进行中"，学生可直接开始实验。选择单选按钮"未开始"提交后，教师制定一个实验后，实验状态为"未开始"，点击"开始"按钮后学生才可以进行实验。

在"默认得分比例"后方框中可根据实际情况输入数值，表示学生实验操作分在总分（实验操作分与实验报告分之和）中所占的比例。

选择"是否支持实验制定时的模块选择功能"单选按钮"可用"提交后，教师在制定实验时可以根据需要选择实验模块，如图 15 – 14 所示（切换用户，登录教师平台）。

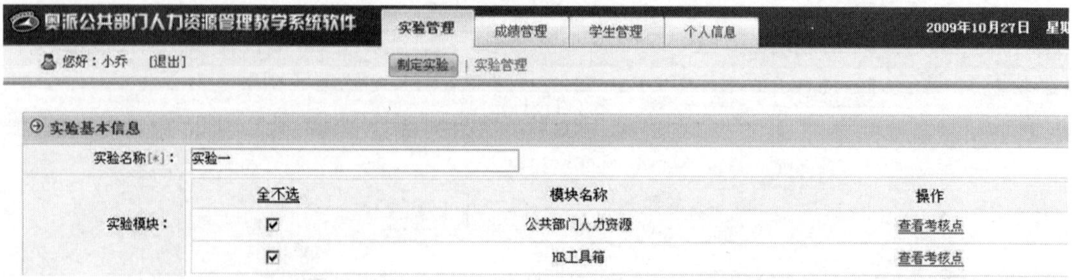

图 15 – 14　教师制定实验需选择实验模块界面

选择单选按钮"不可用"提交后，教师在制定实验时不可以选择实验模块，只能使用系统默认的，如图 15 – 15 所示。

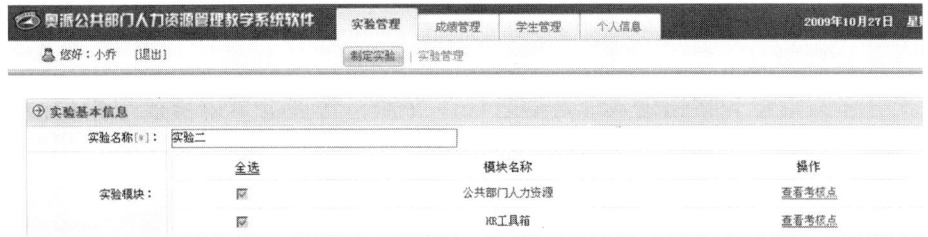

图 15 – 15　教师制定实验不需选择实验模块界面

5. 实验报告表单定义

点击【实验报告表单定义】进入实验报告表单定义界面（此时是管理员平台），如图 15 – 16 所示。

图 15 – 16　实验报告表单定义界面

点击下方【添加表单】按钮，可以根据需要添加新的表单，如图 15 – 17 所示。

图 15 – 17　表单添加界面

点击【确定】按钮，系统提示表单添加成功。

6. 个人信息设置

点击【个人信息】按钮进入个人信息修改界面，管理员可以修改个人信息，如图 15 – 18 所示。

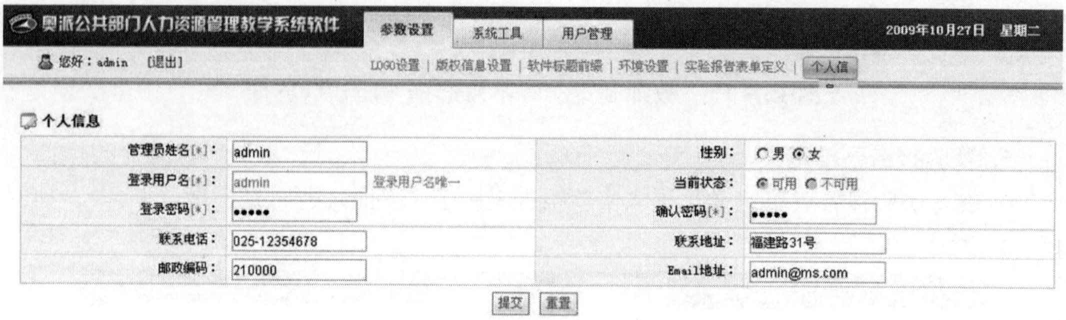

图 15 – 18　个人信息修改界面

修改完后点击【提交】，系统提示管理员个人信息修改成功。

二、系统工具

1. 数据初始化

在管理员界面选择【系统工具】下的【数据初始化】，点击【数据初始化】，则系统将恢复到出厂状态①，如图 15 – 19 所示。

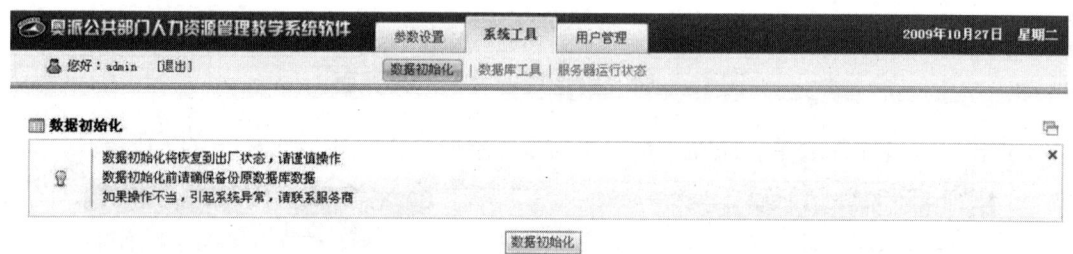

图 15 – 19　系统工具管理界面

2. 数据库工具

在管理员界面选择【系统工具】下的【数据库工具】，在出现的方框中根据需要输入 SQL 语句，点击【运行代码】②。

3. 服务器运行状态

在管理员界面选择【系统工具】下的【服务器运行状态】，可以查看到当前服务器运行状态，如图 15 – 20 所示。

---

① 请谨慎操作数据初始化，数据初始化前要确保备份原始数据。
② 请谨慎操作该功能。

图 15 – 20　服务器运行状态界面

三、用户管理

1. 学校管理

在管理员管理界面点击【用户管理】后点击【学校管理】，进入学校管理界面，根据实际情况填写学校相关信息，如图 15 – 21 所示。

图 15 – 21　用户管理界面

点击【提交】按钮，系统提示修改学校信息成功。

2. 班级管理

点击【班级管理】进入班级管理界面，点击【添加】按钮，在"班级名称"后方框中输入要添加的班级名称，如图 15 – 22 所示。

点击【提交】按钮，系统提示班级信息添加成功。

在班级管理页面即可看到添加的班级，如图 15 – 23 所示。

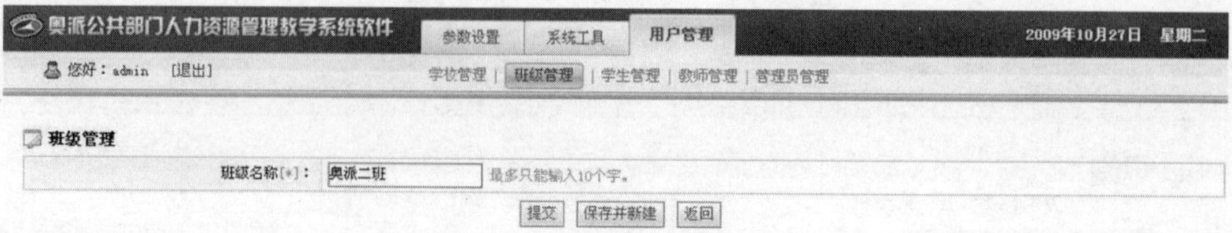

图 15 – 22　班级添加界面

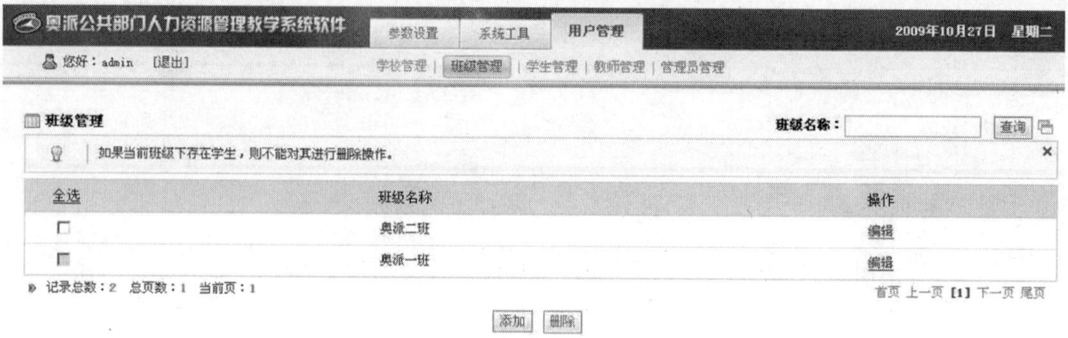

图 15 – 23　班级管理界面

选中要删除的班级，点击【删除】按钮即可删除该班级。

3. 学生管理

点击【学生管理】按钮进入学生管理界面，该界面提供了生成学生的三种方式：生成、导入和添加。

（1）批量生成学生。

点击【生成】按钮进入批量生成学生页面，输入学号前缀（allpa）、学生数量（5）、登录密码（123456），如图 15 – 24 所示。

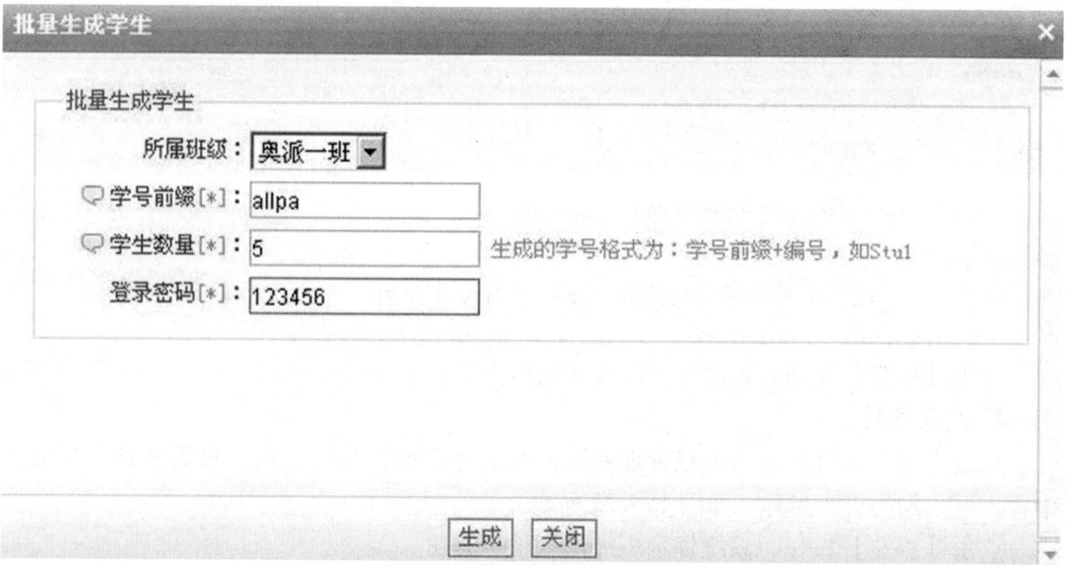

图 15 – 24　批量添加学生界面

点击【生成】按钮，系统提示生成 5 个学生，如图 15-25 所示。

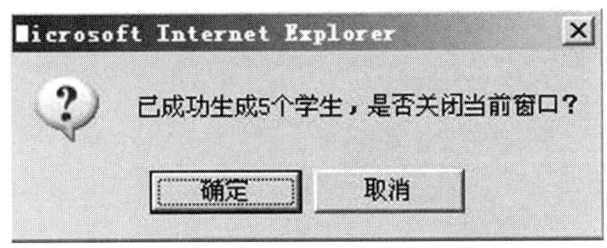

图 15-25　批量成功生成学生界面

点击【确定】按钮，在学生管理界面即可看到生成的这 5 个学生的信息，如图 15-26 所示。

全选	学号	学生姓名	所属班级	当前状态	登录密码	性别	联系电话	操作
☐	allpa5	allpa5	奥派一班	可用	123456	男		编辑
☐	allpa4	allpa4	奥派一班	可用	123456	男		编辑
☐	allpa3	allpa3	奥派一班	可用	123456	男		编辑
☐	allpa2	allpa2	奥派一班	可用	123456	男		编辑
☐	allpa1	allpa1	奥派一班	可用	123456	男		编辑
☐	apstu002	李斯	奥派一班	可用	123456	男		编辑
☐	apstu001	王小小	奥派一班	可用	123456	女	025-12345678	编辑

图 15-26　学生信息显示界面

点击学生信息后面的【编辑】按钮，可以对该学生相关信息进行修改，如图 15-27 所示。

图 15-27　学生信息修改界面

修改完后点击【提交】按钮，系统提示操作成功。

（2）导入学生。

在学生管理界面点击【导入】按钮进入导入学生页面，如图 15-28 所示。

点击"点击下载模块文件"，系统提示保存文件信息，如图 15-29 所示。

点击【保存】按钮，将文件保存在桌面。在导入学生页面点击【浏览】，选择下载保存的文件，点击【导入】按钮，系统提示导入成功，如图 15-30 所示。

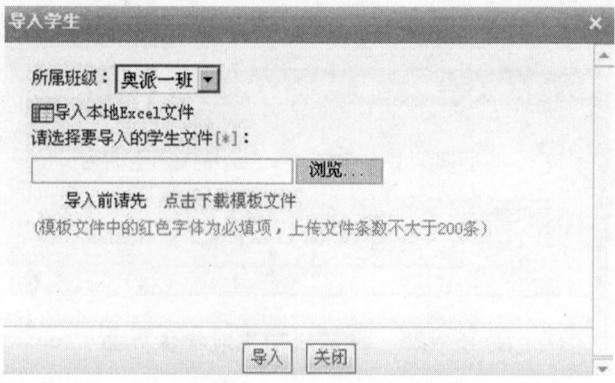

图 15-28 学生导入界面

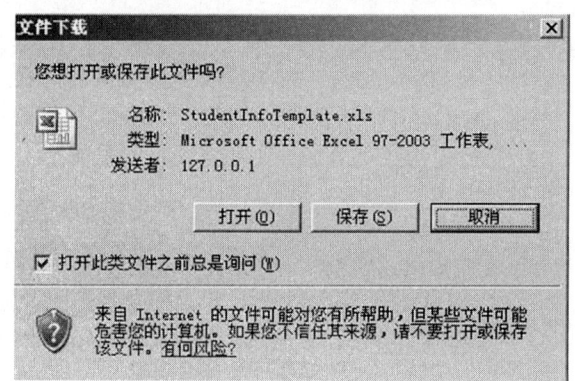

图 15-29 模块文件下载界面

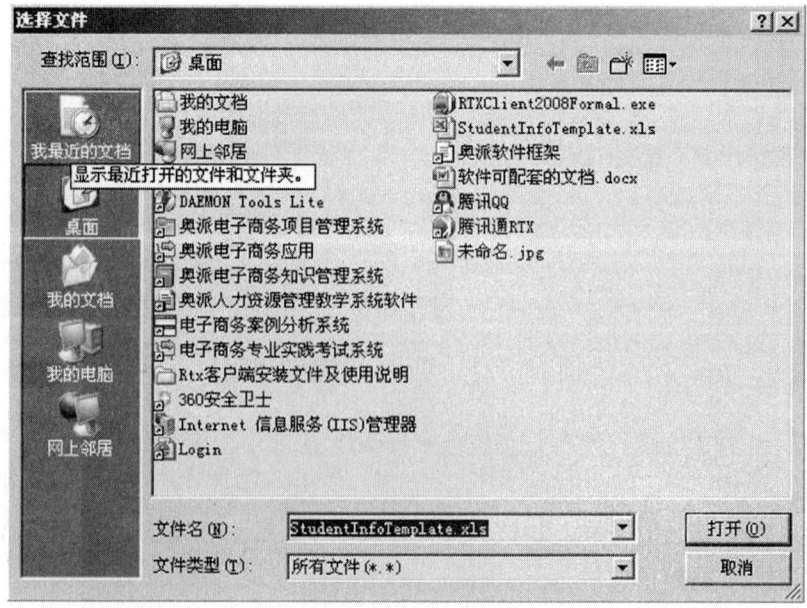

图 15-30 导入文件选择界面

点击【确定】按钮，在学生管理界面即可看到导入的学生信息，如图 15 – 31 所示。

全选	学号	学生姓名	所属班级	当前状态	登录密码	性别	联系电话	操作
□	A2001	王小小	奥派一班	可用	123456	男	025-12345678	编辑
□	allpa5	allpa5	奥派一班	可用	123456	男		编辑
□	allpa4	allpa4	奥派一班	可用	123456	男		编辑
□	allpa3	allpa3	奥派一班	可用	123456	男		编辑
□	allpa2	allpa2	奥派一班	可用	123456	男		编辑
□	allpa1	allpa1	奥派一班	可用	123456	男		编辑

图 15 – 31　导入学生信息显示界面

点击该学生后的【编辑】按钮，即可对该学生的相关信息进行修改。

（3）添加学生。

在学生管理界面点击【添加】按钮，进入添加学生页面，输入要添加的学生信息：学号（a2009）、学生姓名（张林）、登录密码（123456）和确认密码（123456），如图 15 – 32 所示。

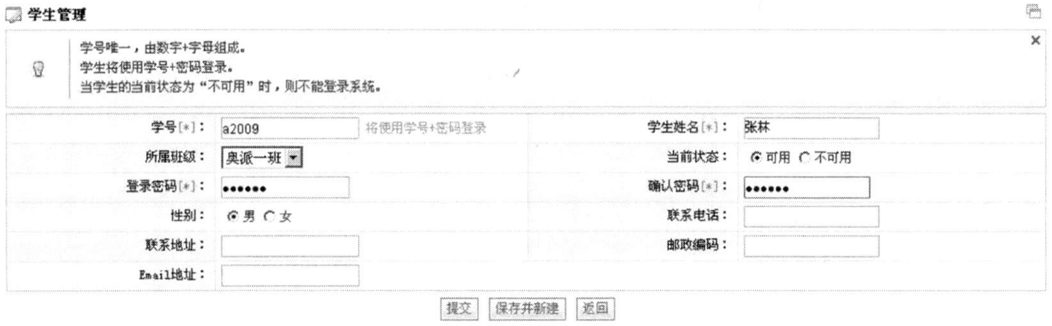

图 15 – 32　学生添加界面

点击【提交】，系统提示添加成功。点击【确定】，在学生管理界面即可看到添加的学生信息，如图 15 – 33 所示。

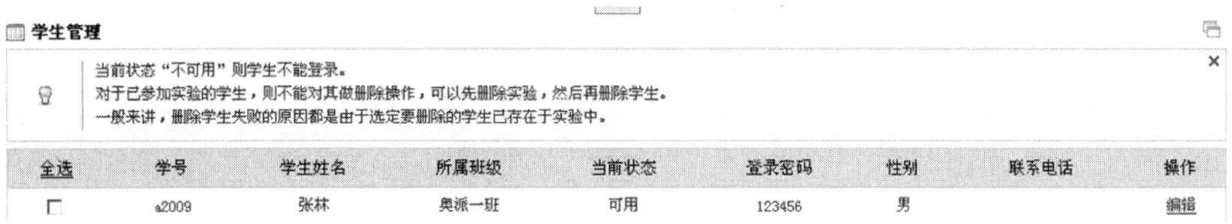

图 15 – 33　学生管理界面

点击该学生后面的【编辑】，可以对他的相关信息进行修改。

我们还可以对生成的学生做以下操作：

（1）删除。

选中要删除学生前面复选框，点击【删除】按钮，系统提示是否确定删除，如图 15 – 34 所示。

图 15 –34　学生删除界面

点击【确定】，系统提示操作成功。点击【取消】，取消删除。

（2）可用与不可用。

选中一个学生，点击【可用】按钮，学生的当前状态为"可用"，学生可以登录系统。点击【不可用】则学生的当前状态为"不可用"，该学生不能登录系统。

4. 教师管理

点击【教师管理】进入教师管理界面，可以添加或者删除教师。点击【添加】进入教师添加页面，输入要添加的教师相关信息：教师姓名（张明）、登录用户名（zhang）、登录密码（123456）、确认密码（123456），如图 15 – 35 所示。

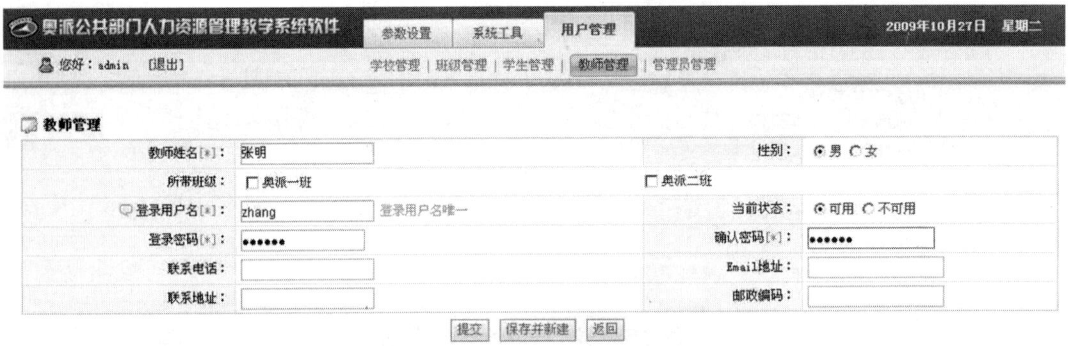

图 15 –35　教师信息修改界面

点击【提交】按钮，系统提示操作成功。

点击【确定】，在教师管理界面即可看到添加的教师信息，在系统首页以该教师的用户名和密码即可登录，如图 15 – 36 所示。

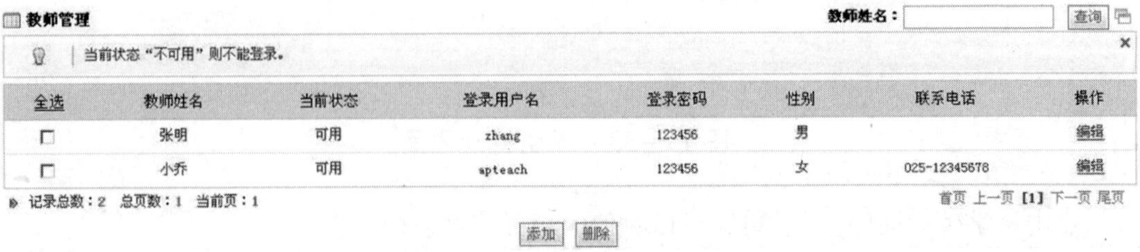

图 15 –36　教师信息显示界面

选中教师前面的复选框，点击后面的【编辑】按钮，即可对该教师的相关信息进行修改。

选中要删除的教师前面的复选框,点击【删除】按钮,系统提示是否要删除。点击【取消】,取消删除操作;点击确定,系统提示操作成功;点击【确定】,该教师即被删除。

5. 管理员管理

点击【管理员管理】进入管理员管理界面,可以添加或者删除管理员。点击【添加】进入管理员添加页面,输入要添加的管理员相关信息:管理员姓名(赵强)、登录用户名(zhao)、登录密码(123456)、确认密码(123456),如图 15-37 所示。

图 15-37　管理员管理界面

点击【提交】,系统提示操作成功。

点击【确定】,在管理员管理界面可以看到添加的管理员信息,在系统首页以该管理员的用户名和密码即可登录,如图 15-38 所示。

图 15-38　管理员信息显示界面

选中管理员前面的复选框,点击后面的【编辑】按钮,可以对该管理员的相关信息进行修改。

选中要删除的管理员前面的复选框,点击【删除】按钮,系统提示是否确认删除,如图 15-39 所示。

图 15-39　管理员删除界面

点击【取消】，取消删除操作；点击【确定】，系统提示删除成功，该管理员即被删除。

第二节　教师篇

在系统首页选择"教师"，输入教师用户名（apteach）和密码（123456）。点击【登录】，进入教师管理界面，如图 15-40 所示。

图 15-40　教师登录界面

一、实验管理

1. 制定实验

点击教师管理界面【实验管理】后，点击【制定实验】进入制定实验页面，输入实验的基本信息，设置实验环境，点击【提交】，如图 15-41 所示。

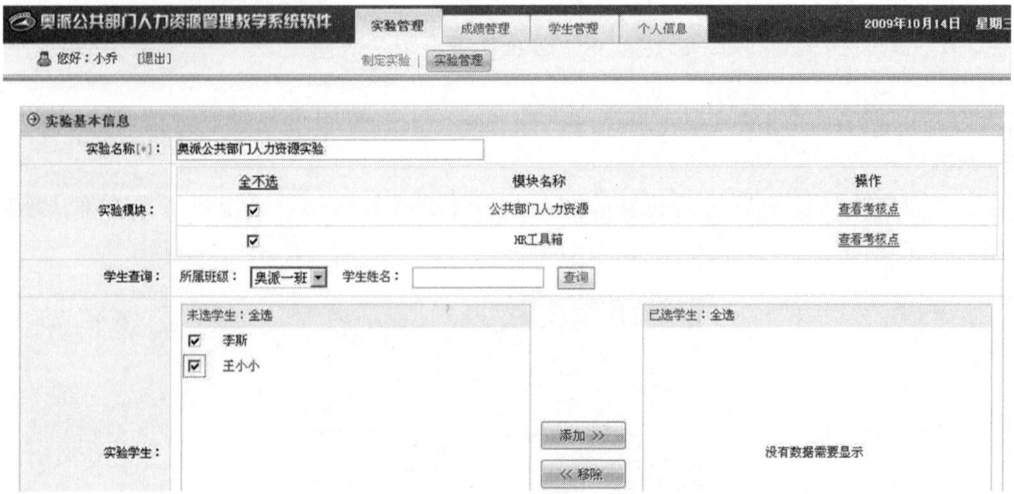

图 15-41　教师制定实验界面

实验创建成功，如图 15-42 所示。

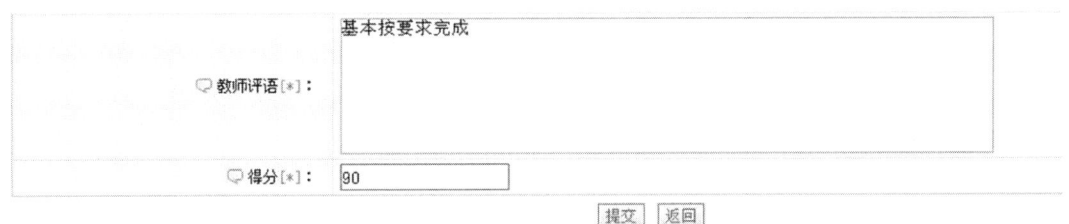

图 15-42　实验列表显示界面

在制定实验页面的实验列表中即可看到刚制定的实验信息，选中该实验，点击其后面的【编辑】按钮，可以对该实验的相关信息进行修改。

2. 实验管理

如果要删除一个实验，先选中它，点击页面下方的【删除】按钮即可。

二、成绩管理

1. 实验报告评估

点击教师管理界面的【成绩管理】后，点击【实验报告评估】，教师可以看到已结束的实验列表，点击实验后面的【评估】按钮，可以看到参加该实验的学生列表，点击学生后面的【评估】按钮，即可看到学生填写的实验报告信息[①]。教师填写评语和得分，如图 15-43 所示。

图 15-43　教师填写评语以及得分界面

点击【提交】，系统提示操作成功，如图 15-44 所示。

图 15-44　操作实验报告评估成功界面

---

① 实验报告内容是学生在学生管理平台填写好的，操作步骤详见学生管理平台"实验报告"处内容。

点击【确定】返回学生列表,点击学生后面的【查看】按钮,可以看到评估好的实验报告信息。

2. 成绩查看

点击【成绩管理】后点击【成绩查看】,可以看到已结束的实验列表。点击实验后面的【成绩查看】,可以看到参加该实验所有学生的成绩,如图15－45所示。

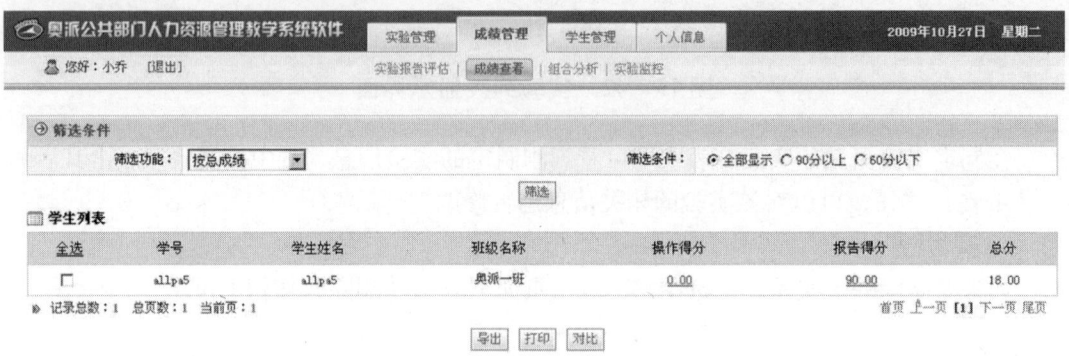

图15－45　学生成绩查看界面

如果学生很多,为了快速查看满足特定条件的学生成绩,可以利用筛选功能,如图15－46所示。

图15－46　筛选界面

选择筛选条件,点击【筛选】按钮即可看到符合条件的学生成绩。

对于学生的成绩还可以进行以下操作:导出、打印和对比。

(1) 导出。

选中欲导出成绩的学生,点击【导出】,系统提示保存信息,如图15－47所示。

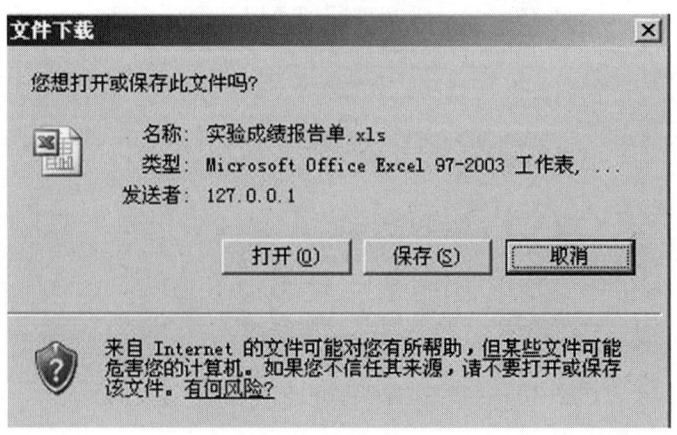

图15－47　学生成绩导出界面

点击【保存】,将文件保存在指定位置。

(2) 打印。

点击【打印】即可打印学生的成绩单。

(3) 对比。

选中欲比较成绩的学生,点击【对比】,即可查看到这些学生的成绩对比图,如图 15-48 所示。

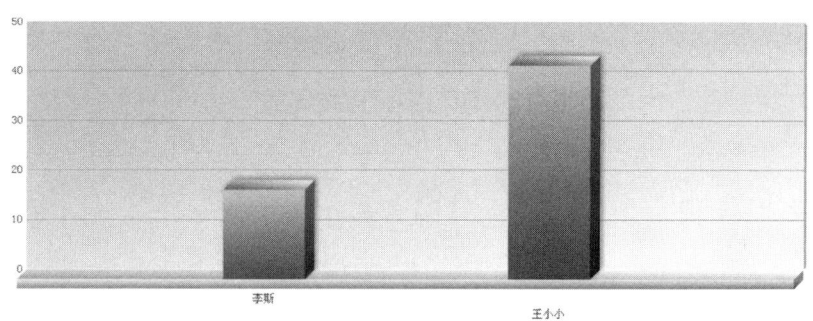

图 15-48　学生成绩对比界面

3. 组合分析

点击"成绩管理"下的"组合分析",可以看到已结束的实验列表,选中欲进行比较的实验,点击【对比】,可以看到参加这些实验的学生成绩组合分析图,如图 15-49 所示。

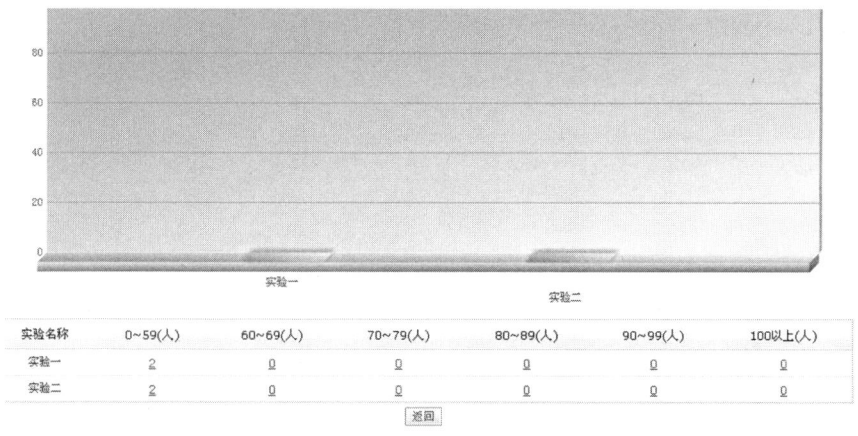

图 15-49　学生成绩组合分析图

教师还可以根据需要选择部分学生的成绩组合分析图[①]。

4. 实验监控

点击"成绩管理"下的"实验监控",可以看到正在进行中的实验列表。选择一个实验,点击其后面的【进入】,教师即可以查看到参加该实验的学生列表,列表显示各个学生实验操作完成比例,如图 15-50 所示。

---

① 100 分以上、90~99 分、80~89 分、70~79 分、60~69 分、0~59 分。

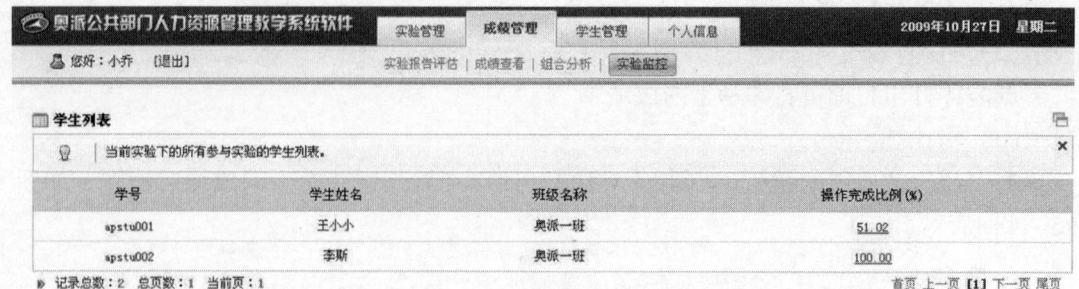

图 15-50　实验监控界面

三、学生管理

点击教师管理界面"学生管理",可以看到所有学生列表,教师可以生成、导入、添加新的学生,对这些学生可以做删除、可用和不可用操作,[①] 如图 15-51 所示。

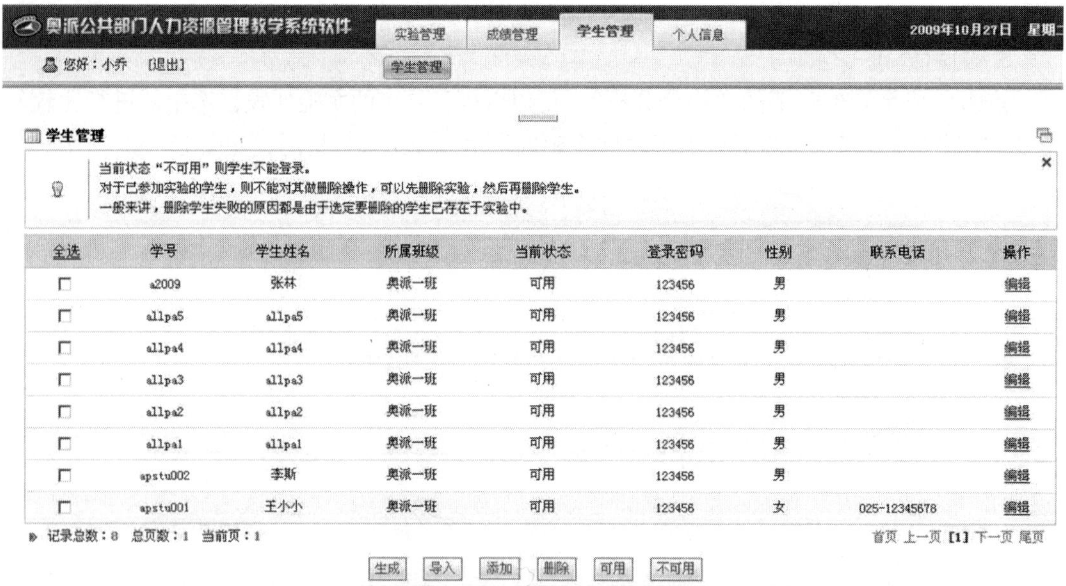

图 15-51　学生管理界面

四、个人信息

点击"教师管理"下的"个人信息",教师可以对自己的个人信息进行修改,如图 15-52 所示。

---

① 具体操作步骤同管理员界面的"学生管理"。

图 15 –52　教师个人信息管理界面

修改完后点击【提交】，系统提示操作成功。

点击【重置】按钮，取消对教师个人信息的修改。

第三节　学生篇

在用户登录首页点击【学生注册】，进入学生注册页面，输入要注册的学生信息，如图 15 –53 所示。

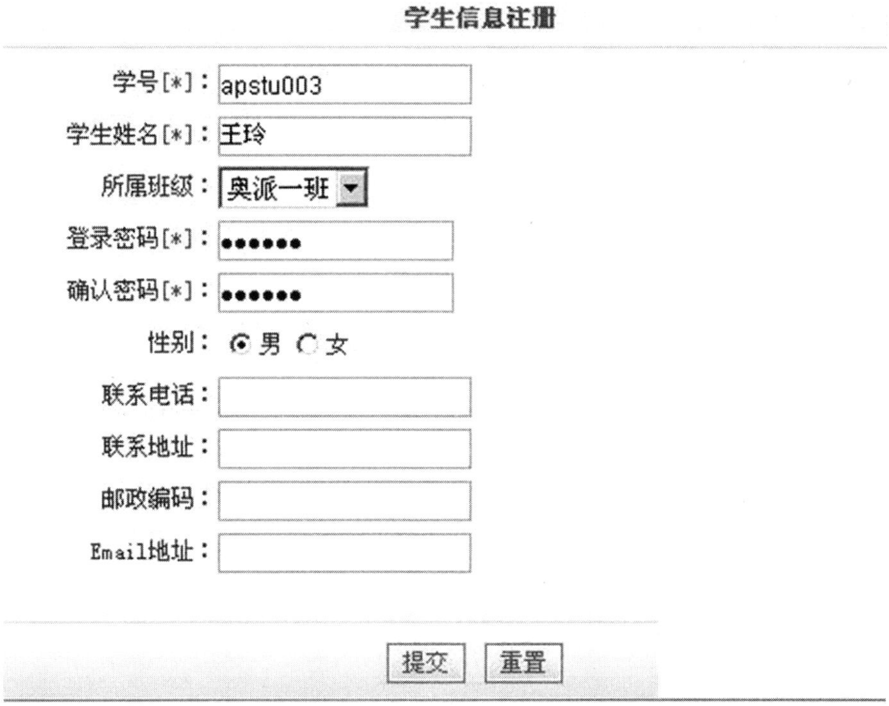

图 15 –53　学生注册界面

点击【提交】，系统提示操作成功，如图 15-54 所示。

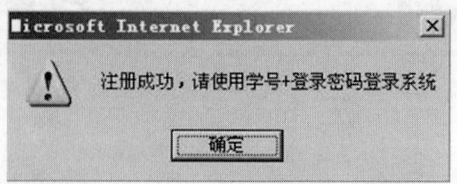

图 15-54　学生注册成功界面

点击【确定】，该学生注册成功。

在用户登录首页选择"学生"，输入学生用户名（apstu001）和密码（123456），如图 15-55 所示。

图 15-55　学生登录界面

点击【登录】，进入学生管理界面。

一、我的实验

1. 我的实验

在学生管理界面点击【我的实验】下【我的实验】，可以看到我的实验列表，如图 15-56 所示。

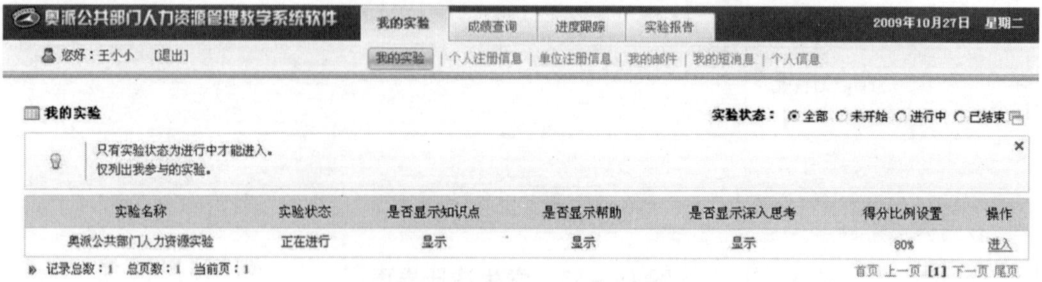

图 15-56　学生实验列表界面

点击实验状态为"正在进行"的实验后【进入】,即进入该实验。

2. 个人注册信息

在学生管理界面点击【我的实验】下【个人注册信息】,更新学生个人信息,点击【提交】,系统提示操作成功,如图 15-57 所示。

图 15-57 学生个人信息更新界面

3. 单位注册信息

在学生管理界面点击【我的实验】下【单位注册信息】,填写部门的相关信息,点击【提交】,系统提示操作成功,如图 15-58 所示。

图 15-58 单位注册信息界面

4. 我的邮件

点击【我的实验】下【我的邮件】,可以查看实验过程中收到的所有邮件信息,如图 15-59 所示。

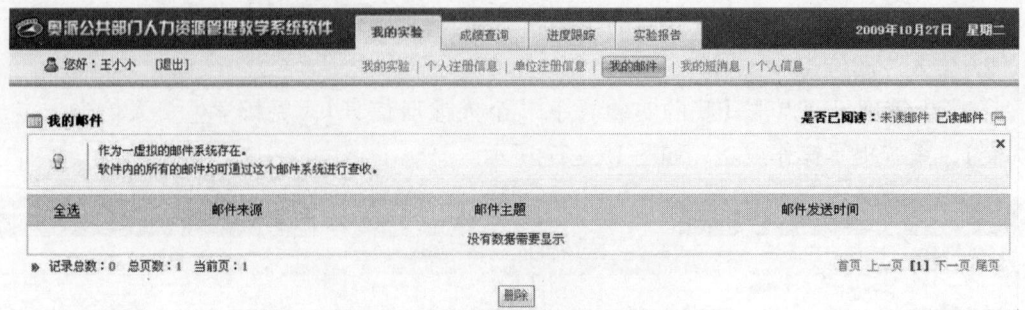

图 15-59　学生邮件列表显示界面

点击想要查看的邮件主题，即可看到邮件的详细内容。

5. 我的短消息

点击【我的实验】下【我的短消息】，可以看到实验过程中的收到的手机短消息，如图 15-60 所示。

图 15-60　我的短消息显示界面

6. 个人信息

点击【我的实验】下【个人信息】，可以到学生个人注册信息，如图 15-61 所示。

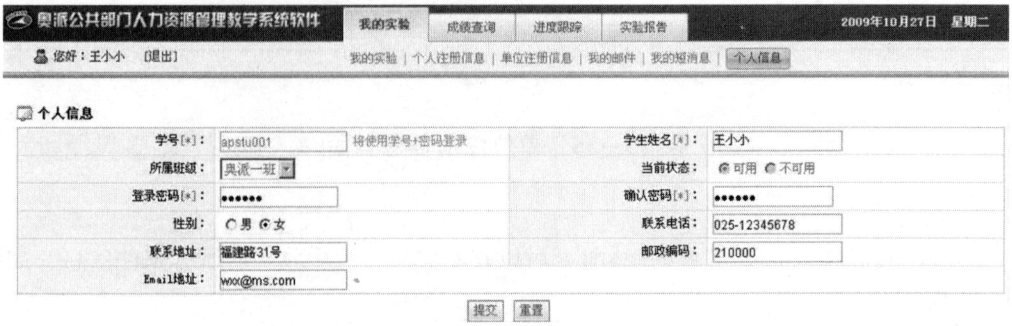

图 15-61　学生个人信息修改界面

学生也可以做一些修改，修改完后点击【提交】即可。

7. 系统登录

输入系统默认的学生用户名 apstu002 和密码 123456，点击【登录】以进入系统，如图 15－62 所示。

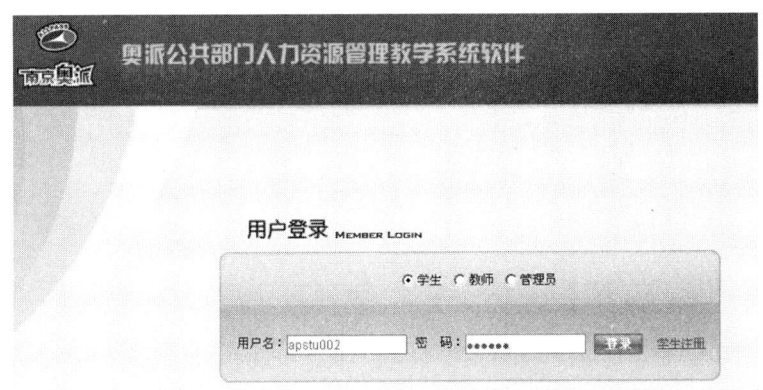

图 15－62　学生登录界面

8. 进入实验

查看"我的实验"，点击操作下方的【进入】，如图 15－63 所示。

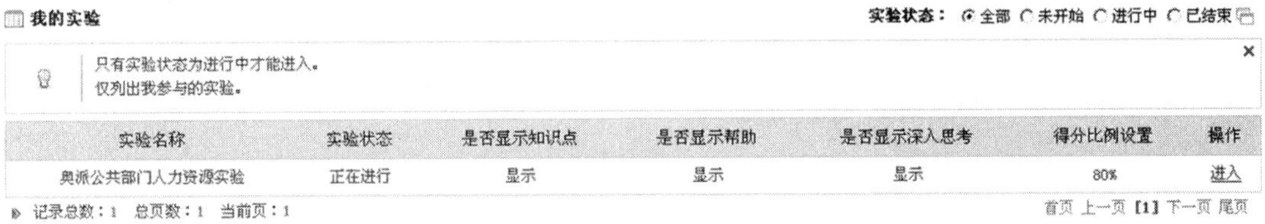

图 15－63　学生进入实验界面

点击【我也要创建空间】，输入空间名称，选择空间类型和实验类型，进行【创建】。在这里，我们将空间类型设为"交互模型"，实验类型设为"任务引导型"。交互模型是指参加同一实验的学生可以看到彼此的操作状态，在操作页面下方将有提示。任务引导型是指按照系统设置的顺序进行实验，依次完成实验步骤，将会得到经验值和金币，累积到一定数量的经验值和金币，能够不断升级，如图 15－64 所示。

图 15－64　创建空间界面

空间创建完成之后，即可进入实验，点击相应空间后面的【进入】，如图 15－65 所示。

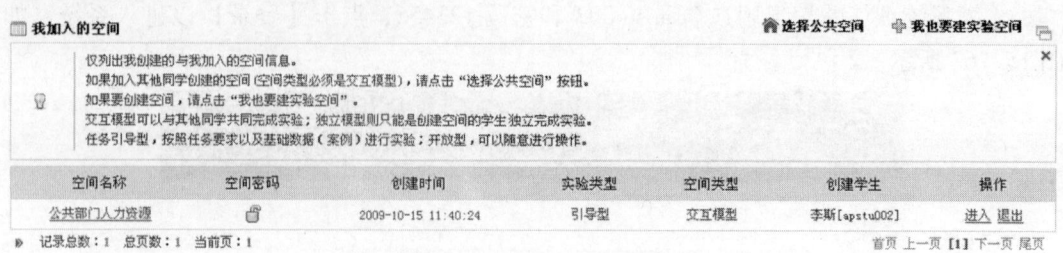

图 15－65　进入空间界面

二、成绩查询

在学生管理界面点击【成绩查询】，可以看到学生参与的已结束的实验列表，该列表显示学生实验操作的得分情况，如图 15－66 所示。

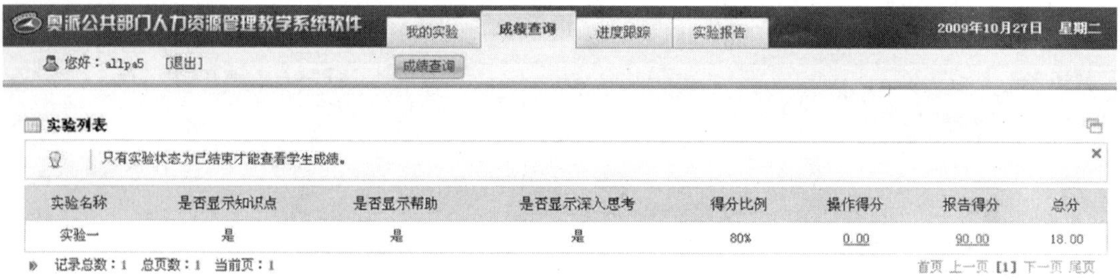

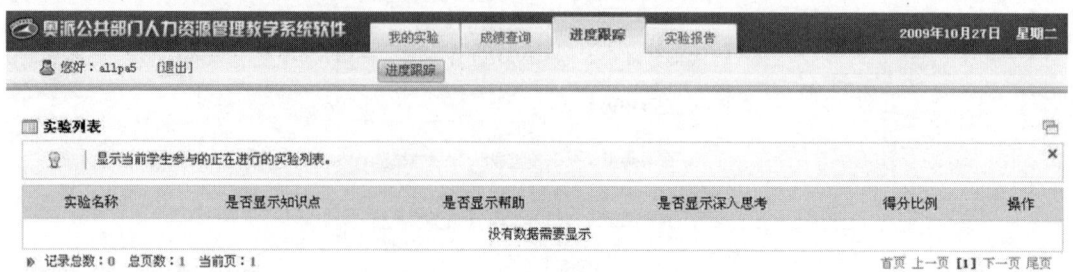

图 15－66　实验列表显示界面

三、进度跟踪

在学生管理界面点击【进度跟踪】，可以看到学生参与的正在进行的实验列表，点击【进入】，查看当前实验下学生已完成和未完成步骤的情况，如图 15－67 所示。

图 15－67　进度跟踪界面

四、实验报告

点击【实验报告】，可以看到学生参与的已结束的实验列表，点击【进入】，填写该实验的实验报告，如图 15–68 所示。

图 15–68　实验报告填写界面

点击【提交】，系统提示提交成功，如图 15–69 所示。

图 15–69　实验报告提交成功界面

第十六章

系统配置

第一节 系统综述

一、系统简介

系统配置主要包括与整个软件相关的基础信息配置、权限管理、费用类型配置、表单配置、合同模板的管理、流程配置以及用户管理。实现用户信息、角色信息、表单信息、合同模版管理、系统流程的维护和管理。

学生通过对这部分的操作，可以更加顺利地进行下面的实验。

二、实验流程

系统配置实验流程如图 16-1 所示。

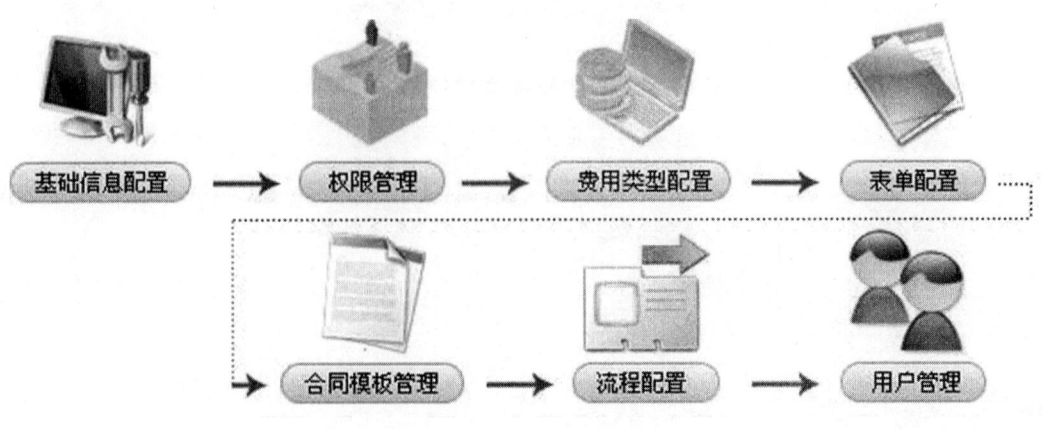

图 16-1 系统配置实验流程

三、实验目的

实现用户信息、角色信息、表单信息、合同模板和系统流程的维护和管理,为接下来的实验做准备。

第二节 实验指导

一、实验情景

新安市规划局预备对新安市的城市生活岸线等设施进行规划。挖掘长江岸线价值,将主城内的生产性码头逐步迁出,建立滨江绿化景观带和滨江公园,让新安成为真正意义上的滨江城市。

二、实验数据

具体实验数据如表16-1至表16-7所示。

表16-1　　　　　　　　　　人员职位分配

职位	人员
局长、任免机关	陈建
处长	王军
财务科员	朱建
财务科长	吴兵
人事科员	李晓
人事科长	李明
普通科员	顾叶
普通科长	王海

表16-2　　　　　　　　　　员工李明信息

员工姓名	李明	部门名称	
身份证号	320104197902011232	性别	男
籍贯	新安	雇佣类型	全职
出生年月	1979-02-01	民族	汉族
毕业院校	南京大学	专业	经济学
文化程度	本科	手机	15912345672
联系地址	福建路2号	电子邮件	liming@126.com

续表

联系电话	83400002		
工号	AllPass_N_01	入职时间	2017-01-01
参加工作时间	2005-01-01	带薪休假天数	5天
职位工资	500		
绩效系数	100	绩效工资	200
社保基数	1455	公积金基数	500

表16-3　　　　　　　　　　　员工王军信息

员工姓名	王军	部门名称	
身份证号	320104197903011233	性别	男
籍贯	新安	雇佣类型	全职
出生年月	1979-03-01	民族	汉族
毕业院校	南京大学	专业	经济学
文化程度	本科	手机	15912345673
联系地址	福建路3号	电子邮件	wangjun@126.com
联系电话	83400003		
工号	AllPass_N_02	入职时间	2017-01-01
参加工作时间	2005-01-01	带薪休假天数	5天
职位工资	500		
绩效系数	100	绩效工资	200
社保基数	1455	公积金基数	500

表16-4　　　　　　　　　　　员工王海信息

员工姓名	王海	部门名称	
身份证号	320104194904011234	性别	男
籍贯	新安	雇佣类型	全职
出生年月	1949-04-01	民族	汉族
毕业院校	南京大学	专业	经济学
文化程度	本科	手机	15912345674
联系地址	福建路4号	电子邮件	wanghai@126.com
联系电话	83400004		
工号	AllPass_N_03	入职时间	2017-01-01
参加工作时间	2005-01-01	带薪休假天数	5天
职位工资	500		
绩效系数	100	绩效工资	200
社保基数	1455	公积金基数	500

表 16-5　　　　　　　　　　员工陈建信息

员工姓名	陈建	部门名称	
身份证号	320104197905011235	性别	男
籍贯	新安	雇佣类型	全职
出生年月	1979-05-01	民族	汉族
毕业院校	南京大学	专业	经济学
文化程度	本科	手机	15912345675
联系地址	福建路5号	电子邮件	chenjian@126.com
联系电话	83400005		
工号	AllPass_N_04	入职时间	2017-01-01
参加工作时间	2005-01-01	带薪休假天数	5天
职位工资	500		
绩效系数	100	绩效工资	200
社保基数	1455	公积金基数	500

表 16-6　　　　　　　　　　员工李晓信息

员工姓名	李晓	部门名称	
身份证号	320104197906011236	性别	男
籍贯	新安	雇佣类型	全职
出生年月	1979-06-01	民族	汉族
毕业院校	南京大学	专业	经济学
文化程度	本科	手机	15912345676
联系地址	福建路6号	电子邮件	lixiao@126.com
联系电话	83400006		
工号	AllPass_N_05	入职时间	2017-01-01
参加工作时间	2005-01-01	带薪休假天数	5天
职位工资	500		
绩效系数	100	绩效工资	200
社保基数	1455	公积金基数	500

表 16-7　　　　　　　　　　员工吴兵信息

员工姓名	吴兵	部门名称	
身份证号	320104197907011237	性别	男
籍贯	新安	雇佣类型	全职

续表

出生年月	1979-07-01	民族	汉族
毕业院校	南京大学	专业	经济学
文化程度	本科	手机	15912345677
联系地址	福建路7号	电子邮件	wubing@126.com
联系电话	83400007		
工号	AllPass_N_06	入职时间	2017-01-01
参加工作时间	2005-01-01	带薪休假天数	5天
职位工资	500		
绩效系数	100	绩效工资	200
社保基数	1455	公积金基数	500

表16-8　　　　　　　员工张玲信息

员工姓名	张玲	部门名称	规划编制处
身份证号	321102198611092824	性别	男
籍贯	新安	雇佣类型	全职
出生年月	1986-11-09	民族	汉族
毕业院校	南京大学	专业	经济学
文化程度	本科	手机	13912345678
联系地址	福建路6号	电子邮件	zhangling@126.com
联系电话	83494818		
工号	AllPass_N_10	入职时间	2017-01-01
参加工作时间	2005-01-01	带薪休假天数	5天
职位工资	600		
绩效系数	100	绩效工资	500
社保基数	1500	公积金基数	500

三、实验任务

基础信息配置；用户管理；权限管理；表单配置；合同添加；流程添加。

四、实验步骤

首先选择【人力资源管理】模块，如图16-2所示。

模块选择

图 16-2　模块选择界面

进入【人力资源管理】模块后，系统会自动弹出提示框，显示你现在需要接受的任务、任务说明、任务奖励以及任务步骤。点击【接受】，接受该任务，之后在页面的右下角会弹出窗口提示目前应该操作的步骤，如图 16-3 所示。

图 16-3　系统配置任务接受界面

学生进入实验后，可以下载知识准备进行学习，并查看实验说明以及实验流程，以更好地进行实验。当前任务后的进度条，可以显示已完成步骤的状态，如图 16-4 所示。

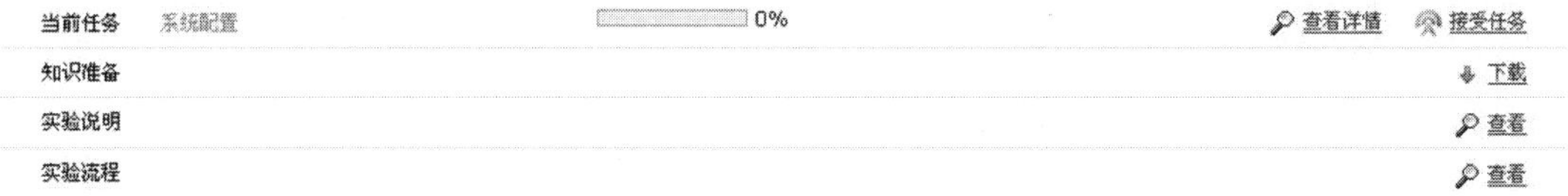

图 16-4　实验准备界面

(1) 新增员工。

点击"角色选择"最下方新增员工后的【新增】,为该实验增加人员,如图 16 – 5 所示。

图 16 – 5 新增员工界面

填写新增员工的详细信息,点击【确定】,如图 16 – 6 所示。

图 16 – 6 员工信息添加界面

按照该操作，依次添加王军、王海、陈建、李晓、张玲、吴兵，角色授权如"实验数据"中所示。

（2）基础信息配置。

点击管理员后的【进入】，如图 16-7 所示。

图 16-7　管理员进入系统界面

点击【基础信息配置】，能看到系统默认的基础信息配置、总人力成本与销售成本比例以及人力成本构成比例列表，如有必要进行调整，修改后点击最下方的【确定】，如图 16-8 所示。

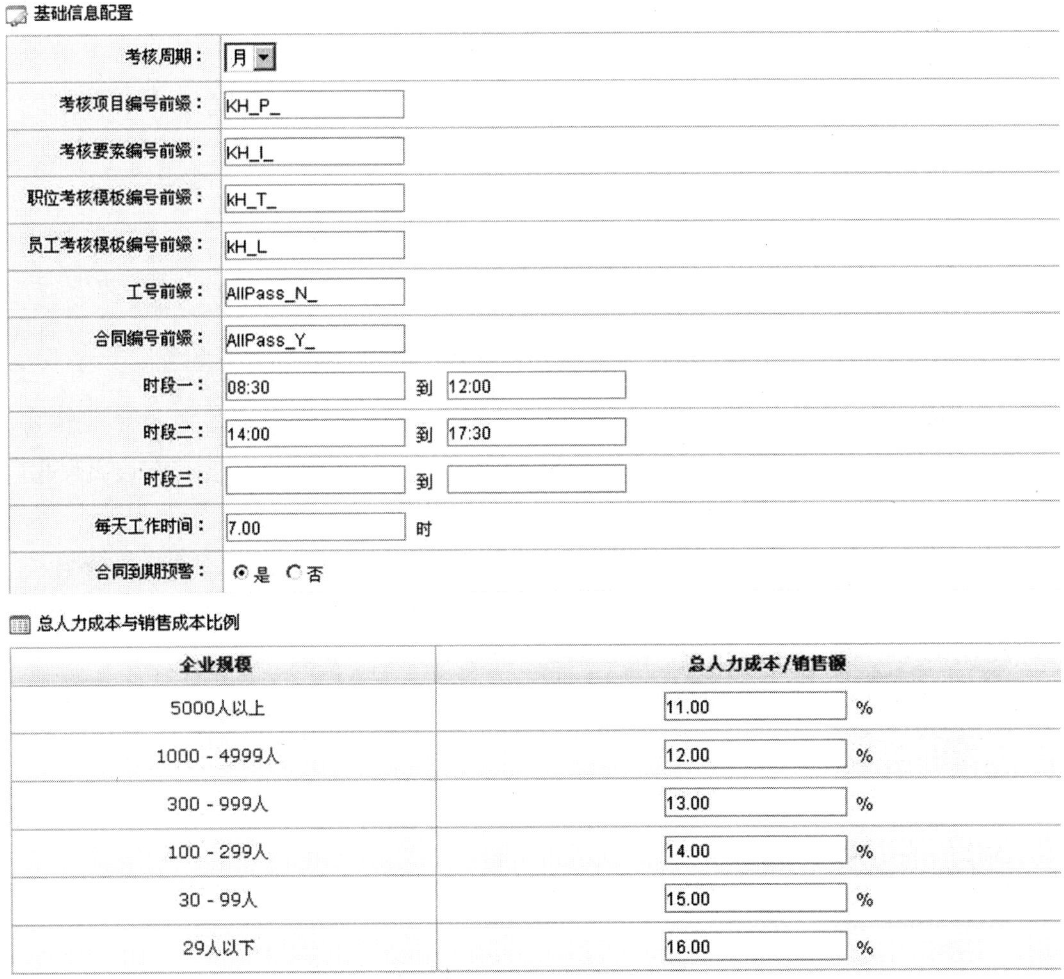

基础信息配置

考核周期：	月
考核项目编号前缀：	KH_P_
考核要素编号前缀：	KH_I_
职位考核模板编号前缀：	KH_T_
员工考核模板编号前缀：	KH_L_
工号前缀：	AllPass_N_
合同编号前缀：	AllPass_Y_
时段一：	08:30　到　12:00
时段二：	14:00　到　17:30
时段三：	到
每天工作时间：	7.00　时
合同到期预警：	⊙是　○否

总人力成本与销售成本比例

企业规模	总人力成本/销售额
5000人以上	11.00 %
1000 - 4999人	12.00 %
300 - 999人	13.00 %
100 - 299人	14.00 %
30 - 99人	15.00 %
29人以下	16.00 %

编号	薪酬类型名称	薪酬项目	所占比例(%)
1	标准工时工资		58.00
01		基本工资	30.50
02		绩效工资	6.00
03		住房津贴	2.00
04		交通津贴	2.00
05		职位津贴	17.50
2	加班工时工资		8.50
01		加班费	6.50
02		值日津贴	2.00
3	奖金		21.00
01		职位工资	20.00
02		年终奖	1.00
4	与销售额挂钩费用		2.00

图 16-8　基础信息配置界面

完成该步骤之后，在页面的右下角会弹出提示框，如图 16-9 所示。

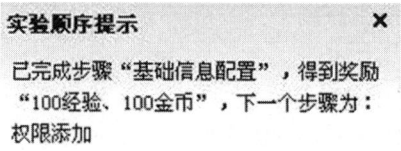

图 16-9　实验顺序提示界面

（3）权限添加。

按照上述提示框显示的内容进行"权限添加"。点击【用户管理】，在右边出现我们刚刚添加的四名人员，如图 16-10 所示。

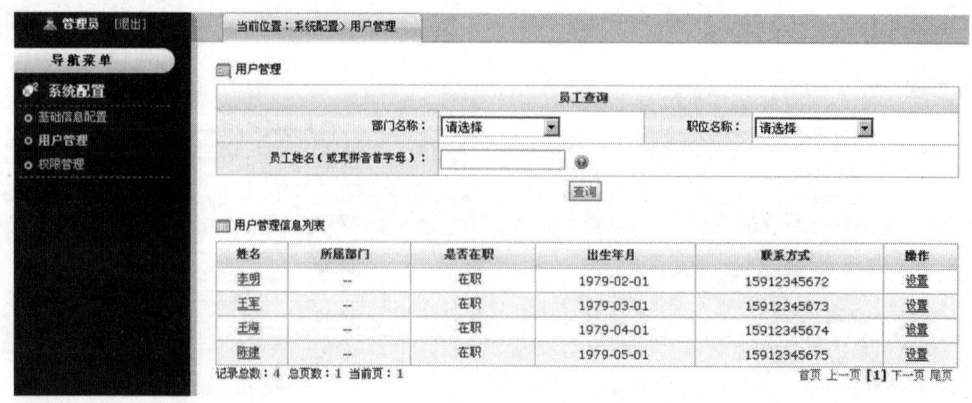

图 16-10　用户管理界面

点击各人后的【设置】，依次为每个人设置角色，具体角色的分配，在实验数据中有体现，如图 16-11 所示。

图 16-11 设置权限界面

点击"系统配置"下的【权限管理】,可以为角色进行模块授权,或者分配用户,如图 16-12 所示。

图 16-12 权限管理界面

点击角色信息列表下方的【添加角色】添加一个新角色,并将陈建分配到这个角色,然后点击最下方的【确定】,如图 16-13 所示。

图 16-13 角色添加界面

(4) 表单配置。

根据提示，下一步骤为"表单配置"。

点击页面下方的【切换用户】①，如图 16-14 所示。

图 16-14 用户切换界面

点击人事科长李明后的【进入】，进行系统配置，如图 16-15 所示。

图 16-15 角色选择界面

选择"系统配置"下的【表单信息配置】，在右边弹出的表单信息列表中浏览最后一页，如图 16-16 所示。

图 16-16 表单信息配置界面

点击所在城市②后的【编辑】，如图 16-17 所示。

图 16-17 表单编辑界面

点击【添加表单选项】，如图 16-18 所示。

---

① 当需要进行的操作要由另一个用户进行时，需要切换用户，方式如上，下面不再说明如何切换用户。
② 添加实验中的相关城市，在之后的操作中，方便选择该城市。

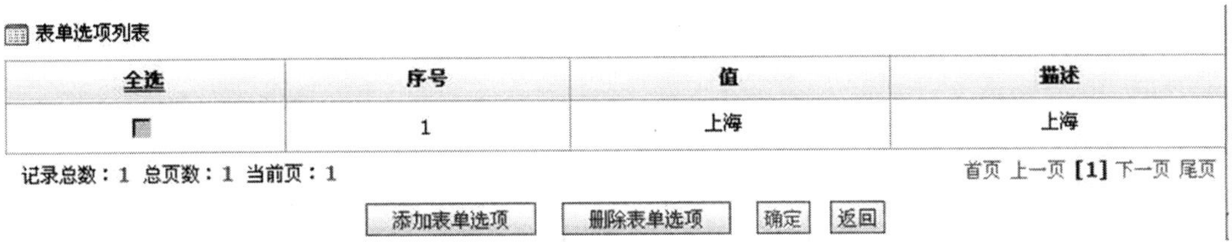

图 16 – 18　添加表单选项界面

添加本实验中涉及的城市"新安",点击【确定】,如图 16 – 19 所示。

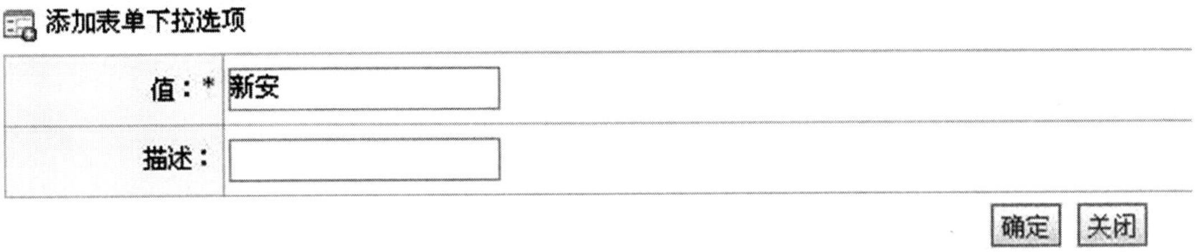

图 16 – 19　表单项编辑界面

点击表单信息列表下方的【添加表单】,填写表单信息,完成后点击【确定】,如图 16 – 20 所示。

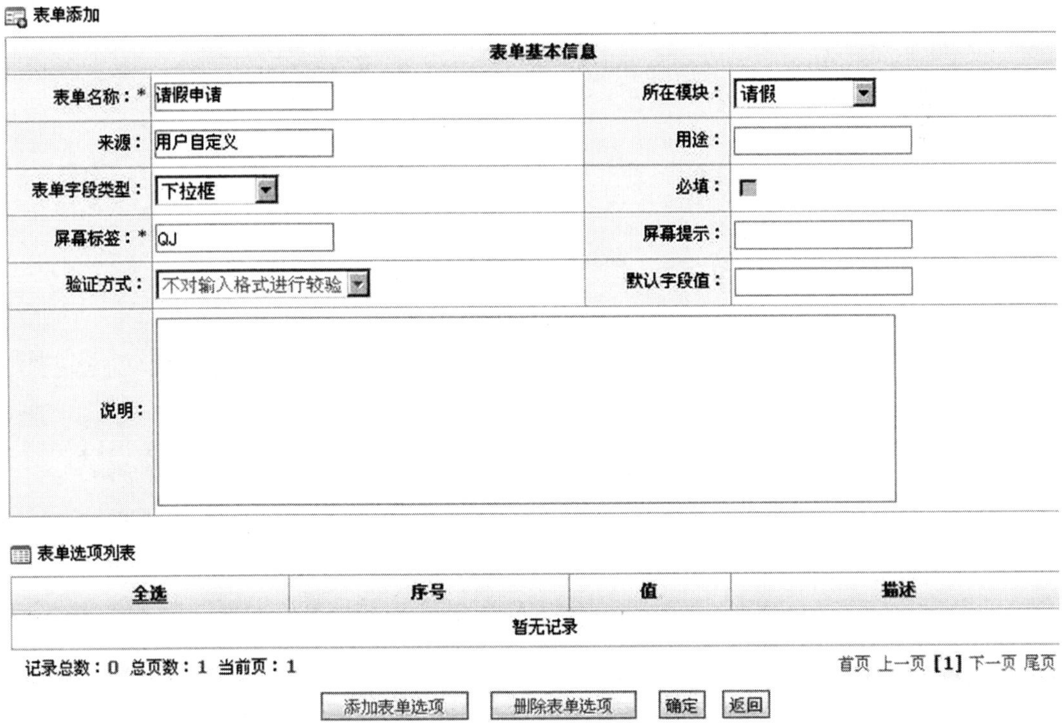

图 16 – 20　表单添加界面

（5）合同添加。

根据提示，下一步骤为"合同添加"。

选择"系统配置"下的【合同模板】，能够查看系统默认的合同模板列表，点击其下方的【添加合同模板】，如图16-21所示。

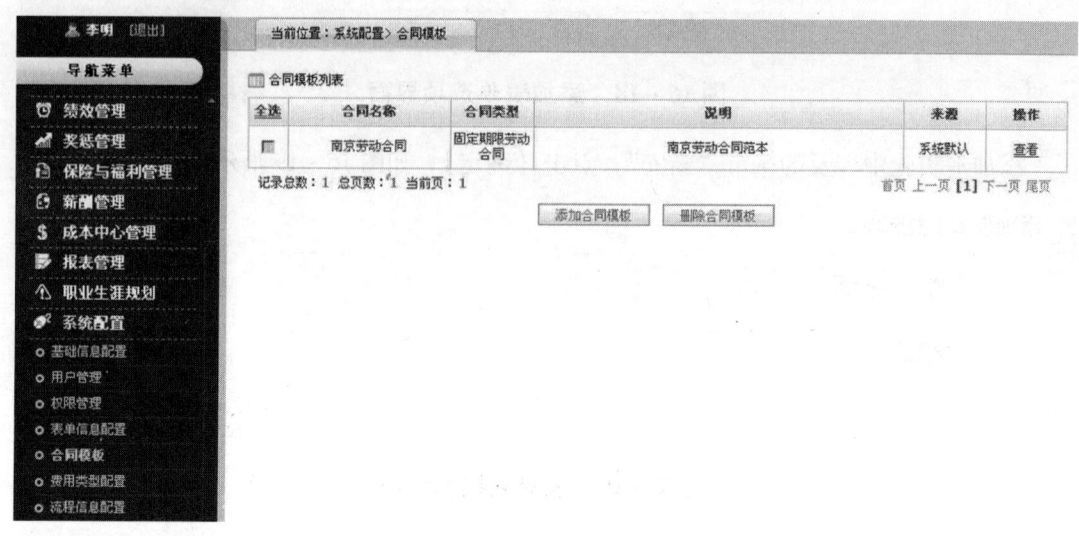

图16-21　合同模板管理界面

填写合同的相关信息，点击【添加合同项】，如图16-22所示。

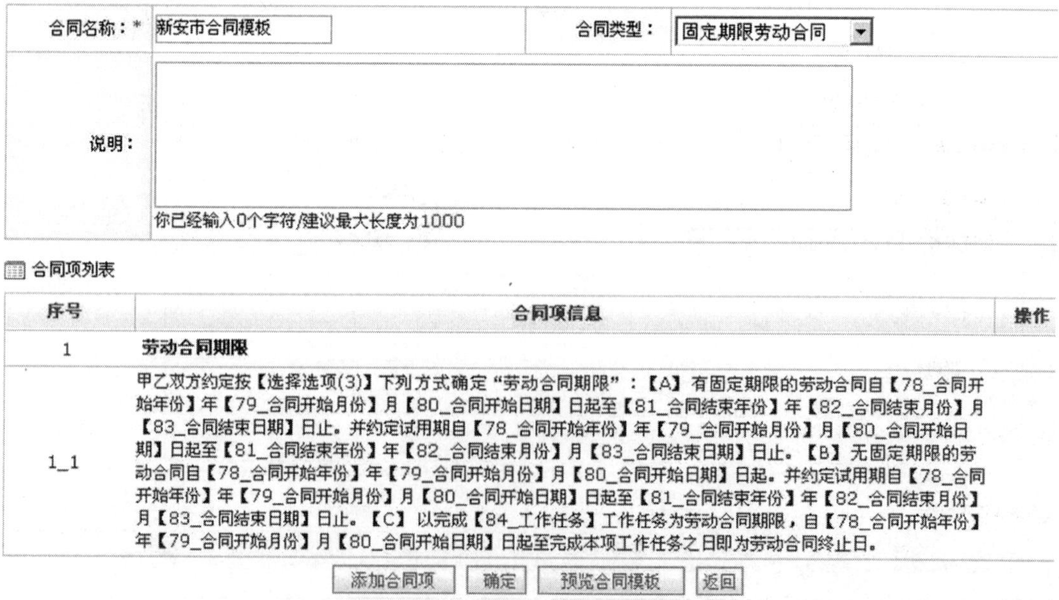

图16-22　合同信息填写界面

填写合同项内容，并【确定】，如图16-23所示。

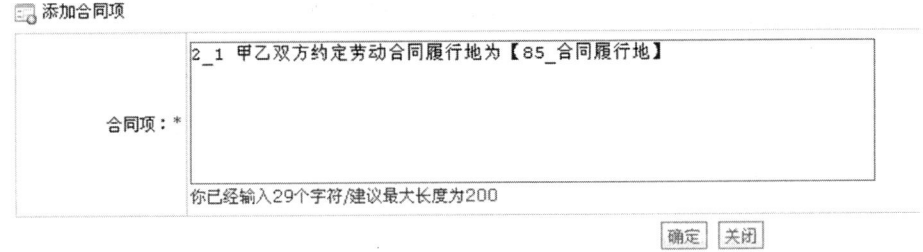

图 16 – 23 合同项内容填写界面

添加的合同项可以修改，并能够预览。如果确认添加完成，点击【确定】，如图 16 – 24 所示。

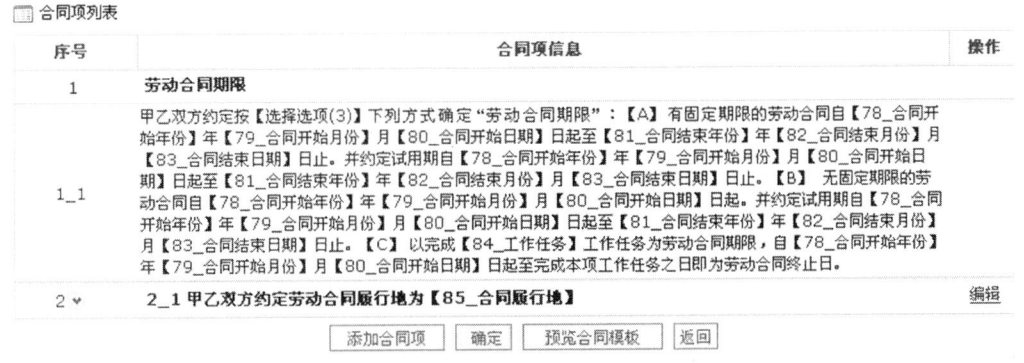

图 16 – 24 合同项预览界面

（6）流程添加。

根据提示，下一步骤为"流程添加"。

选择"系统配置"下的【流程信息配置】，点击右边的流程配置信息列表下方的【添加流程】，如图 16 – 25 所示。

图 16 – 25 流程信息配置界面

填写流程信息，点击【确定】。添加的流程可以进行修改，也可以将其设置为默认流程。如图 16-26 所示。

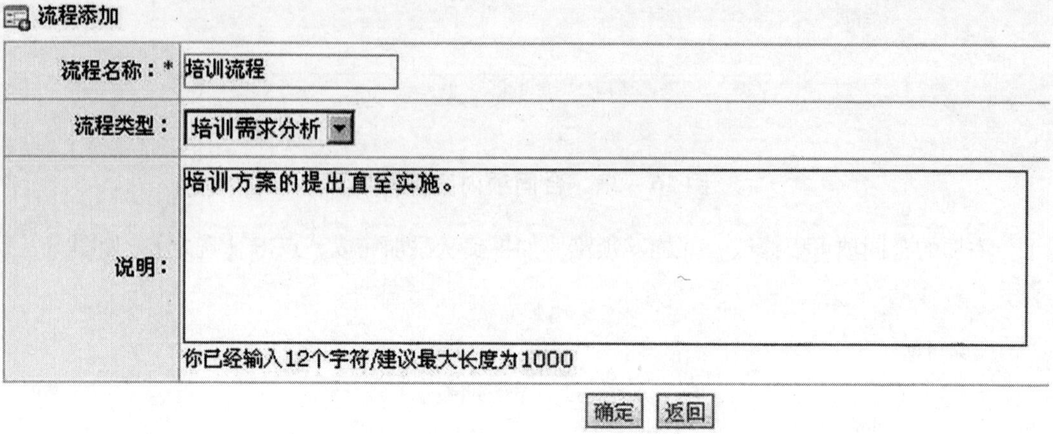

图 16-26　流程添加界面

第十七章

其他功能

第一节 我的工作

一、系统简介

1. 系统简介

奥派公共部门人力资源管理教学系统软件中的我的工作包括安排任务、提交任务、审批任务、公告查看、系统消息、发送消息以及接收消息几个模块。学生通过完成这部分实验,能够学习到组织内部是如何进行沟通的。

2. 实验流程

我的工作实验流程如图 17-1 所示。

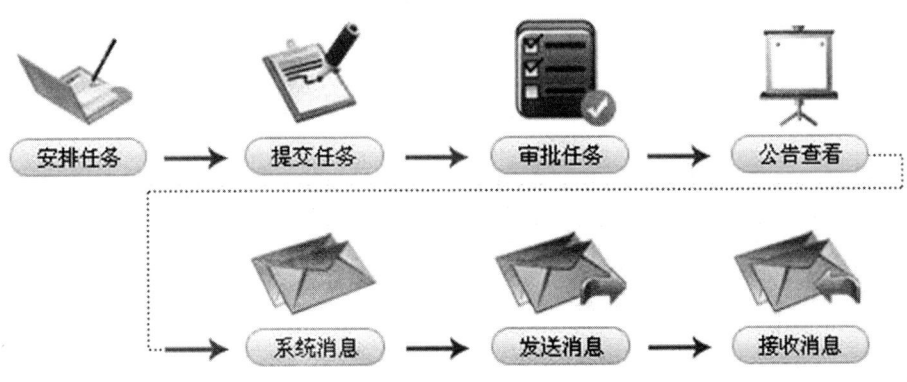

图 17-1 我的工作实验流程

3. 实验目的

该模块的主要内容是人事人员安排、接收、提交和审批任务等,以实现组织内部的良好沟通。

二、实验指导

1. 实验情景

人事人员进行工作任务的安排,组织内部进行工作上的沟通。

2. 实验任务

发布任务;提交任务;审批任务;公告查看;查看系统消息;发送用户消息;查看接收消息。

3. 实验步骤

完成任务十四后,自动弹出任务十五的接受窗口,点击【接受】,如图 17-2 所示。

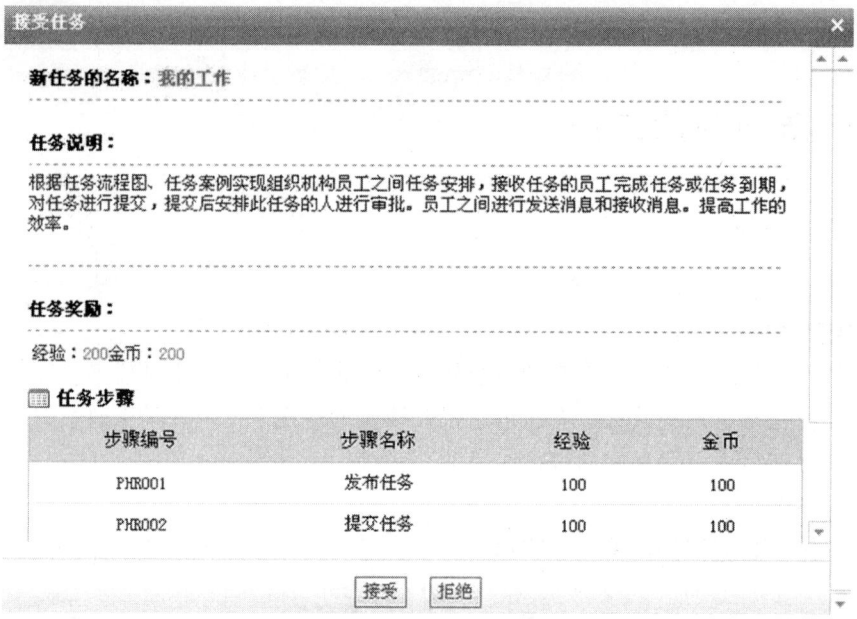

图 17-2　我的工作任务接受界面

(1) 发布任务。

根据提示,下一步骤为"发布任务"。

选中"我的工作"下的【任务管理】。点击【添加任务】,如图 17-3 所示。

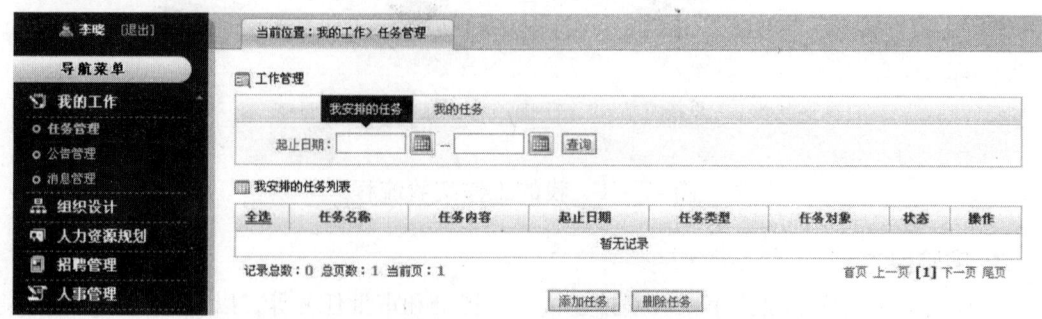

图 17-3　任务管理界面

填写任务内容，点击【确定】，如图 17-4 所示。

图 17-4　任务添加界面

（2）提交任务。

根据提示，下一步骤为"提交任务"。

由于我们刚刚添加的任务，任务对象选择的是张玲。所以，现在我们切换用户，进入**普通科长张玲**的账户，选择"我的工作"下的【任务管理】。在"我的任务"下点击【提交】，如图 17-5 所示。

图 17-5　任务提交界面

提交任务，点击【提交】，如图 17-6 所示。

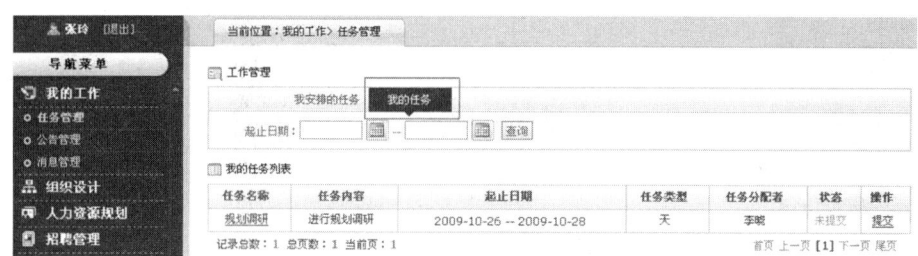

图 17-6　任务信息提交界面

(3) 审批任务。

根据提示，下一步骤为"审批任务"。

切换用户，进入**人事科员李晓**的账户，对任务进行审批，如图 17-7 所示。

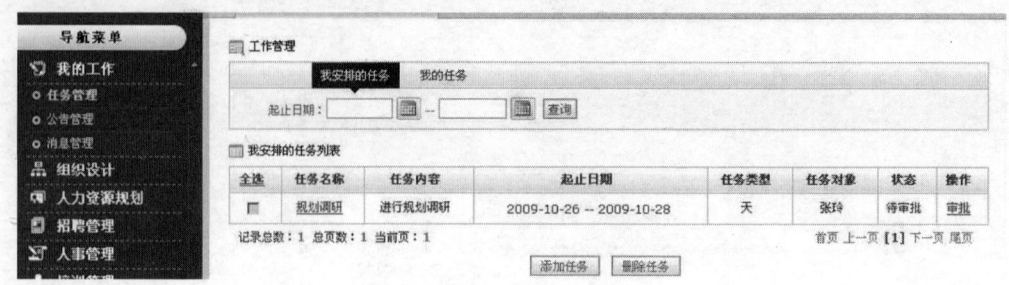

图 17-7　任务审批界面

(4) 公告查看。

根据提示，下一步骤为"公告查看"。

在"我的工作"下选择【公共管理】。能够看到公告列表，点击进行查看，如图 17-8 所示。

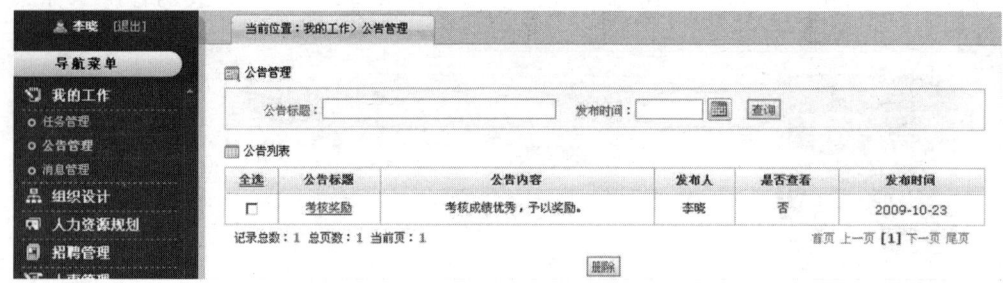

图 17-8　公共查看界面

(5) 查看系统消息。

根据提示，下一步骤为"查看系统消息"。

选择"我的工作"下【消息管理】。在"系统消息"下可以看到系统消息列表，点击进行查看，如图 17-9 所示。

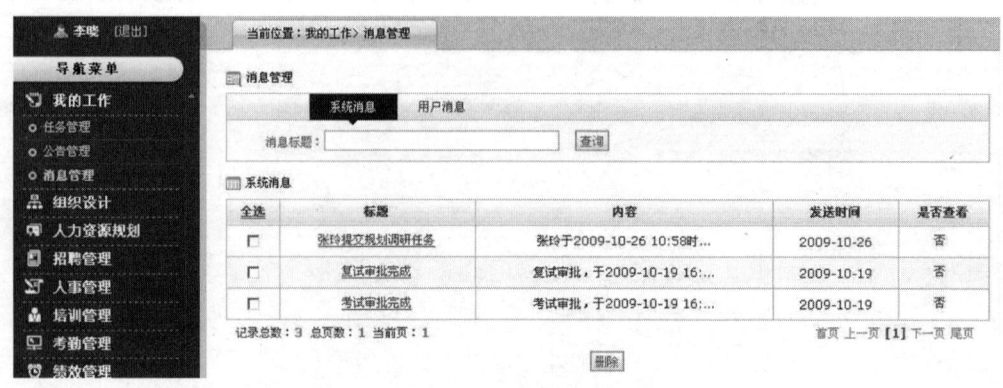

图 17-9　系统消息查看界面

（6）发送用户消息。

根据提示，下一步骤为"发送用户消息"。

在"用户消息"下点击【发送新消息】，如图 17-10 所示。

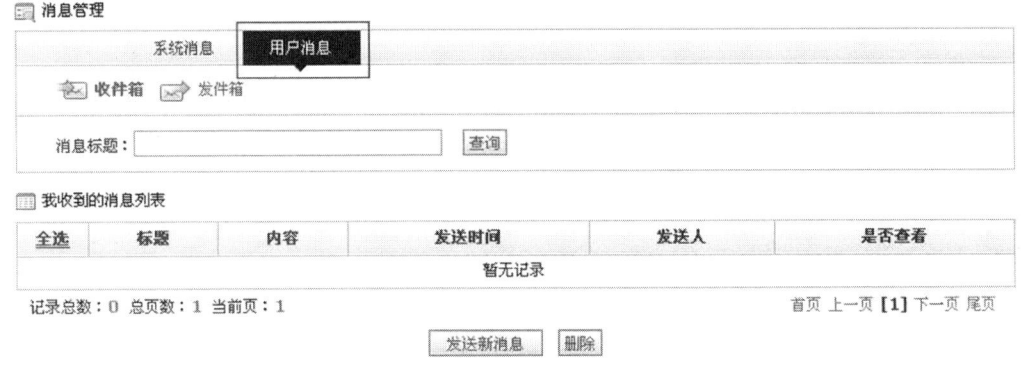

图 17-10　用户消息界面

编写消息，选择消息接收人，点击【发送】，如图 17-11 所示。

图 17-11　消息发送界面

（7）查看接收消息。

根据提示，下一步骤为"查看接收消息"。

切换用户，进入**普通科长张玲**的账户，查看该消息，如图 17-12 所示。

图 17-12　查看接收消息界面

第二节 HR 工具箱

一、系统综述

1. 系统简介

HR 工具箱与奥派人力资源管理系统相关联,通过 HR 工具箱,学生可以了解到如何操作人力资源,找到相关操作的一些案例数据,对学生操作起到积极的指导作用。同时,数据实现共享,不同实验的上传的资料实现了共享,使学生能够得到更加丰富的实验案例数据,更好更快地完成实验,从而掌握人力资源管理。

2. 实验流程

HR 工具箱实验流程如图 17-13 所示。

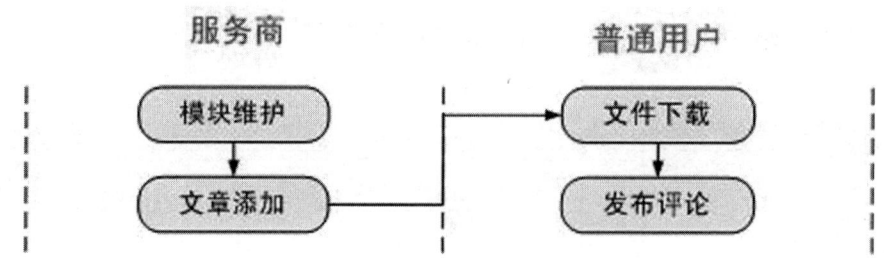

图 17-13 HR 工具箱实验流程

3. 实验目的

为人力资源管理设置相应的文档;了解完成 HR 工具箱所涉及的角色,以及各角色所涉及的功能。

二、实验指导

1. 实验情景

HR 工具箱与奥派人力资源管理系统相关联,通过 HR 工具箱,学生可以了解如何操作人力资源,找到相关操作的一些案例数据,对学生操作起到积极的指导作用。同时数据实现共享,不同实验上传的资料实现了共享,使学生能够得到更加丰富的实验案例数据,更好更快地完成实验,从而掌握人力资源管理。

2. 实验任务

服务商模块维护;服务商文章添加;普通用户文件下载;普通用户发布评论。

3. 实验步骤

点击页面最下方的【切换模块】,如图 17-14 所示。

图 17-14 切换模块界面

选择 HR 工具箱，如图 17-15 所示。

图 17-15 模块选择界面

在进行实验之前，可以下载知识准备进行查看，查看实验说明以及实验流程，以更好地进行实验操作，如图 17-16 所示。

图 17-16 实验准备界面

角色选择部分，如图 17-17 所示。

图 17-17 角色选择界面

（1）模块维护。

进入【HR 工具箱服务商】，可以对模块进行维护，如图 17-18 所示。

图 17-18　模块维护界面

(2) 文章添加。

点击【文件管理】，可以进行编辑并查看评论，还可以添加文件，如图 17-19 所示。

图 17-19　文件管理界面

进入【HR 工具箱用户】，如图 17-20 所示。

图 17-20　HR 工具箱用户进入系统界面

(3) 文件下载。

可以查看各个模块的相关文件，并进行下载，如图 17-21 所示。

图 17-21　文件查看下载界面

（4）发布评论。

可以对文件发布评论。点击查看某一具体文章，最下方为评论区域，如图 17-22 所示。

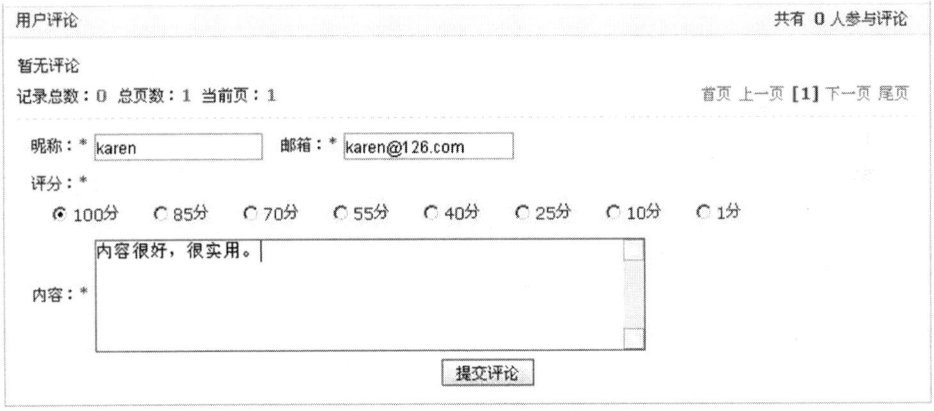

图 17-22　评论发布界面

第三节　软件的安装与卸载

一、软件安装

1. 软、硬件环境

（1）参考配置。

各项配置参考数据如表 17-1 所示。

表 17-1　　　　　　　　　　　　　　参考配置

	软件配置需求（最低）	软件配置需求（推荐）
服务器端配置	1. 操作系统：Microsoft Windows 2000/2003 2. 数据库服务器：Microsoft SQL Server 2000	1. 操作系统：Microsoft Windows 2003 2. 数据库服务器：Microsoft SQL Server 2000
	硬件配置需求（最低）	硬件配置需求（推荐）
	1. Pentium 450 以上 CPU 2. 1G 以上内存	1. Pentium 2G 以上 CPU 2. 2G 以上内存
客户端配置	软件配置需求（最低）	软件配置需求（推荐）
	1. 操作系统：Microsoft Windows XP 以上 2. 浏览器：IE6.0	1. 操作系统：Microsoft Windows 2003 2. 浏览器：IE7.0
	配件配置需求（最低）	配件配置需求（最低）
	1. Pentium 300 以上 CPU 2. 64MB 以上内存	1. Pentium 450 以上 CPU 2. 128MB 以上内存

（2）服务器软件环境。

① 操作系统：Microsoft Windows 2003；

② 数据库服务器：Microsoft SQL Server 2000；

③ 网络信息服务器（IIS）；

④ net2.0。

2. 安装步骤

双击安装文件，点击【下一步】，如图 17-23 所示。

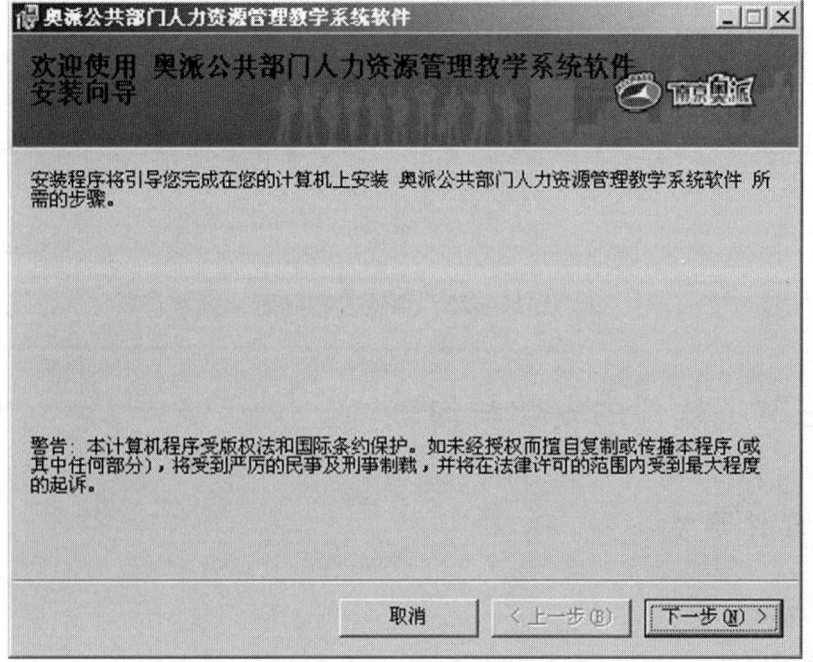

图 17-23　安装向导界面

安装前请仔细阅读用户许可协议，选择"同意"，点击【下一步】，如图 17－24 所示。

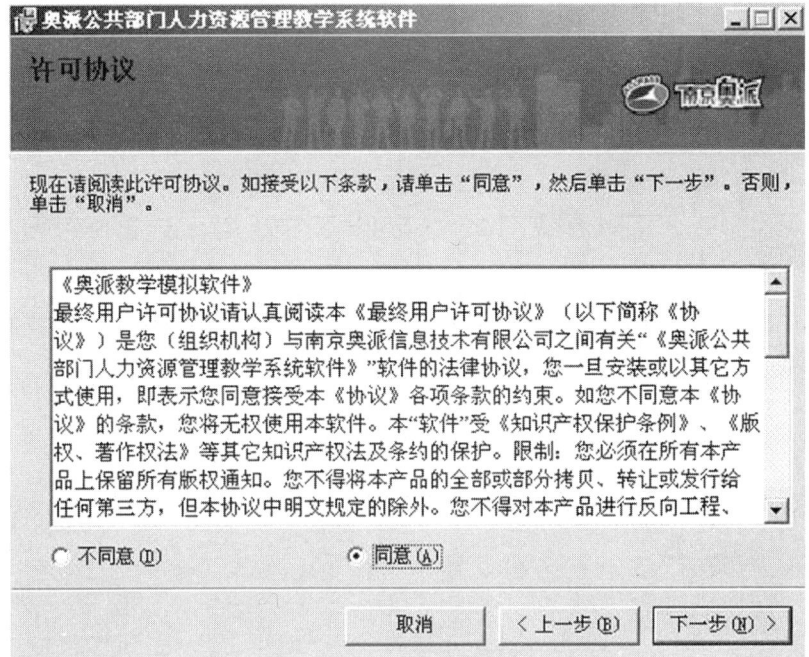

图 17－24　许可协议界面

设置数据库的用户名和密码（这里的用户名和密码为按照 Microsoft SQL 时设置的用户名及密码）。点击【下一步】，如图 17－25 所示。

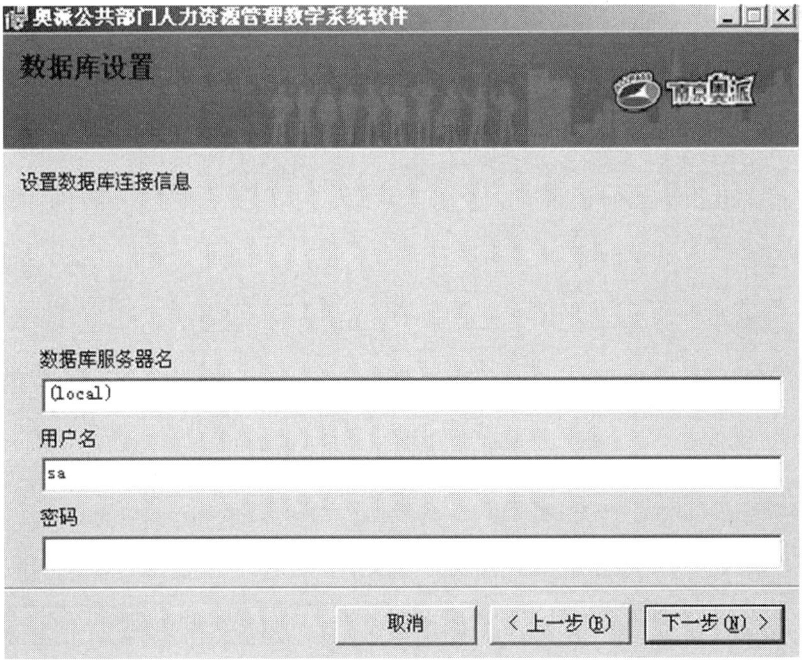

图 17－25　数据库设置界面

填写虚拟目录名称和端口号（建议默认），点击【下一步】，如图 17-26 所示。

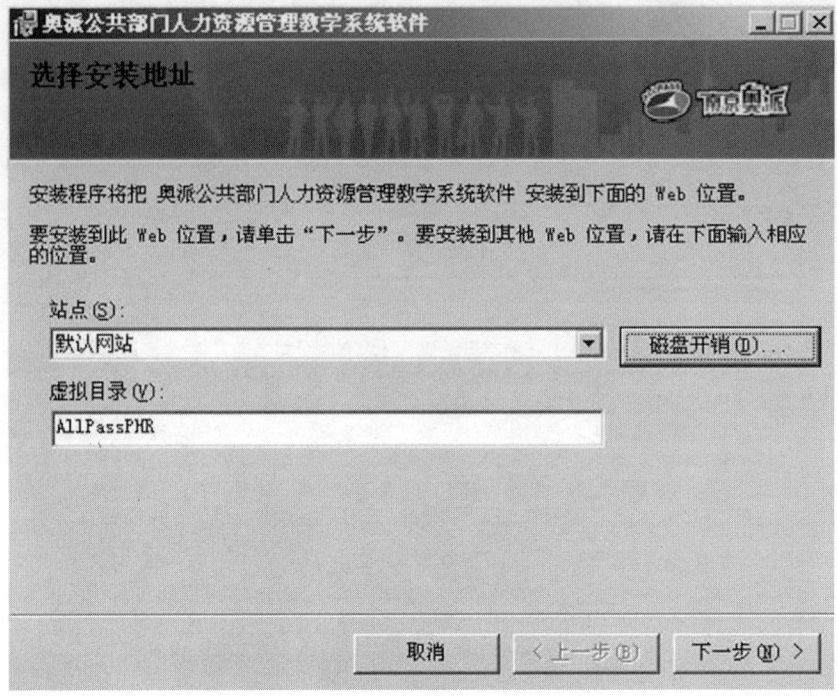

图 17-26　安装地址选择界面

确认安装，点击【下一步】，如图 17-27 所示。

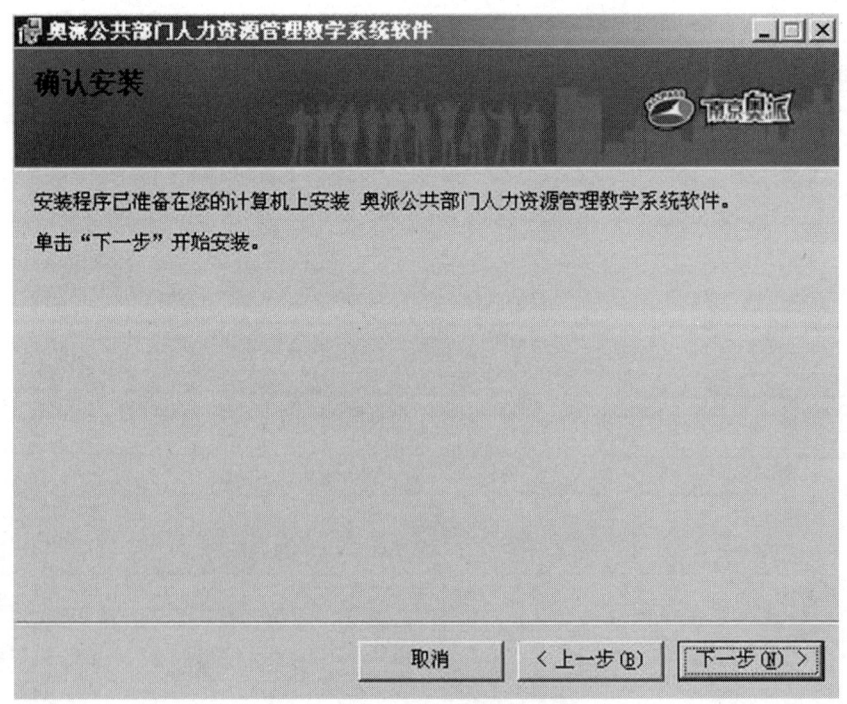

图 17-27　安装确认界面

此时,正在安装该软件,请耐心等待,如图 17 - 28 所示。

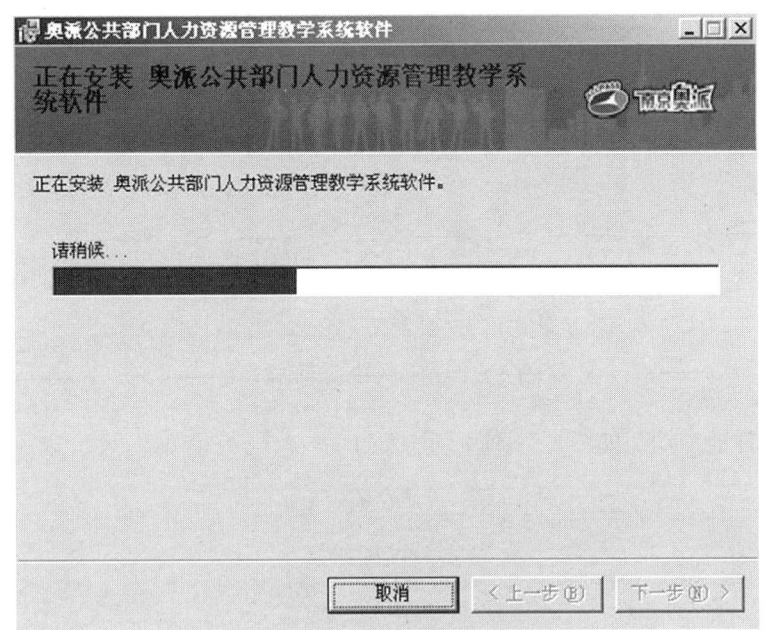

图 17 - 28　安装界面

安装完成,窗口给出提示,点击【关闭】,如图 17 - 29 所示。

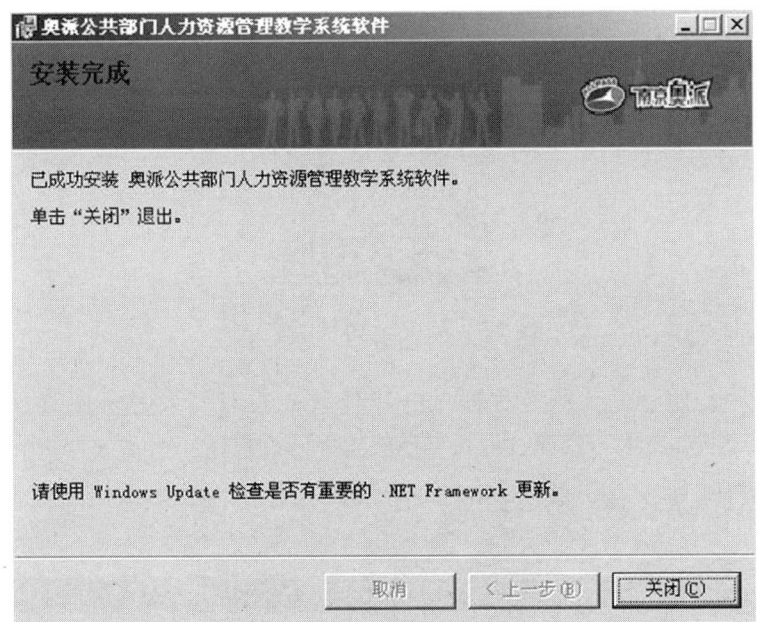

图 17 - 29　安装完成界面

(1) 软件授权。

依次点击"开始"—"所有程序"—"奥派公共部门人力资源管理教学系统软件"—"软件注册",将系统自动生成的机器码反馈给我们,我们将依此提供授权码。输入该授权码，点击【注册】，如图 17-30 所示。

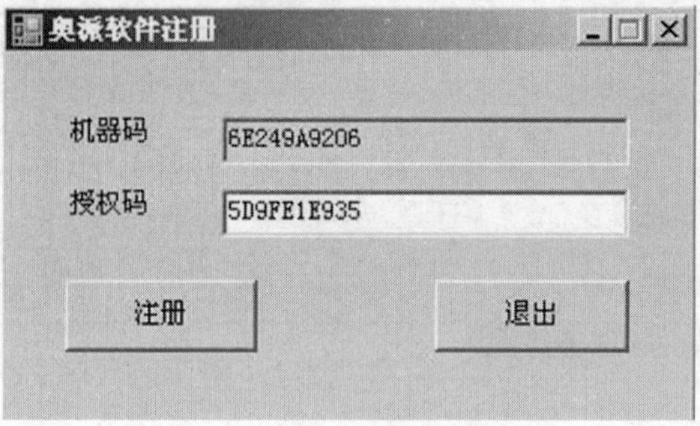

图 17-30　软件注册界面

提示软件注册成功，如图 17-31 所示。

图 17-31　软件注册成功界面

（2）打开方式。

安装完成，会形成桌面快捷方式，双击该图标即可，如图 17-32 所示。

图 17-32　桌面快捷方式

依次点击"开始"—"所有程序"—"奥派公共部门人力资源管理教学系统软件"—"奥派公共部门人力资源管理教学系统软件"即可，如图 17-33 所示。

图 17-33　开始菜单中卸载界面

客户端打开地址：http：//服务器 ip 地址/allpassph。

二、软件卸载

1. 在有安装文件的情况下,用安装文件卸载

点击安装文件,选择"移除",点击【完成】,如图 17 - 34 所示。

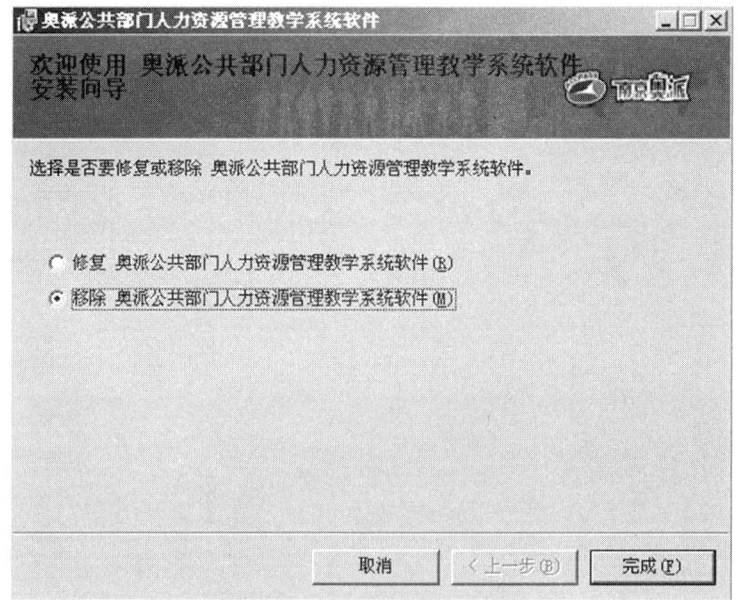

图 17 - 34　软件卸载界面

此时显示的是删除过程,请耐心等待,如图 17 - 35 所示。

图 17 - 35　卸载过程界面

卸载完成，点击【关闭】，如图 17-36 所示。

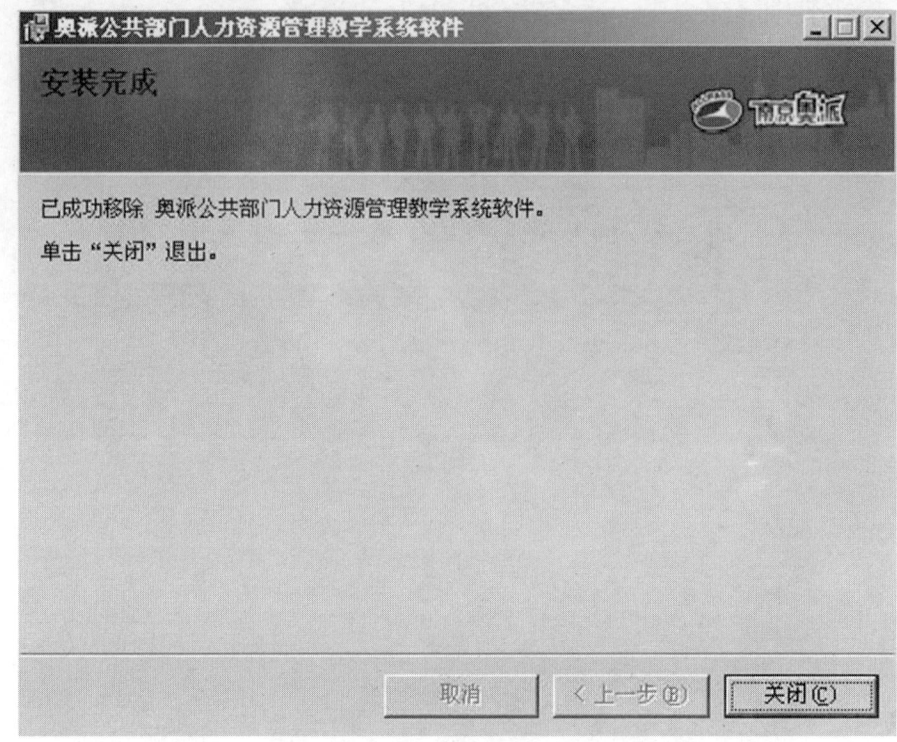

图 17-36　卸载完成界面

2. 在没有安装文件的情况下，在添加或删除程序里删除软件

点击"开始"—"控制面板"—"添加或删除程序"，如图 17-37 所示。

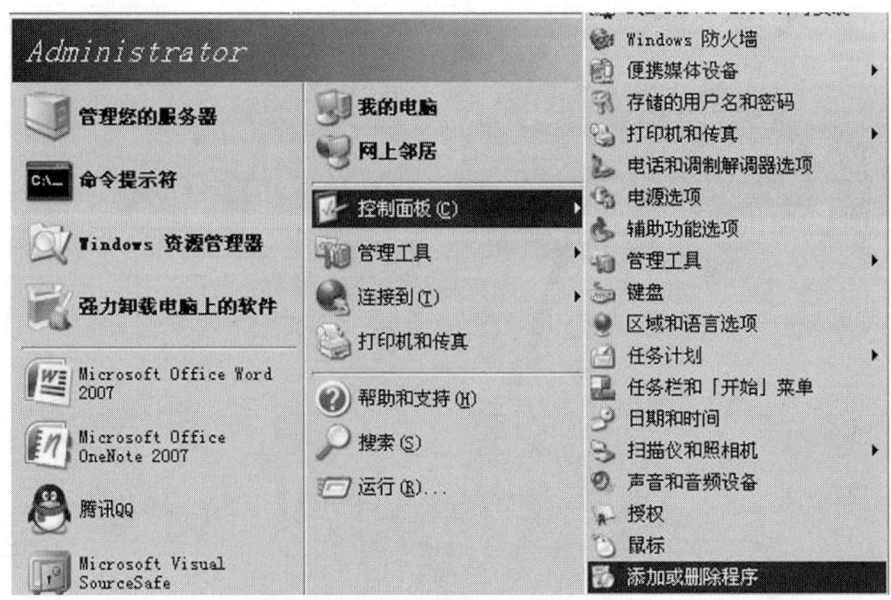

图 17-37　控制面板删除软件界面

选择"奥派公共部门人力资源管理教学系统软件",点击【删除】,如图 17 – 38 所示。

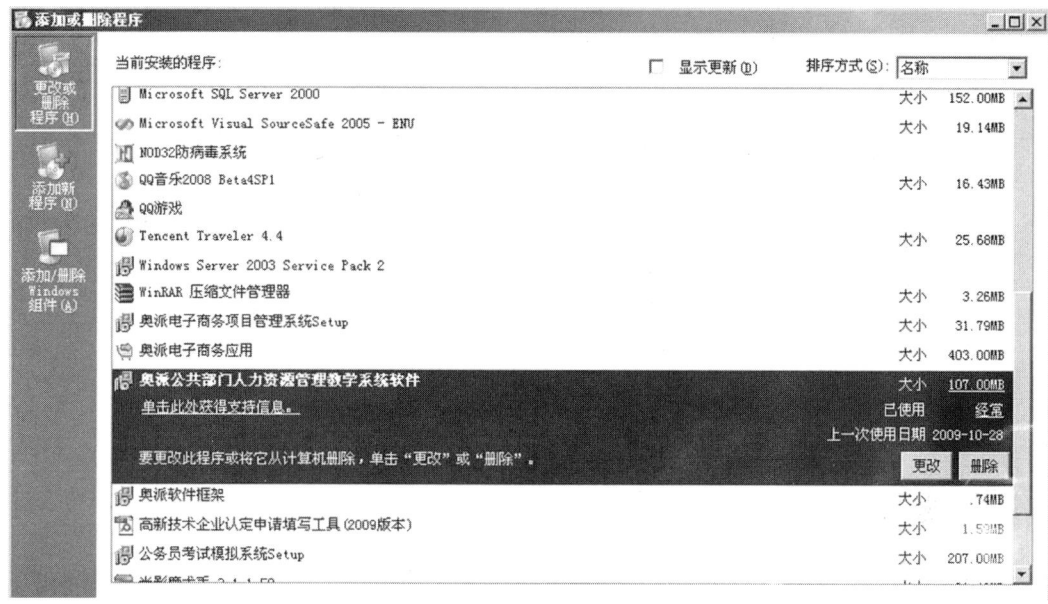

图 17 – 38　软件选择界面

点击【是】,系统删除软件,如图 17 – 39 所示。

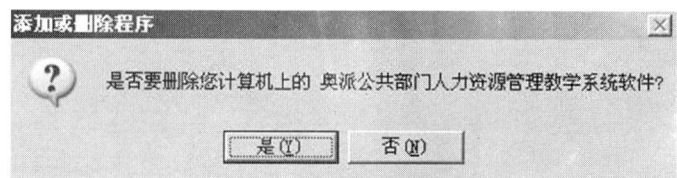

图 17 – 39　确认删除界面

此时为删除过程,耐心等待,直至成功卸载,如图 17 – 40 所示。

图 17 – 40　卸载过程界面

3. 在没有安装文件的情况下,也可以在程序中删除软件

依次点击"开始"—"所有程序"—"奥派公共部门人力资源管理教学系统软件"—"软件卸载",如图 17 – 41 所示。

图 17-41　开始菜单中卸载软件界面

点击【确定】，系统删除软件，如图 17-42 所示。

图 17-42　确认卸载界面

此时为删除过程，耐心等待，直至成功卸载，如图 17-43 所示。

图 17-43　卸载过程界面

附录

背景案例及数据

一、背景案例

新安市规划局成立于2003年，是适应新安城市发展和规划管理新形势的需要，组建的以城市规划、信息集成、城市测绘等多方面融合的新型城市规划研究机构。主要职能包括城市发展战略研究、地区开发、城市设计、重点项目的规划服务以及各类城市规划信息系统和城市测绘系统的建立及维护，测绘信息采集、管理，GIS建设及软件开发等有关技术性、服务性工作。规划局下属部门包括规划编制处、选址用地处、技术法规处、测绘信息处等。

目前，规划局预备对新安市的城市生活岸线等设施进行规划。挖掘长江岸线价值，将主城内的生产性码头逐步迁出，建立滨江绿化景观带和滨江公园，让新安成为真正意义上的滨江城市。

鉴于该规划的草案提出以及具体实施将出现人员需求，经过审批之后，财务部门需要对招聘需求做预算。预算经过审批之后，方可制订具体的招聘计划。

规划局制订出详尽的招聘计划并选择通过何种方式进行发布。应聘岗位的人员添加自己的个人简历，进行工作申请。招聘结束之后，规划局对人员进行甄选，通过的人进行体检，体检通过，规划局将进行录用信息的发布，被录用的新员工报道，并与之签订合同。

人事部门可以对员工信息进行管理，查看他们的合同，并及时对将要到期的合同进行处理，选择是终止还是续签。人事科员能够进行任职提名、免职、调入、调出、变动、转任、挂职、回避、离职、辞退、离休、退休以及强制退休的申请，这些申请均需要通过层层审批方能实现。

新录用的人员需要进行职前培训，培训的内容包括政治理论培训、职业道德培训、政策法规培训、业务知识培训、文化素养培训以及技能训练的培训。首先要对培训机构以及基础资料进行管理；其次要制定培训寻求、培训计划，并安排好日程，当培训结束后，对培训效果进行评估，管理培训费用。

为促进机关部门的作风改善以及工作效率的提高，人事部门加强对考勤制度的执行力度，对考勤类型进行维护，严谨对待排班管理、加班管理以及请假管理，及时添加考勤数据并汇总。

人事机关欲建立起科学、全面、合理的评估体系。采用360考核法对员工进行考核，并自定义制定员工考核模板和职位考核模板。考核执行完成后，可以通过饼形图和柱状图来进行统计。

考核完毕后，可以针对考核成绩的高低，给予适当的奖惩，以督促工作更好地展开，提高公共部门的工作效率。

规划局同时配置了保险以及福利的相关信息，设置医疗项目，通过审批保障职工的利益。

新安市规划局的薪酬项目包括基本工资、职位工资、绩效工资、住房津贴、加班费、值日津贴等多项。人事部门根据各人制定不同的工资，设定固定的日期发放工资。

工资提交之后，需要对工资进行发放；对培训费用和招聘费用进行管理，以及人力资源规划的结算。

职工在对职业生涯的主客观条件进行测定、分析、总结研究的基础上，对自己的兴趣、爱好、能力、特长、经历及不足等各方面进行综合分析与权衡，结合时代特点，根据自己的职业倾向，确定其最佳的职业奋斗目标，并为实现这一目标做出行之有效的安排。

二、案例数据

1. 系统配置

系统配置的具体数据如附表 1 至附表 8 所示。

附表 1　　　　　　　　　　人员职位分配

职位	人员
局长、任免机关	陈建
处长	王军
财务科员	朱建
财务科长	吴兵
人事科员	李晓
人事科长	李明
普通科员	顾叶
普通科长	王海

附表 2　　　　　　　　　　员工李明信息

员工姓名	李明	部门名称	
身份证号	320104197902011232	性别	男
籍贯	新安	雇佣类型	全职
出生年月	1979-02-01	民族	汉族
毕业院校	南京大学	专业	经济学
文化程度	本科	手机	15912345672
联系地址	福建路 2 号	电子邮件	liming@126.com
联系电话	83400002		
工号	AllPass_N_01	入职时间	2017-01-01
参加工作时间	2005-01-01	带薪休假天数	5 天
职位工资	500		
绩效系数	100	绩效工资	200
社保基数	1455	公积金基数	500

附表 3　　　　　　　　　　　员工王军信息

员工姓名	王军	部门名称	
身份证号	320104197903011233	性别	男
籍贯	新安	雇佣类型	全职
出生年月	1979-03-01	民族	汉族
毕业院校	南京大学	专业	经济学
文化程度	本科	手机	15912345673
联系地址	福建路3号	电子邮件	wangjun@126.com
联系电话	83400003		
工号	AllPass_N_02	入职时间	2017-01-01
参加工作时间	2005-01-01	带薪休假天数	5天
职位工资	500		
绩效系数	100	绩效工资	200
社保基数	1455	公积金基数	500

附表 4　　　　　　　　　　　员工王海信息

员工姓名	王海	部门名称	
身份证号	320104194904011234	性别	男
籍贯	新安	雇佣类型	全职
出生年月	1949-04-01	民族	汉族
毕业院校	南京大学	专业	经济学
文化程度	本科	手机	15912345674
联系地址	福建路4号	电子邮件	wanghai@126.com
联系电话	83400004		
工号	AllPass_N_03	入职时间	2017-01-01
参加工作时间	2005-01-01	带薪休假天数	5天
职位工资	500		
绩效系数	100	绩效工资	200
社保基数	1455	公积金基数	500

附表 5　　　　　　　　　　　员工陈建信息

员工姓名	陈建	部门名称	
身份证号	320104197905011235	性别	男
籍贯	新安	雇佣类型	全职
出生年月	1979-05-01	民族	汉族
毕业院校	南京大学	专业	经济学
文化程度	本科	手机	15912345675
联系地址	福建路5号	电子邮件	chenjian@126.com
联系电话	83400005		
工号	AllPass_N_04	入职时间	2017-01-01
参加工作时间	2005-01-01	带薪休假天数	5天
职位工资	500		
绩效系数	100	绩效工资	200
社保基数	1455	公积金基数	500

附表6　　　　　　　　　　员工李晓信息

员工姓名	李晓	部门名称	
身份证号	320104197906011236	性别	男
籍贯	新安	雇佣类型	全职
出生年月	1979-06-01	民族	汉族
毕业院校	南京大学	专业	经济学
文化程度	本科	手机	15912345676
联系地址	福建路6号	电子邮件	lixiao@126.com
联系电话	83400006		
工号	AllPass_N_05	入职时间	2017-01-01
参加工作时间	2005-01-01	带薪休假天数	5天
职位工资	500		
绩效系数	100	绩效工资	200
社保基数	1455	公积金基数	500

附表7　　　　　　　　　　员工吴兵信息

员工姓名	吴兵	部门名称	
身份证号	320104197907011237	性别	男
籍贯	新安	雇佣类型	全职
出生年月	1979-07-01	民族	汉族
毕业院校	南京大学	专业	经济学
文化程度	本科	手机	15912345677
联系地址	福建路7号	电子邮件	wubing@126.com
联系电话	83400007		
工号	AllPass_N_06	入职时间	2017-01-01
参加工作时间	2005-01-01	带薪休假天数	5天
职位工资	500		
绩效系数	100	绩效工资	200
社保基数	1455	公积金基数	500

附表8　　　　　　　　　　员工张玲信息

员工姓名	张玲	部门名称	规划编制处
身份证号	321102198611092824	性别	男
籍贯	新安	雇佣类型	全职
出生年月	1986-11-09	民族	汉族
毕业院校	南京大学	专业	经济学
文化程度	本科	手机	13912345678
联系地址	福建路6号	电子邮件	zhangling@126.com
联系电话	83494818		
工号	AllPass_N_10	入职时间	2017-01-01
参加工作时间	2005-01-01	带薪休假天数	5天
职位工资	600		
绩效系数	100	绩效工资	500
社保基数	1500	公积金基数	500

2. 组织设计

组织设计如附表 9 至附表 13 所示。

附表 9　　组织机构配置

组织机构名称	新安市规划局
公共部门性质	政府部门
所在城市	新安
组织规模	300~999 人
负责人	陈建
联系电话	83491111
联系地址	福建路
电子邮箱	xaghj@126.com
网站	http://www.xaghj.com
上级机关	新安市政府
组织职责	包括城市发展战略研究、地区开发、城市设计、重点项目的规划服务以及各类城市规划信息系统和城市测绘系统的建立及维护，测绘信息采集、管理，GIS 建设及软件开发等有关技术性、服务性工作；等等
组织文化	我们关注城市的变化，以开放的态度去应对变化。做一个追求城市公共利益的事业，一个具有敏锐的时事和专业洞察力的研究部门，一个为城市规划管理提供技术支撑的部门，一个能快速行动和团结协作的队伍
组织核心价值观	是适应新安城市发展和规划管理新形势的需要，组建的以城市规划、信息集成、城市测绘等多专业融合的新型城市规划研究机构，为城市规划作贡献

附表 10　　部门信息配置

部门名称	规划编制处
部门类型	人事管理部门
部门领导	李明
上级部门	无
部门电话	83492222
部门描述	负责组织制订城市规划编制计划；负责规划编制指令性任务的下达；负责规划编制成果的初审；参与规划编制成果的终审

附表 11　　职位信息添加

职位编号	ZW_01
职位名称	处长
基本工资参考	5000
职位分类	领导职务

附表 12　职级信息添加

职级编号	ZJ_01
工资额	5000
所属职位	处长

附表 13　岗位信息配置

岗位名称	规划编制处处长
岗位职责	参与全市经济和社会发展中长期规划和计划、国土规划、区域规划、江河流域规划、土地利用总体规划以及相关的专项、专业规划的编制工作
工作内容	研究制订全市村镇规划的近期和年度编制计划；制定地方性的村镇规划技术标准；指导市属各县的城乡规划和村镇规划编制工作；指导、监督各县城镇和重要建制镇以及村镇的规划管理工作

3. 人力资源规划

人力资源规划如附表 14 至附表 18 所示。

附表 14　组织战略制定

时间段	2017.10.01～2017.10.31
组织要实现的目标	建立起组织配置和市场配置相结合的公平、平等、择优的选拔用人机制，在人才选拔上人人平等，唯才是举；在日常工作中为组织成员创造一个良好的人才生存空间，倡导他们发挥自己的潜力和创造力，为组织多做贡献，这样我们的公共部门才会具有生命力
核心价值观	能力本位
组织的发展方向	建立以强调"以人为本""多元化""合作互助"为主要特征的现代公共部门
组织的发展计划	培养组织成员敢想、敢说、敢做的作风，鼓励组织成员提意见、提建议，参与组织决策；要因地、因时制宜，充分利用各种条件，扬长避短，调整其目标、组织结构和行为方式，满足环境提出的各种要求
指导方针	组织和成员形成一个责、权、利相统一的命运共同体，且在其中都有一种危机感、主体感和成就感
实施措施	指导、协助员工确定其职业发展目标，设计职业发展路径，并为员工实现职业目标不断提供帮助

附表 15　人员需求分析

人员需求分析名称	规划编制需求
部门	规划编制处
职位	默认职位
人力需求预测方法	现状预测法
需求人数	1

附表 16　　人力资源供给分析

人力资源供给分析名称	规划需求
预测方法	外部预测法
相关专业	经济学
毕业生人数	1

附表 17　　人力资源规划预算

预算名称	规划预算
预算年度	2017
年度预算销售额	100000
备注	规划预算

附表 18　　工作分析

基本信息	
职位名称	处长
工作分析方法	资料分析法
工作职责	1. 主持全处行政日常工作 2. 认真组全处职工学习政治、时事、技术和业务，不断提高全处职工的政治、业务素质
工作内容	1. 负责组织项目的申报、立项、设计、报建、招议标、施工质量监控、主体和竣工验收、工程预决算的审核等工作 2. 主持召开处务会议，传达学习上级文件和指示精神，研讨解决带全局性的工作和问题，协调与基建处有关的横向关系
工作条件	75%以上时间在室内工作，不受气候影响；因工作需要，需配备一台计算机、电话、传真机以及其他办公用具，无独立办公室
聘用条件	专业相关，工作经验符合，思想先进
转任与升迁范围	内部提升
培训机会	可获得计算机类、管理类、专业技术类等方面的培训
任职说明	
年龄	25～35 岁
性别	男
学历	本科
工作经验要求	曾从事此类工作 3 年以上
生理要求	身高：1.70～1.80 米；体重：与身高成比例，正常范围内即可；听力：正常；视力：矫正视力正常
知识要求	1. 英语四级以上 2. 能熟练使用 office 系列软件
技能要求	1. 表达能力强 2. 观察能力 3. 逻辑处理能力强
综合素质	1. 有良好的职业道德 2. 独立工作能力强
其他要求	为人热情，善于与人交往，待人公允

4. 招聘管理

招聘管理的具体数据如附表 19 至附表 26 所示。

附表 19　　招聘需求

招聘需求名称	规划编制需求
招聘的职位名称	财务科员
工作描述	编制财务收支计划、信贷计划； 组织财务制度办法的制定及其落实执行； 资金的筹集调度，保证资金在使用上的安全可靠； 汇报财务制度、经济责任制的执行落实情况及其存在问题，并提出解决意见
招聘的人数	1
年龄	25～35
性别	女
部门现状	缺少财务科员
组织结构是否变化	不变化
专业需求	本科，大专以上需从事财务工作 3 年以上
需求原因	规划编制需求
备注	认真负责、工作细心、敢于坚持原则

附表 20　　招聘计划基本信息

招聘计划名称	规划编制
所需需求分析名称	规划编制需求
招聘需求申请名称	规划编制需求
职位名称	默认职位
部门名称	规划编制处
计划费用	1000
招聘数量	1
开始日期	2017.10.01
结束日期	2017.12.30

附表 21　　招聘计划详细信息

性别	女
年龄	25～35
文化程度	本科
工作经验	2～5 年
专业	经济学
工资待遇	2500～3500
职位描述	编制财务收支计划、信贷计划； 组织财务制度办法的制定及其落实执行； 资金的筹集调度，保证资金在使用上的安全可靠； 汇报财务制度、经济责任制的执行落实情况及其存在问题，并提出解决意见
招聘来源	组织外部
招聘渠道	就业机构征招

附表 22   **朱建简历**

姓名	朱建	性别	男
民族	汉族	出生年月	1978-01-01
国家或地区	中国大陆	户口所在地	新安
证件类型	身份证	证件号	320104197801011231
目前年薪	30000	币种	人民币
政治面貌	党员	婚姻状况	未婚
毕业院校	南京大学	专业	经济学
文化程度	本科	工作年限	2~5年
公司电话	83494818	联系地址	铁路北街1号
手机号码	15912345671	E-mail	Zhujian@126.com
家庭电话	83400001	邮编	210003
家庭地址	福建路1号		

附表 23   **体检**

体检内容	入职体检
身体状况	健康
疾病说明	无病史
体检结果	通过

附表 24   **费用管理**

费用申请名称	招聘费用	费用类型	招聘
招聘计划名称	项目部招聘	费用金额	1000
详细说明	用于支付招聘环节所需的费用		

附表 25   **新员工报到**

工号	AllPass_N_07	入职时间	2017-01-01
参加工作时间	2005-01-01	带薪休假天数	5天
职位工资	500		
绩效系数	100	绩效工资	200
社保基数	1455	公积金基数	500

附表 26　　　　　　　　　　人才库添加

姓名	顾叶	性别	女
民族	汉族	出生年月	1979-08-01
国家或地区	中国	户口	江苏
证件类型	身份证	证件号	320104197908011238
目前年薪	30000	币种	人民币
政治面貌	党员	婚姻状况	未婚
毕业院校	南大	专业	经济学
文化程度	本科	工作年限	2~5年
公司电话	83490008	联系地址	福建路8号
手机号码	15912345678	邮箱	guye@126.com
家庭电话	83490008	邮编	210003
家庭地址	福建路8号		

5. 人事管理

人事管理具体数据如附表 27 至附表 29 所示。

附表 27　　　　　　　　　　员工信息添加

员工姓名	顾叶	部门名称	
身份证号	320104197908011238	性别	女
籍贯	新安	雇佣类型	全职
出生年月	1979-08-01	民族	汉族
毕业院校	南京大学	专业	经济学
文化程度	本科	手机	15912345678
联系地址	福建路8号	电子邮件	guye@126.com
联系电话	83400008		
工号	AllPass_N_07	入职时间	2017-01-01
参加工作时间	2005-01-01	带薪休假天数	5天
职位工资	500		
绩效系数	100	绩效工资	200
社保基数	1455	公积金基数	500

附表 28　　　　　　　　　　合同添加

员工姓名	顾叶		
合同类型	固定期限劳动合同	签订日期	2017-01-01
生效日期	2017-01-01	正常终止日期	2017-12-31

附表 29	任职提名
任职提名名称	规划编制处处长
员工姓名	顾叶
任职方式	考任制
所属职位	默认职位
执行时间	2017 – 10 – 22
详细信息	原职：普通科员 提名：规划编制处处长
考核信息	通过
任职原由	工作表现突出

6. 培训管理

培训管理的具体数据如附表 30 至附表 36 所示。

附表 30	培训机构
培训机构名称	新安区党校
机构性质	党校
机构定位	进行改革开放意识、中国特色社会主义信念、现代化建设知识和能力教育，以及开展国际培训交流合作的基地
办学目标	提高广大干部的政治思想素质
办学内容	党的优良传统、党性党风和国情教育
主干课程	政治理论培训、职业道德培训、政策法规培训、业务知识培训、文化素养培训以及技能训练
教学形式	体验式、研讨式
班次特点	短期培训、专题研究
机构地址	新安市云南路 1 号
联系电话	025 – 83491111
联系人	赵鹏

附表 31	培训课程添加
课程名称	政治理论培训
所属机构	新安区党校
课程简介	政治理论培训
课时	36
教师	赵鹏

附表 32　培训需求

需求名称	党政培训
需求分析方法	绩效考核
需求内容	对公共部门新进人员进行政治理论培训、职业道德培训、政策法规培训、业务知识培训、文化素养培训以及技能训练
期望培训时间	2017-10-22
期望培训人	李明

附表 33　培训计划

培训计划名称	党政培训
培训单位	新安区党校
培训需求	党政培训
培训内容	对公共部门新进人员进行政治理论培训、职业道德培训、政策法规培训、业务知识培训、文化素养培训以及技能训练
培训开始时间	2017-10-22
培训结束时间	2017-10-31

附表 34　培训日程

日程内容	对公共部门新进人员进行政治理论培训、职业道德培训、政策法规培训、业务知识培训、文化素养培训以及技能训练		
计划开始时间	2017-10-22	计划结束时间	2017-10-31
实际开始时间	2017-10-22	实际结束时间	2017-10-31
应出席人数	10	实际出席人数	10
日程总结	完成		

附表 35　培训费用

费用名称	培训费用
培训计划名称	党政培训
费用类型	培训费用
费用金额	1000

附表 36　培训效果评估

评估模型	柯氏评估模型
评估内容	反应层、学习层、行为层、效果层评估
评估实际	效果显著

7. 考勤管理

考勤管理的具体数据如附表37至附表40所示。

附表37　　　　　　　　　　　班次添加

班次名称	秋冬工作时间
时段一	8：30—12：00
时段二	13：30—17：00
时段三	
每天工作时间	7时

附表38　　　　　　　　　　　加班申请表

加班申请名称	张玲10.22
加班人员	张玲
申请人	李晓
计划开始时间	2017-10-22
计划结束时间	2017-10-22
计划时数	2
申请日期	2017-10-22
事由	项目紧急
加班内容	完成项目相关

附表39　　　　　　　　　　　请假申请表

请假申请名称	吴兵病假
请假人员	吴兵
申请人	李晓
计划开始时间	2017-10-22
计划结束时间	2017-10-22
计划时数	4
申请日期	2017-10-22
请假类型	病假
事由	病假

附表40　　　　　　　　　　　考勤类型添加

助记符	JBBX	考勤类型名称	加班补休
考勤符号类型	用户自定义	符号	（自选）
说明	加班补休		

8. 绩效考核

绩效考核的具体数据如附表 41 所示。

附表 41 考核方法

考核方法名称	序列比较法
考核方法简介	序列比较法是按员工工作成绩的好坏进行排序考核的一种方法。在考核之前，首先要确定考核的模块，但是不确定要达到的工作标准。将相同职务的所有员工在同一考核模块中进行比较，根据他们的工作状况排列顺序，工作较好的排名在前，工作较差的排名在后。最后，将每位员工几个模块的排序数字相加，就是该员工的考核结果。总数越小，绩效考核成绩越好

9. 奖惩管理

奖惩管理的具体数据如附表 42 所示。

附表 42 奖励申请

奖励申请名称	考核奖励
员工姓名	张玲
奖励类型	表扬
奖励说明	考核成绩优秀，予以奖励

10. 保险与福利管理

保险与福利管理的具体数据如附表 43 至附表 46 所示。

附表 43 保险基数管理

所在城市	新安
社保基数最低值（元）	1455
社保基数最高值（元）	9042
公积金基数最低值（元）	850
公积金基数最高值（元）	8900

附表 44 保险比例 单位:%

所在城市	新安		
养老保险公司缴纳比例	2	养老保险个人缴纳比例	8
医疗保险公司缴纳比例	8.5	医疗保险个人缴纳比例	2
工伤保险公司缴纳比例	0.4	工伤保险个人缴纳比例	0
失业保险公司缴纳比例	1	失业保险个人缴纳比例	1
生育保险公司缴纳比例	0.7	生育保险个人缴纳比例	0
公积金公司缴纳比例	10	公积金个人缴纳比例	10

附表 45	福利项目添加
福利项目名称	计划生育补贴
福利项目解释	计划生育补贴

附表 46	医疗报销申请表
医疗报销申请名称	计划生育手术
医疗报销项目名称	医疗费
医疗费用	1000
医疗明细	计划生育所需手术的费用

11. 薪酬管理

薪酬管理的具体数据如附表 47 所示。

附表 47		薪酬项目	
薪酬项目名称	职工教育经费	薪酬类型	其他支付
缩写名	JYJF	发薪批次	1
是否自动计算	否	是否使用	是
是否与成本相关	是	计税方式	税前
最大值	10000	最小值	2000
四舍五入	0.5 > 1, 0.4 > 0	表达式	
说明	职工教育经费		

12. 职业生涯规划

职业生涯规划的具体数据如附表 48 至附表 54 所示。

附表 48	职业准备		
姓名	李晓	职位	默认职位
当前状况	1. 缺乏必要的自我分析能力 2. 忽略职业的发展前景 3. 忽视自身素质的锻炼和提高		
当前阶段的发展计划	适应新的就业形势的需要,树立良好的心态		
下一发展阶段的机会	1. 解放思想,转变观念 2. 树立高尚的职业理想 3. 树立良好的敬业精神 4. 做好充分的心理准备,勇敢地迎接挑战		

附表 49　　　　　　　　　　　　　职业选择

姓名	李晓	职位	默认职位
当前状况	1. 不知道自己属于哪种类型，不知道自己适合干什么、不适合干什么，缺乏必要的自我分析能力 2. 不知道一些职业应具备的知识和能力		
当前阶段的发展计划	1. 客观评价自己，树立良好的心态 2. 确定适当的择业目标。一个人的择业目标和本人具备的实力相当或接近，使自己在择业中处于优势地位 3. 正确认识社会，寻找最佳位置 4. 努力克服求职择业中的心理障碍		
下一发展阶段的机会	确定就业目标，自觉地把学习同就业紧密地联系起来，建立起合理的知识结构，培养科学的思维方式，提高自己的实用技能，以适应将来在社会上从事职业岗位的要求		

附表 50　　　　　　　　　　　　　职业适应

姓名	李晓	职位	默认职位
当前状况	1. 实践能力有待提高 2. 社会交际能力欠缺 3. 需要提高自我发展能力		
当前阶段的发展计划	1. 培养良好的社会交际能力 2. 培养较强的组织管理能力。组织管理能力是指成功地运用管理者的知识和能力影响机构的活动，并达到最佳的工作目标的能力 3. 适应变化的自我发展能力		
下一发展阶段的机会	确定就业目标，自觉地把学习同就业紧密地联系起来，建立起合理的知识结构，培养科学的思维方式，提高自己的实用技能，以适应将来在社会上从事职业岗位的要求		

附表 51　　　　　　　　　　　　　职业稳定

姓名	李晓	职位	默认职位
当前状况	对工作缺乏安全感，来自工作中的不稳定因素		
当前阶段的发展计划	1. 培养工作上的兴趣 2. 致力于自己的本职工作，以巩固自己对这个职务的重要性		
下一发展阶段的机会	1. 认清社会所赋予这份职业的安全感。它表现为社会的安定和社会对这份职务的评价及态度 2. 正视工作本身和工作环境对职业稳定感的影响		

附表 52　　　　　　　　　　　　　　　职业衰退

姓名	李晓	职位	默认职位
当前状况	1. 生理状况的变化使职业能力发生着缓慢的减退 2. 心理上趋向于求稳		
当前阶段的发展计划	接受权利和责任减少的现实，学会接受一种新角色		
下一发展阶段的机会	将大多数精力放在保有自己的工作领域中的一席之地上，学会成为年轻人的良师益友		

附表 53　　　　　　　　　　　　　　　工作能力

姓名	李晓	职位	默认职位
性格特征	性格低调，容易轻松相处；耐心，适应力强；平静、泰然自若；仁慈善良宽容		
专长	1. 全面发展，突出专长。"德、智、体、美、劳全面发展，具有综合职业能力" 2. 学有所长，敢于创新		
期望培养的人格素质	是解决问题的高手能缓和矛盾；随和，无攻击性；同情关心别人，朋友众多；不急躁，善于倾听		

附表 54　　　　　　　　　　　　　　　职业生涯评价

性格评价	友好热诚；谈吐亲切，圆滑得体；感情投入，易受伤；富有创造力；做事果断，甚至武断；能力强，责任心重，做事有计划
工作能力评价	善于客户沟通，有一定的组织和领导能力；曾多次组织某某活动、会议等；有责任心、事业心、上进心，对工作认真负责，一丝不苟，对工作求精；团结同事，合作能力强，服务领导组织安排
职业树发展评价	具有发展前景

参考文献

[1] [美] R. 韦恩·蒙迪，罗伯特·M. 诺埃：《人力资源管理》（第六版），经济科学出版社 1999 年版。

[2] [美] 罗伯特·卡普兰，戴维·诺顿：《平衡计分卡战略实践》，中国人民大学出版社 2009 年版。

[3] 方振邦：《公共部门人力资源管理》，中国人民大学出版社 2014 年版。

[4] 董克用：《人力资源管理》（第三版），中国人民大学出版社 2011 年版。

[5] 赵曙明：《人力资源战略与规划》，中国人民大学出版社 2008 年版。

[6] 孙柏英、祁凡骅：《公共部门人力资源开发与管理》（第四版），中国人民大学出版社 2013 年版。

[7] 王建军、李海：《基于价值观的绩效考核及其在公共部门的应用》，载于《中国行政管理》2008 年第 6 期。

[8] 卜小燕：《新公共服务理念下我国公共部门人力资源管理的定位法制与社会》，2011 年第 6 期。

[9] 陈颖、赵玉伟：《对我国公共部门人力资源管理若干问题的思考》，载于《前沿》2003 年第 1 期。

[10] 程壬凯：《公共部门人力资源管理实践与探讨》，载于《商品储运与养护》2008 年 9 月。

[11] 段华洽、苏立宁：《论公共部门人力资源管理与企业人力资源管理的区别与互动》，载于《中国行政管理》2006 年 6 月。

[12] 伏美麟：《公共部门人力资源管理企业化改革的路径分析》，载于《人才资源开发》2013 年 5 月。

[13] 侯先荣：《我国人力资源管理的发展对策》，载于《经济与管理研究》2000 年第 21 期。

[14] 逯忆：《论我国公务员考核制度的新规定内容问题与完善》，载于《经济师》2005 年第 12 期。

[15] 李文良：《公共部门与人力资源管理》，吉林人民出版社 2003 年版。

[16] 李柳：《公共部门人力资源管理激励机制分析》，载于《法制与社会》2007 年第 11 期。

[17] 王瑶：《弹性管理在我国公共部门人力资源管理中的应用研究》，载于《燕山大学》2012 年 12 月。

[18] 孙小非：《对我国与西方公共部门人力资源管理的比较思考》，载于《科技信息》2012 年 2 月。

［19］徐晓娜：《公共部门人力资源管理激励机制的现状和解决策略》，载于《改革与开放》2012年4月。

［20］徐美珠：《新公共管理视野下中国公共人力资源管理的困境及其路径选择》，载于《巢湖学院学报》2006年第4期。

［21］詹倩：《我国公共部门人力资源管理外包策略分析》，上海师范大学，2010年。

［22］翟桂萍、苏杨珍：《我国公共部门人力资源管理变迁的趋向分析》，载于《江南社会学院学报》2006年第4期。

［23］张建军：《我国公共部门人力资源管理的特点及改进对策》，载于《人才资源开发》2007年第1期。

［24］张焕英、王德新、张雪峰：《公共部门人力资源管理的发展趋势与应对研究》，载于《理论探讨》2007年7月。